民法研究系列

民法学说与判例研究

第八册

王泽鉴 著

北京市版权局著作权合同登记号　图字：01-2009-3929

图书在版编目(CIP)数据

民法学说与判例研究·第八册/王泽鉴著.—北京：北京大学出版社，2009.12

(民法研究系列)

ISBN 978-7-301-15797-8

Ⅰ.民… Ⅱ.王… Ⅲ.①民法-法的理论-研究 ②民法-审判-案例-研究 Ⅳ.D913.04

中国版本图书馆 CIP 数据核字(2009)第 167431 号

简体中文版由元照出版有限公司(Taiwan)授权出版发行
民法学说与判例研究·第八册，王泽鉴著
2006 年 2 月版

书　　　　名：	民法学说与判例研究·第八册
著作责任者：	王泽鉴　著
责 任 编 辑：	陆建华
标 准 书 号：	ISBN 978-7-301-15797-8/D·2407
出 版 发 行：	北京大学出版社
地　　　　址：	北京市海淀区成府路 205 号　100871
网　　　　址：	http://www.yandayuanzhao.com
新 浪 微 博：	@北京大学出版社　@北大出版社燕大元照法律图书
电 子 信 箱：	yandayuanzhao@163.com
电　　　　话：	邮购部 62752015　发行部 62750672　编辑部 62117788　出版部 62754962
印　　刷　者：	三河市北燕印装有限公司
经　　销　者：	新华书店
	965 毫米×1300 毫米　16 开本　15.25 印张　238 千字
	2009 年 12 月第 1 版　2019 年 3 月第 10 次印刷
定　　　　价：	34.00 元

未经许可，不得以任何方式复制或抄袭本书之部分或全部内容。

版权所有，侵权必究

举报电话：010-62752024　电子信箱：fd@pup.pku.edu.cn

总　　序

拙著民法研究系列丛书包括《民法学说与判例研究》(1—8册)、《民法思维:请求权基础理论体系》《民法概要》《民法总则》《债法原理》《不当得利》《侵权行为》及《民法物权》,自2004年起曾在大陆发行简体字版,兹再配合法律发展增补资料,刊行新版,谨对读者的鼓励和支持表示诚挚的谢意。

《民法学说与判例研究》的写作期间长达二十年,旨在论述1945年以来台湾地区民法实务及理论的演变,并在一定程度上参与、促进台湾地区民法的发展。《民法思维:请求权基础理论体系》乃在建构请求权基础体系,作为学习、研究民法,处理案例的思考及论证方法。其他各书系运用法释义学、案例研究及比较法阐述民法各编(尤其是总则、债权及物权)的基本原理、体系构造及解释适用问题。现行台湾地区"民法"系于1929年制定于大陆,自1945年起适用于台湾地区,长达六十四年,乃传统民法的延续与发展,超过半个世纪的运作及多次的立法修正,累积了相当丰富的实务案例、学说见解及规范模式,对大陆民法的制定、解释和适用,应有一定的参考价值,希望拙著的出版能有助于增进两岸法学交流,为民法学的繁荣与进步作出贡献。

笔者多年来致力于民法的教学研究,得到两岸许多法学界同仁的指教和勉励,元照出版公司与北京大学出版社协助出版发行新版,认真负责,谨致衷心的敬意。最要感谢的是,蒙　神的恩典,得在喜乐平安中从事卑微的工作,愿民法所体现的自由、平等、人格尊严的价值理念得获更大的实践与发展。

王泽鉴
二〇〇九年八月一日

目 录

举重明轻、衡平原则与类推适用 …………………………………（1）
人格权、慰抚金与法院造法 ………………………………………（70）
契约上的不作为义务 ………………………………………………（86）
私卖共有物、无权处分与"最高法院" ……………………………（102）
出卖之物数量不足、物之瑕疵、自始部分不能与不当
　得利 ………………………………………………………………（116）
赠与的土地于移转登记前被征收时受赠人得否向赠与
　人请求交付地价补偿费？ ………………………………………（130）
捣毁私娼馆、正当防卫与损害赔偿 ………………………………（147）
商品制造者责任与纯粹经济上损失 ………………………………（162）
银行征信科员评估信用不实致银行因超额贷款受有
　损害的民事责任
　　——从纯粹经济上损失的保护，论契约与侵权
　　　行为法的规范功能及民事责任的发展 ……………………（191）
"动产担保交易法"30年 ……………………………………………（210）

举重明轻、衡平原则与类推适用*

一、问题的提出

近几年来,"最高法院"的判决有显著重大的突破,如以选择自由作为规范定型化契约的论点①;提出交易安全义务(Verkehrssicherungspflicht)作为产品责任的依据②;明确表示不完全给付为一种法律未明定之债务不履行的形态,应类推适用给付不能及给付迟延的规定,此项迟延了50年的见解,有助于促进契约法的发展。③ 其经过了多年的踌躇犹豫,终于在一项重要决议肯定了契约责任与侵权责任的竞合性。④

理论(Dogmatik)的进步,需要有法学方法(Methode)的协力,以更为自觉、更为透明的论点、更为严谨的理由构成来支持判决的结论。例如,出卖的土地在所有权移转登记前被征收时,买受人得否向出卖人请求交付其所受领补偿费的重要案例类型,"最高法院"见解历经变迁,始则以情事变更为依据,继而发生有无不当得利的争论,最后以第225条第2项为请求权基础。⑤ 理论与方法的有力结合,使民法学的发展更为坚实和稳固。关于此点,1994年台上字第2701号判决极具启示性,可作为一个

---

* 文中法律条文如无特别注明,皆为台湾地区现行"民法"之规定。——编者注
① 参见1991年台上字第792号判决;载《民法学说与判例研究》(第七册),北京大学出版社2009年版,第27页。
② 参见1989年台上字第200号判决;《商品制造者责任与纯粹经济上损失》,载于本书。
③ 参见1985年4月19日第七次民事庭会议决议;《物之瑕疵担保责任、不完全给付与同时履行抗辩》,载《民法学说与判例研究》(第六册),北京大学出版社2009年版,第87页。
④ 参见《银行征信科员评估信用不实致银行因超额贷款受有损害的民事责任》,载于本书;Methodenlehre der Rechtswissenschaft, 6. Aufl.1991, 204ff., 313ff., 367ff.
⑤ 参见拙著:《土地征收补偿金交付请求权与"民法"第225条第2项规定之适用或类推适用》,载《民法学说与判例研究》(第七册),北京大学出版社2009年版,第81页。

例证,提供许多足供深思反省的观点。

二、1994 年台上字第 2701 号判决[①]

(一) 判决理由

在本件,被上诉人所有的国王大饭店 11 层楼房屋逾越疆界,占用上诉人所有土地面积 2 m²。上诉人主张其权益受侵害,依第 767 条的规定,请求被上诉人拆屋还地,并赔偿相当于租金之损害金新台币(下同) 63,456 万元。如法院认伊不得请求被上诉人拆屋还地,伊亦得依第 796 条但书之规定,请求被上诉人以相当之价额 363,456 万元向伊购买系争土地等情。以先位声明:求为命被上诉人将其占用系争土地上房屋拆除,将土地返还伊,并赔偿伊损害金 63,456 万元之判决;备位声明:求为命被上诉人给付伊土地价金 363,456 万元之判决。

原审斟酌全辩论意旨及调查证据之结果,认为上诉人主张系争 40 地号土地为伊所有,被上诉人所有国王大饭店 11 层楼房屋逾越疆界,占用该土地如原判决附图 A、B、C、D、E 线所示部分面积 2 m² 之事实,并经鉴定要堪信为真实。被上诉人抗辩,伊未占用上诉人土地,不足采信。被上诉人对其系以行使地上权之意思占有系争土地之事实,不能举证以实其说,所谓伊已因时效而取得地上权,亦不足取。又系争土地之原有人台北市政府,对本件国王大饭店于兴建之初是否知悉其越界而未异议一节已无从查考,有函件附卷为证(原审卷第 95 页)。证人郭献良、林荣典亦不能证明"台北市政府"有明知被上诉人越界建筑而不提出异议之情事。被上诉人抗辩,原所有人明知伊越界建筑而未曾异议,亦不足取。被上诉人所有国王大饭店房屋,既有越界占用上诉人系争土地 2 m² 之事实,且有被上诉人建筑该房屋时系争土地之原所有人又无知悉其越界而不异议之情事,从而上诉人请求被上诉人拆屋还地原非无据。

原审虽表示上诉人请求被上诉人拆物还地原非无据,但进一步提出两项重要见解:

第一点见解为:权利之行使,是否以损害他人为主要目的,应就权利

[①] 参见《法令月刊》第 46 卷第 5 期,第 32 页。

人因行使权利所能取得之利益,与他人及社会因其权利之行使所受之损失,比较衡量定之。倘其权利之行使,自己所得利益极少,而他人及社会所受损失甚大者,非不得视为损害他人为主要目的,此乃权利社会化之基本内涵所必然之解释,1982年台上字第737号著有判例。查上诉人所有系争40地号土地全部面积仅3 m²,邻接于台北南京东路一段之红砖人行道,占用其中2 m²者为被上诉人国王大饭店11层楼之国际观光旅馆房层(大柱子)(其余1 m²则为诉外人靓师皮鞋店所占有——见一审卷证物袋中上诉人1994.3.26函及原审卷第123、124页上诉上之陈述),有建筑物登记簿誊本及照片附卷可稽(见另放证物及政大不动产鉴定股份有限公司鉴定报告书内照片第1页),且为两造所不争执。准此,则上诉人索回该2 m²土地,须拆除被上诉人高达11层楼之房屋(大柱子),而上诉人取回该2 m²土地后又非可供大用,从而被上诉人抗辩,其结果上诉人所得极少,伊受损害甚大,上诉人有权利滥用之情形,即非无据。应认上诉人不得请求被上诉人拆层还地,上诉人先位之诉,自属不应准许。

第二点见解为:第796条规定,邻地所有人知悉土地所有人越界建屋而不提出异议者,虽不得请求土地所有人移去或变更建筑物,但得请求土地所有人以相当之价额购买越界部分之土地。被上诉人虽非知情而不异议,与该条文所定得请求购买越界部分土地之要件不符,但查知情而不异议,不得请求移去或变更建物者,尚且得请求土地所有人购买越界部分之土地,举重以明轻,并依衡平原则,不知情而得请求移去或变更建物之邻地所有人,当然更得(类推适用该条之规定)不请求土地所有人移去或变更建物而请求其以相当之价额购买越界部分之土地。是上诉人以备位声明,请求被上诉人以相当价额购买该越界部分之土地,自属应予准许。

"最高法院"赞成原审的见解,认为:"经核于法并无违背。"

(二) 分析讨论

1. 权利滥用

本件判决的第一个问题涉及权利滥用,系采1982年台上字第737号判例的法律见解。此项判例著于民法总则修正(1982年7月1日)之前,系以原148条(现为第148条第1项后段)"行使权利不得以损害他人为主要目的"之规定为依据。在此判例之前,"最高法院"基本上已采相同见解,如1967年台上字第1621号判决谓:"权利滥用禁止原则,于适用时,除须注意权利人于行使权利时,在主观上有无以损害他人为主要目的外,在客观上尚须综合权利人因权利行使所能取得之利益与其权利之行使对他人及整个社会可能予以之损失,加以比较衡量。"著为判例,更能建立一般法律原则而发挥其规范功能。

原第148条系仿《德国民法》第226条"权利之行使,不得专以损害他人为目的"之规定。《德国民法》第226条系以"专以损害他人为目的"为要件,甚为严格,实务上案例打着灯笼亦难寻见。① 第148条则以"主要目的"为要件,解释空间较广,其适用范围不限于民法,诉讼法亦包括在内。② 实务上则以越界建筑拆屋返地为主要类型。③

第796条规定:"土地所有人建筑房屋逾越疆界者,邻地所有人如知其越界而不即提出异议,不得请求土地所有人移去或变更其建筑物。但得请求土地所有人,以相当之价额,购买越界部分之土地,如有损害,并得请求赔偿。"④邻地所有人不知其越界建筑,或虽知之而即提出异议者,得依第767条规定请求拆屋返地。对此所有人物上请求权,"最高法院"系依第148条规定采利益衡量的客观标准,认定其权利之行使,是否以损害他人为主要目的。"最高法院"虽强调此为权利社会化之基本内涵所必然之解释,但终属对所有权的限制,而所有权的保证为民法的基本任务,因此所有权人行使第767条的权利是否构成权利滥用,应从严认定,尤其是越界建筑者系出于恶意的情形。

关于权利行使之限制,除原第148条外,尚有第219条规定之"行使债权,履行债务,应依诚实信用方法"。"最高法院"若干判决囿于第219条之文义及体系地位,常认为本条规定仅适用于债之关系,对物权并不适用,故特借原第148条,限制物上请求权的行使。1966年台上字第3235号判决谓:"第219条,乃就债权方面禁止权利之滥用,本件乃物权争执,是否有该条之适用,已不无疑问,纵就一般权利滥用应受禁止之原则言,

---

① MünchKomm-v. Feldmann, Bürgerliches Gesetzbuch, §226 RdNr. 1.
② 参见洪逊欣:《民法总则》(修订本),第652页。
③ 其他案例如1987年台上字第1389号判决谓:"被上诉人收回系争房屋后,倘确系无法自用,而又对上诉人所经营之整个百货商场构成重大损害,则被上诉人所为收回房屋之权利行使,是否非以损害他人为主要目的,即非无斟酌之余地。"
④ 关于第796条的解释适用,参见谢在全:《民法物权论》上册,第228页;拙著:《民法物权》,北京大学出版社2009年版,第156页。

于其适用时,亦非漫无限制,除须注意第 148 条所定权利人行使权利时在主观上有无以损害他人为主要目的外,尚须在客观上综合权利人因权利行使所能取得之利益与其权利之行使而对他人及整个社会可能予以之损失,加以比较衡量。"此见解可资参照。应注意的是,1982 年总则修正,将第 148 条修正为:"权利之行使,不得违反公共利益,或以损害他人为主要目的。行使权利,履行义务,应依诚实信用方法。"①依此规定,诚实信用原则于所有的权利皆可适用,而权利滥用系诚实信用原则的重要类型,其适用范围涵盖了权利之行使以损害他人为主要目的,盖于此情形其权利之行使殆无不违反诚实信用原则。

关于第 148 条第 1 项后段的适用,尚须说明的是,权利滥用虽为法所不许,但其权利本身(如第 767 条规定之物上请求权)仍属存在,仍有行使可能(如越界建筑之大厦其后遭台风刮倒)。权利的行使既为法所不许,具有违法性,故得对之为正当防卫(第 149 条)。权利之行使是否构成权利滥用,由法院依职权审查②,惟其事实应由主张者负举证责任。③ 又第 148 条第 1 项后段系 184 条第 1 项后段所谓违反保护他人之法律,应予注意。

2. 请求以相当价额购买越界部分土地之规范基础

本件判决第二个问题系本文研究的重点,即因权利滥用而不得请求移去或变更邻地所有人,得否请求土地所有人购买越界部分之土地? 对此实务上第一次出现的难题,"最高法院"援引第 796 条规定而予肯定,其理由为:"查知情而不异议,不得请求移去或变更建物,尚且得请求土地所有人购买越界部分之土地,举重以明轻,并依衡平原则,不知情而得请求移去或变更建物之邻地所有人,当然更得'类推适用该条之规定'。不请求土地所有人移去或变更建物而请求以其相当之价额购买越界部分。"原审及"最高法院"为支持其结论,提出了详尽的理由,并用举重明轻、衡平

---

① 关于行使权利违反公益的案例,参见 1990 年台上字第 2419 号判决:"设上诉人所辩系争土地上所建之变电设施,一旦拆除,高雄市都会区居民之生活势将陷于瘫痪,所有生产工厂均停顿,并非夸大其词,而事实上后无其他适当土地取代,则被上诉人仍本于所有权请求上诉人拆除变电设施,交还系争土地,其行使权利显然违反公共利益,依第 148 条第 1 项规定,应为法所不许。"

② 参见洪逊欣:《民法总则》(修订版),第 666 页。

③ Soergel/Kopp, Bürgerliches Gesetzbuch, §226 RdNr. 12.

原则及类推适用作为依据，足见其郑重其事，力求周全，深值敬佩。本文旨在借此判决分析讨论此三个法学方法论上论辩方法（Argumentation）的功能，区别其在实务上的运用。

三、举重明轻与举轻明重

（一）举重明轻

举重明轻（Argumentum maiore ad minus），是一项法律逻辑上的基本论证。在"最高法院"民事裁判中，本件判决似第一次使用此项概念。① 举重明轻的论辩方式为："尚且……当然"；其所谓"重"者，指其法律要件较宽或法律效果较广，而所谓"轻"者，指其法律要件较严，法律效果较狭。

关于举重明轻，德国法上有两则重要事例，可以作为参考。在BGHZ6.290一案，德国联邦法院认为公权力不法侵害所有权，其效果同于合法征收者，亦应予以补偿请求权，Larenz教授认为此乃基于举重明轻，即合法征收者尚且（sogar）应予补偿（《德国基本法》第14条第3项），在客观违法同于征收的情形，当然（erst recht）更应予以补偿。② 又德国民法上有一则著名的争论问题，即在拍卖场所举手对朋友打招呼时，其举手得否解为系属应买的意思表示。Lehmann教授认为依《德国民法》第118条"非诚意之意思表示，如预期其诚意之欠缺，不致为人所误解者，其意思表示无效"之规定，可作为否定此项举手为有效意思表示的依据，盖欠缺效果表示的非诚意表示尚且无效，在不具表示意识之情形，当然更属无效。③

（二）举轻明重

在法律逻辑上，除举重明轻外，尚有举轻明重（Argumentum a minore

---

① 关于举重明轻，在法律逻辑上的分析，参见 Klug, Juristische Logik, 3. Aufl. 1951, S. 132f.; Schneider, Logik für Juristen, 3. Aufl. 1991, S. 120ff. 关于法律逻辑的基本理论，参见 Gast, Juristische Rhetorik, 2. Aufl. 1992; Weinberg, Rechtslogik, 2. Aufl. 1989.

② Larenz, Methodenlehre der Rechtswissenschaft, Methodenlehre der Rechtswissenschaft, 1991, 6. Aufl., S. 389.

③ Lehmann, Allgemeiner Teil des BGB, 19 S. 250.

ad maius)①,其所为论辩,亦如举重明轻一样,采"尚且……当然……"的方式。如法律规定因过失不法侵害他人权利者,负损害赔偿责任时,则行为人具有故意者,当然更应负损害赔偿责任。第 204 条规定:"约定利率逾周年 20% 者,经 1 年后,债务人得随时清偿原本。"举轻以明重,约定利率逾周年 30% 者,经 1 年后,债务人当然更得随时清偿原本。

在"最高法院"民事判决中,尚未见到举轻明重的案例。在刑事方面,有以下问题,可供参照。中国台湾板桥地方法院检察署法律座谈会提出如下问题:雇主因经营不善而欲歇业时,如未依"劳动基准法"第 16 条向劳工预告终止劳动契约即停止营业,不知去向,未发给劳工资遣费,则应否令负该法第 78 条之刑责?讨论意见之甲说:依该法第 17 条规定,雇主须依该法第 16 条预告终止劳动契约后始应发给资遣费。本件雇主既未预告终止劳动契约即歇业,不知去向,虽未发给资遣费,亦不能课以刑责。讨论意见之乙说:雇主既因经营不善而歇业,且行方不明,足可认为已默示终止劳动契约,其未依法发给资遣费,自须令负刑责,否则依甲说意见,狡诈之辈,尽可不预告终止契约,亦不发给资遣费,以脱免刑责,而守法者依规定预告终止契约后,却可能因无法筹款支付资遣费,反须受处罚,如此岂非有失公平正义精神?况"劳动基准法"第 16 条"预告终止契约"乃系着眼于劳工之保证,依该条规定预告终止劳动契约而未发给资遣费者须负刑责,则依"举轻明重"之法理,不依规定预告又不发给资遣费者,自更有可罚性,应依该法第 78 条加以处罚,方为适法。决议:多数采乙说。台湾省高等法院检察署研究意见:采乙说。"法务部检察司"研究意见:同意原决议,以乙说为当。②

(三) 举重明轻或举轻明重的性质

值得讨论的是,举重明轻或举轻明重的性质,实务上有认为举重明轻系属一种解释的原则,有行政法院 1983 年判字第 2255 号,其要旨略谓:按原告张结宝之长子张崇辉乃台湾省人,为原告等自认之事实,而张崇辉系 1966 年 4 月 19 日出生,于原告等代为其申请出境时已年满 16 岁,并无"接近役龄男子申请出境审查规定"第 2 条所列各款情形之一,依同规

---

① 关于举轻明重在法律逻辑上的分析,参见 Klug, Juristische Logik, S. 132f.
② 本件判决取自法源资讯有限公司提供之资讯系统。

定第 3 条:"无论任何理由,一律不准出境",故原告之申请未获核准。查该"审查规定"乃"为防止兵员外流,维护兵役制度"而设,于事理上为维护地区安全之所必须,于法理上则有"戡乱时期台湾地区入境出境管理办法"第 49 条为其依据。查该管理办法系为适应"戡乱时期"需要,确保台湾地区治安,特依"戒严法"订定者,见诸其第 1 条之明文,自应具有补充立法之效力。原告虽争执谓"戒严法"第 11 条第 9 款仅有限制或禁止迁入戒严地域之明文,并无限制或禁止迁出之规定,但殊不知在今日,1949 年 1 月 14 日修正公布之该法寥寥 13 条之有限条文,实不足因应瞬息万变之当前情势,而有待解释。依举重明轻之原则,该规定既有对迁入戒严区域得予以限制或禁止之规定,则为防止兵员外流,维护"兵役制度",当局对接近役龄男子之申请出境加以限制,自应解为仍属"戒严法"之所许,未可斤斤拘泥文字。是原告指摘"接近役龄男子申请出境审查规定"违反"宪法"、"民法"及"兵役法"等,洵属其一己偏颇之见,非堪采凭。至其又攻评该"审查规定"第 2 条第 1 款"父母为外交人员,随父母赴任所者"之例外情形有失公平一节,核属有关机关日后修订该规定时参考审酌之事项,与本件行政争讼之认事用法无关,不予具论。被告机关未徇原告之申请,准许张崇辉出境,既有适当之法规依据,尚难认其有何违误。①

认为举轻明重系属法理的,有大法官释字第 182 号解释谓:"强制执行程序开始后,除法律另有规定外,不停止执行,乃在使债权人之债权早日实现,以保障人民之权利。'最高法院'1974 年度台抗字第 59 号判例,认债务人或第三人不得依假处分程序声请停止执行,系防止执行程序遭受阻碍,抵押人对法院许可拍卖抵押物之裁定,主张有不得强制执行之事由而提起诉讼时,亦得声请停止执行,从而上开判例即不能谓与'宪法'第 16 条有所抵触。"其解释理由谓:"强制执行法"第 18 条第 1 项规定"强制执行程序开始后,除法律另有规定外,不停止执行"乃防止债务人或第三人任意声请停止执行,致执行程序难于进行,债权人之债权不能早日实现。抵押权人声请拍卖抵押物,经法院为许可强制执行之裁定而据以声请强制执行,抵押人对该裁定提起抗告或依同法第 14 条提起异议之诉时,法院得依同法第 18 条第 2 项为停止强制执行之裁定,抵押人如以该裁定成立前实体上事由主张该裁定不得以执行名义而提起诉讼时,其

---

① 本件判决取自法源资讯有限公司提供之资讯系统。

情形较裁定程序为重,依"举轻明重"之法理,参考"公证法"第 11 条第 3 项及"非讼事件法"第 108 条第 2 项规定,并兼顾抵押人之利益,则抵押人自得依"强制执行法"第 18 条第 2 项规定声请为停止强制执行之裁定。假处分,乃债权人就金钱请求以外之请求欲保全强制执行,或当事人于有争执之法律关系声请定暂时状态之程序,并非停止执行之法定事由,前述 1974 年度台抗字第 59 号判例,认为债务人或第三人不得依假处分程序声请停止执行,系防止执行程序遭受阻碍,抵押人对法院许可拍卖抵押物之裁定,主张有不得强制执行之事由而提起诉讼时,既得声请停止执行,从而上开判例即不能谓与"宪法"第 16 条有所抵触。

据上所述可知,关于举重明轻或举轻明重,实务上有认为系解释原则,有认为系属法理。用语虽异,意义则同,即二者在论证上均属"尚且……当然"的推论,仍在解释的范畴,且属所谓的论理解释。韩忠谟教授谓:"论理解释亦称自然解释,唐代刑律已实认之,按唐律载'诸断罪而无正条,其应出罪者,则举重以明轻,其应入罪者,则举轻以明重,诸断罪皆须据引律令格式正文,违者笞二十'。所谓举重明轻、举轻明重,即为论理解释,暂行律例补笺亦谓,本律虽不许比附援引,究许自然解释,自然解释者,即所犯之罪与法律正条同类,或加甚之时,则依正条解释,而适用之也,同类者,例如修筑马路,法条上禁止牛马经过,则象与骆驼自在禁止之例,加甚者,例如法条禁止钓鱼而未及投网,然钓既不可,网更可知,故投网者自亦在处罚之列。"①此见解可资参证。尚须指出的是,举重明轻或举轻明重不仅是逻辑问题,而且是一种具有目的性的论证方法,何者为重,何种为轻,应就法律要件与法律效果之间的关联为法律上衡量的判断。

(四) 本件判决的分析

在本件判决,"最高法院"兼采举重明轻、衡平原则、类推适用以支持

---

① 韩忠谟:《刑法原理》,第 68 页。参见苏俊雄:《刑法总论》I :"刑法之基础理论、架构及适用原则",1995 年初版,第 270 页谓:"举重明轻原则(Argumentum a majore ad minus),在同样的主位概念之下,就一定类型事务所规定之法则效力,对于其他所属的事物,亦有其适用性,例如对属于不能犯的未遂犯不处罚的法则效力,就幻想的未遂(非现实之未遂,irreale Versuch)自亦有其适用性。所谓举重明轻之原则,系一种立法原则的通例,本诸实害行为重于危险行为之法理,若法律对于实害行为不罚者,对于危险行为亦应本举重明轻之原则,认其为法律所容,这是刑事政策考量必循之准则,否则必然有失事理之平。"此见解可资参照。

因权利滥用不得请求移去或变更建物之邻地所有人,得请求土地所有人以相当价额购买越界部分之土地。对此理由构成,应说明的有两点:

其一,举重明轻、衡平原则及类推适用是三种个别不同论证方法,各有其结构及功能,不应同时并用。举重明轻(Argumentum a majore ad minus)不同于类推适用(Argumentum a similie),虽同基于正义要求,前者系属"尚且……当然更得"的推论,仍属解释范畴,后者系基于平等原则,属法律补充的领域。①

其二,本件究属第796条规定的举重明轻抑或类推适用,确值研究。在第796条,邻地所有人不得请求土地所有人移去或变更建物,其要件为知悉越界建筑而不提出异议。在本件判决邻地所有人不得请求土地所有人移去或变动建物,系因不知越界建筑,而其行使第767条的权利构成权利滥用。"最高法院"系就"知情而不异议"与"不知情而不异议",比较其"重"、"轻",认为此属举重明轻,固有相当依据。惟应说明者有三:

(1) 在本件,邻地所有人所以不得请求土地所有人移去或变更建物,系基于权利滥用,而权利滥用与知悉越界建筑而不提出异议,规范意义不同,难以比较其"轻""重"。

(2) 若采举重明轻,则本件将属第796条规定的"解释",显然忽略了此系适用原第148条而生的"善后"问题,本非属第796条规定的适用范畴。

(3) 就方法论言,本件系法律漏洞及其填补的问题(详见后文)。易言之,即因适用原第148条规定使邻地所有人不能请求移去或变更建物,致发生邻地所有人得否请求土地所有人价购越界部分土地的问题,属于造法层次。

四、衡平原则

本件判决提到了衡平原则,提醒吾人警觉地注意到这个在民法学上应受重视的概念。在讨论衡平原则、相关案例及本件判决之前,拟对"衡

---

① 参见 Gast, Juristische Rhetorik, 2. Aufl. 1992, S. 328, 336; Schmatz, Methodenlehre für das juristische Studium, 3. Aufl. 1992, S. 284, 317f.

平"的基本理论略作说明。①

(一) 基本理论

衡平,在德文称为 Billigkeit(形容词为 billig),在英文称为 equity,具有多种意义。惟衡平作为一种法律概念(Billigkeit als Rechtsbegriff),具有一定的含义和机能,兹从衡平与法律(Billigkeit und Recht)及衡平与正义(Billigkeit und Gerechtigkeit)两个层面加以观察。

1. 衡平与法律

(1) 罗马法上的 ius strictum 与 ius aeguum: summum ius summa iniuria(法之极、恶之极)

衡平与法律的关系是衡平的外部层面(Außenaspekt der Billigkeit),因各国法律文化及历史发展而有不同。②

在罗马法因格式诉讼的僵化,导致法律的严格性 ius strictum(严格法),在后古典时期由法务官(Praetor)发展出 ius aequum(衡平法),以资缓和,而具有三种功能,即以衡平作为批评法律的准则,作为解释的方法及补充法律的不备,使法官得依衡平而为裁判,以适应个案的情形,避免造成所谓的 Summum ius summa iniuria。③

Summum ius summa iniuria(法之极、恶之极)的格言,首见于罗马文豪、政治家及法学者 Cicero(西塞罗)在公元前 44 年所著 De offciis 一书(第 1 卷第 10 章第 33 段)。④

此句格言,并非西塞罗所创,在罗马流传甚久,众所周知。就法律言,法制史学者 Paul Gavilovitch Vinogradoff 在其 Common Sense in Law(法之

---

① 关于衡平原则,德国文献资料甚多,参见 Binder, Philosophie des Rechts, 1925, S.396ff.; Emge, Sicherheit und Gerechtigkeit, 1940, S.26ff.; Gillis, Die Billigkeit, 1914; Gramsch, Die Billigkeit im Recht, 1938; Kiss, Billigkeit und Recht, ARWP Bd.3(1990/10), S.536ff.; M. E. Mayer, Rechtsphilosophie, 1922, S. 85ff.; Radbruch Rechtsphilosophie, 5. Aufl. 1956, S. 127; M. Rümelin, Die Billigkeit im Recht, 1921; Sauer, Die Gerechtigkeit, 1959, S.136ff.; "Summum ius summa iniurea", Ringvorlesung der Tübinger Juristenfakultät 1963; Henkel, Einführung in die Rechtsphilosophie, S.323f.

② David/Grassmann, Einführung in die großen Rechtssysteme der Gegenwart, 1966, S.649.

③ Summum ius summa iniuria, Ringvorlesung der juristischen Fakultät Tübingen, 1963.

④ Otto Seel, Cicero 2. Aufl. 1961, 455, 497; Karl Büchner, Römische Literaturgeschichte, 3. Aufl. 1962, S.198.

常识)书中论及衡平时,提到一则事例,深具启发性,引述如下①:

  在共和时代最后几世纪,以及帝制时代的初期,在罗马法之诉讼里,我们仍时常听到法律精神与法律条文间之对立。在开基娜(Caecina)与亚普丑斯(Aebutius)间之诉讼里,西塞罗所作的辩论,提供给我们关于衡平的解释与形式的解释间的斗争之一个好例子。罗马上流阶层的两个人,即开基娜与亚普丑斯之间,对于某些不动产,发生了争执。在这个案件最适当的诉讼程序之一步骤,是必须要开基娜正式进入该土地,当他想要如此做的时候,却被亚普丑斯用武装兵力抵抗,并加以阻止。开基娜不想以武力解决,而要借所谓以武力侵夺占有的特示命令(interdictum unde viarmata)之方式,向亚普丑斯提起了诉讼。这特示命令,是当土地所有人被暴力强夺其占有的时候所适用的。其命令的文句构造是:"你、你的奴隶、或你的代理人,在今年,以暴力,强夺他、他的奴隶、或他的代理人的占有的地方……在该地方,你应该恢复其占有给他。"当案件审理时,被告在种种抗辩之中主张:事实上没有剥夺了占有,也没有施行过暴力。西塞罗当原告之辩护人,对于除非照文字上的意义所说的、现实地有剥夺占有与施以暴力之情形不能适用法律的这种见解,加以嘲笑,并作如下的反驳:"这俨然是被告在说:'是的,我已经做了这些事情,可是,你却没有办法在法务官(Praetor)面前,向我提起民事诉讼'是同样的。我们的祖先们,都是勤勉而慎重的人们。因此,他们不但为了像本案件这样重要的案件,甚至于连最细微的事件,也都曾经确立了各个所必要的法律。于此,你们还以为我们的祖先们漏订适用于最重要的这种情形的法律,以致认为人家以武力强迫我离开我家时,我就有诉讼权;而人家阻止我进入我家时,我却没有诉讼权吗?'我以武装人员驱你离开(away),可是我并没有驱你出去(out)'的这样议论为抗辩的人,是否在你们的法院能获得胜诉呢?"

---

  ① Vinogradoff, Common Sense in Law, Third Edition 1959(Oxford University Press), pp. 152-154. 中译文摘自陈柏龄译《法的常识》,"协志工业丛书",1961 年初版,1973 年再版,第 131 页以下。Vinogradoff 教授(1854—1925)生于俄国,专攻中世纪社会史及经济史。19 岁毕业于莫斯科大学,后入柏林大学,从历史学大师 Theodor Mommsen 继续研究,回俄国后受聘莫斯科大学任教,多次游学英国,1902 年担任牛津大学法理学讲座教授。通晓 12 种语言,博学多才,著书 266 种,被称为"巨人的劳苦"。Common Sense in Law 初版发行于 1913 年,多次再版,在于介绍法律的基本观念,视野广大,引例适当。

接着,西塞罗转向现实的暴力问题,再继续地说:"据说,因为对开基娜并没有施以暴力,所以这种特示命令仍适用于亚普丑斯。那么,亚普丑斯呀,你还能够说:开基娜想要到某地方来,他虽已带着那种意志走出来了,但因武装兵力而不能来到该地方的时候,阻妨他的,仍不是暴力吗?那么,我们将说什么呢?假如他已经到达了该地方,当他看到了武装人员的时候,因恐怖而从该地方逃走的话,其时,你曾说他是被驱走的吗?我想,一定会这样说的。那么,这样小心、这样聪明地、不依据衡平而依据条文解决争执,诸位法官们,你们能够说完全没有被接触的人竟会被驱走吗?什么!你们不是说:开基娜被赶出他自己的地方吗?假如严格地听从明文规定,我们不是应该解释为被捉到的人,始能被逐出去吗?假定我们想要为了言辞而歪曲事实,并把记述这些言辞的人之意志、计划及权威,都置之不理的话,不管是什么法律、什么元老院之议决、什么条约,都可能被变为无效,或被破坏了。"

关于 Summum ius summa iniuria 法谚的来源和意义,德国哲学家、法律哲学家、历史学家及语文学家讨论热烈。哲学家康德(Kant)在其伦理形而上学一书中亦曾加以说明。① 就法律层面而言,已获三点共识:其一,此项谚语,于所有法律领域,包括公法、国际法和民法及诉讼法均具有意义。其二,ius 一语兼指法律及权利。其三,此项谚语的内容包括以衡平缓和严格法及克服权利滥用。德国杜平根(Tübingen)大学于 1962 年及 1963 年的冬季学期曾以 Summum ius summa iniuria 为主题,以法律生活上个别正义及一般价值的保证(Individualgerechtigkeit und der Schutzallgemeiner Werte im Rechtsleben)为副题,由法律系教授举行系列 13 个专题演讲,阐释衡平与法律所涉及的基本问题,录其题目如下,以供有兴趣作进一步研究者参考:

① Georg Eisser: Zur Deutung von "Summum ius summa iniuria" im römischen Recht(罗马法上 Summum ius summa iniuria 的阐释)。

② Josef Esser: Wandlungen von Billigkeit und Billigkeitsrechtssprechung im modernen Privatrecht(现代私法上衡平及衡平裁判的变迁)。

③ Otto Bachof: Der Verfassungsrichter zwischen Recht und Politik(处

---

① Immanuel Kant, Metaphysik der Sitten, Ⅰ, Teil Metaphysische Anfangsgründe der Rechtslehre, Einleitung in die Rechtslehre Anhang, Die Billigkeit.

于法与政策之间的宪法法官)。

④ Ernst Steindorff: Die guten Sitten als Freiheitsbeschränkung(作为自由限制的善良风俗)。

⑤ Günter Dürig: Grundrechtsverwirklichung auf Kosten von Grundrechten(牺牲基本人权的基本权利的实现)。

⑥ Fritz Baur: Richtermacht und Formalismus im Verfahrensrecht(诉讼法上法官的权限及形式主义)。

⑦ Jürgen Baumann: Grenzen der individualen Gerechtigkeit im Strafrecht(刑法上个别正义的界限)。

⑧ Ludwig Raiser: Rechtsschutz und Institutionenschutz im Privatrecht(私法上的权利保护及制度性保障)。

⑨ Ferdinand Elsener: Gesetz, Billigkeit und Gnade im kanonischen Recht(教会上的法律、衡平与恩典)。

⑩ Karl Peters: Individualgerechtigkeit und Allgemeininteresse im Strafprozess(刑事诉讼法上的个别正义与一般利益)。

⑪ Joacrim Gernhuber: Die Billigkeit und ihr Preis(衡平及其代价)。

⑫ Adolf Schüle: Die Entscheidung des internationalen Richters ex aequo et bono(国际法院法官依 aezuobono"衡平与公正"而为裁判)。

⑬ Martin Heckel: Summum ius summa iniuria als Problem reformatorischen Kirchenrechts(Summum ius summa iniuria 之作为改革教会法上的问题)。

(2) 英国法上的 Common Law 和 Equity

关于衡平与法律的关系,英国法上的 Common Law(普通法)与 Equity(衡平)的发展过程深具启示性。① Common Law 者,指共同适用的法律,于1066年诺曼征服(Norman Conquest)后,由皇家法院将现有的习惯加以普遍化或创造新的法律,逐渐适用于英国全地。普通法的特色在于程序先于权利,权利源于程序,程序则依令状(writ)为之。② 令状系由 Chancel-

---

① Milson, Historical Foundations of the Common Law, 1969; Plucknett, A Concise History of the Common Law, 5th edifion, 1956; Radcliffe and Cross, The English Legal System. 参见 Rene David:《当代主要法律体系》,漆竹生译,五南图书出版公司,第321页以下。

② 关于 Writ 及 Forms of Action 的意义及发展,参见 Plucknett, A Concise History of the Common Law, pp. 353-378.

lor(大法官,早期皆为高阶神职人员)的书记,以国王名义签发,记载进行诉讼的要件。开始之际,令状种类不多,费用昂贵,其后由大法官法院(Chancery)增加之,尤其是 1285 年的威斯敏斯特条例(Statute of Wesminister 11,1285)授权大法官法院得就类似案件(in consimili casu, in similar cases)签发新的令状,普通法因而扩大发展,但其数目仍属有限。在 1227 年只有 56 种典型格式,至 1832 年,还只有 76 种。各种诉讼格式(Forms of Action)各有专门名称,如 Tresspass、Deceit、Assumptist 诉讼格式皆有严格的要件,当事人陈述若非完全符合,必遭败诉。例如,在 Tresspass(直接暴力侵权行为)之诉,原告误说被告所有之牝马为种马时,其诉讼即难成立。此种严格格式主义的诉讼不能适应社会的需要,专门职业上的因循守旧,造成僵化,使普通法面临危险,因而产生了敌手,那就是衡平法。

在普通法法院因限于严格格式主义而败诉的一方,为获得公平判决的可能性,乃向公正与宽恕之源泉的国王申诉,请求救济,而由"国王良心维护者"(Keeper of the King's Conscience)的大法官(Chancellor)负责处理。早期的大法官为神职人员,断案多凭良心上的公平,不受普通法的拘束,诉讼程序不具形式,不使用拉丁文,而使用法文或英文,较能缓和普通法的严格性,适应社会的需要。最初大法官系依自己的良心就个案而判决,时常发生冲突矛盾,造成所谓"衡平依大法官的脚之长短而异"(Equity varies with the Chancellor's foot)。[①] 其后判决须附理由并采判例拘束理论,而逐渐体系化。

衡平法的发展受到教会法的影响,间接继受教会法。St. Germain(圣葛曼尼)在其所著 Doctor and Student 一书,借着一位神学博士(Doctor of Divinity)与法律学生的对话,阐释理性与良心为衡平的基础;并认为公义(righteousness)须斟酌考虑行为之所有的特殊情况,以仁慈调剂正义,尽取法律文义所给与的,实乃违反公义。[②] 1609 年有位名叫 Thomas Ashe 的律师出版了一本书"Epiekeia"(希腊文,衡平),称衡平为:"A ruled kind of justice",意指衡平为一种受规范的正义,正义虽受规范,却与仁慈的甘美相结合,犹如制鞋的店铺,提供不同形式种类的鞋,使其能够适合于每个

---

① 引自 Kenneth Smith/Denis J Keenan, English Law, 1972, p.5. 关于英国历史上有名的大法官(Chancellor),参见 J. H. Baker, An Introduction to English Legal History, 1971, p.43f.

② 关于 St. Germain 及其所著 Doctor and Student,参见 Plucknett, A Concise History of the Common Law, p.279.

人脚的长短。①

普通法与衡平法及其管辖法院在13世纪及14世纪，尚能和平共存，降至16世纪，为争夺管辖权而发生冲突。在有名的Earl of Oxford's Case，英王詹姆斯一世判定衡平法与普通法互异时，要优先适用衡平法，大法官法院的管辖权因而更为扩张，更为巩固。惟其后衡平法本身亦开始显现缺点，尤其是高昂诉讼费用及迟延，难以有效补救普通法的不公平。最后终于导致在1873年至1875年的司法条例（Judicature Acts）取消了普通法法院与衡平法法院的区别，从此所有的英国法院皆有权适用普通法与衡平法，诉讼格式也遭废除。但数百年的制度根深蒂固，诚如英国法制史学家Maitland氏所云，诉讼格式虽遭埋葬，但仍从坟墓支配着。② 卓著声誉的法官Lord Aktin也带着勉励的语气表示："当这些古老的鬼灵带着中世纪的脚链，发着声音站立在正义路途上时，法官应坦然无惧地通过。"③衡平法不是独立自足的法律体系，而是普通法的补充与诠释，以普通法的存在为前提，补充普通法的不备，给与新的救济方法，尤其是缓和普通法的严格性，而创造了许多重要制度④，例如Trust（信托），Injunction（禁令）及Specific Performance（强制契约的履行）等。⑤ 许多格言浓缩了衡平法的原则，例如"He who seeks equity must do equity"，意指寻求衡平救济者，须先履行或同意履行其自己在该争议中所生法律上或衡平上的义务；"Equity looks to the intent rather to the form"，意指法律文件书写不正确时，在衡平法上应许依当事人的真意加以改正。须注意的是，台湾地区学者曾引用英国衡平法的原则作为第180条第4款的立法理由，即不法原因给付之

---

① 参见 C. K. Allen, Law in the Making, 7th Edition 1964, p.409.
② F. W. Maitland, Forms of Action, 1909, "The forms of action we have buried, but they still rule us from their graves".
③ United Australia Ltd. v. Barclays Bank [1994] A. C. l. at 29: "When these ghosts of the past stand in the path of justice chanking their medieval chains, the proper course for the judge is to pass through them undererred." Lord Aktin 是英国著名的法官，关于其生平事迹及对英国法的贡献，参见 Geoffrey Lewis, Lord Aktin(London, Butterworths)1983。1992年9月笔者应邀前往云南，在从大理回昆明途中，遇见英国名律师 Lewis（现为香港新建国际机场管理局总法律顾问），偶然谈及英国法律，我曾提到 Lord Aktin 在 Donoghue v. Stevenson 一案的见解，彼表示曾为 Lord Aktin 立传，特惠赠一册。其过程颇富趣味，特志于此。
④ 英国法上关于衡平及信托的主要著作，参见 P. V. Baker and P. J. Langan, Snell's Principles of Equity(22th Ed), London: Sweet and Maxwell, 1990.
⑤ 参见杨桢：《英美契约法论》，载《东吴大学法学丛书》（1），1995年初版，第309页以下。

所以不得请求返还,乃是因为请求法院救济者,须有洁净之手(clean hands doctrine)。①

(3) 现代法上的法律与衡平

如前所述,在罗马法上有 ius strictum 及 ius aequum,在英国法上有 Common Law 及 Equity,显示法律与衡平的对位或并存,而衡平均具有补充法律、缓和法律严格性的功能,惟由于历史的原因,英国法与罗马法的发展则有不同。②

在英国法,1873 年至 1875 年的司法改革废除了普通法法院与衡平法法院不同的管辖,重组英国法院体系,使当事人得在同一法院、对同一诉讼主张普通法与衡平法上的救济方法。③ 法院的管辖虽属融合(fusion),但 Common Law 及 Equity 两个体系并未结为一体(merger of one system in the other)。二者的训练不同,思考方式有别,律师实务仍然各有其专业领域。在今日英国,固然无人认为 Equity 仅关涉良心,而 Common Law 仍属 ius strictum,但其法律上的双重性仍属存在。④

至于罗马法,在中世纪经德、法等国继受之后,受到人文主义及自然法的影响,衡平理念渗透进实体法,法律与衡平不再对立或并存,逐渐融为一体,许多规范具有衡平的性质,在构成要件及法律效果上容许得就个案加以衡量,对抽象的法律为内在的补充、调整或个别化,以实现正义。

2. 衡平与正义

(1) 分配正义与平均正义

衡平与正义的关系,属于衡平的内部层面(Innenaspekt)。希腊哲学家亚里士多德(Aristoteles)在其伦理学一书的见解⑤,支配性地影响着后来理论的发展。亚里士多德将正义分为分配正义(justitia distrubutiva)及平均正义(justitia commutativa)。分配正义涉及上下规范关系,至少须有三人存在,其中一人居于上位对其他之人为分配。平均正义涉及平等规

---

① 参见郑玉波:《民法债编总论》,第119页。
② 参见 C. K. Allen, Law in the Making, p.382-413. 关于英国法之受罗马法影响,参见 W. L. Burdick, The Principles of Roman Law, 1964, p.54, 79, 80.
③ 参见 F. H. Lawson, Remedies of English Law, Penguin Books, 1972.
④ C. K. Allen, Law in the Making, p.413.
⑤ Aristoteles, Nikomachische Ethik VI 4. 最近关于正义的重要著作,参见 John Rowls, A Theory of Justice(1971),关于亚里士多德的讨论,见第 424—433 页。中山人文科学研究所出版的《正义及相关问题》(载华、郑晓时主编,1991年)亦可供参阅。

范关系,旨在维持二人或多数人间同等基础上的平衡。在民法上,分配正义与平均正义均有其适用。就前者言,例如雇主对劳工给与奖金,除有特定事由如年龄、年资、贡献等情事外,奖金数额应该相同;就后者言,如双务契约的对待等值性,此于定型化契约的规范,具有意义。又在侵权行为的损害赔偿,过失责任系基于平均正义,无过失责任(危险责任)则具分配正义的功能。①

(2) 衡平系个别正义

亚里士多德认为正义与衡平既非同属一物,亦非类属有别,二者之差异,不在其种类,而在其程度,而衡平的程度较高,因法律具有一般普遍性,不能适应一切情事,衡平在于补法律因其一般普遍性所生的缺点。在亚里士多德之前,柏拉图既已指出,法律的一般性,若不借着衡平加以调剂,将如一个顽固无知的独裁者(like an obsinate and ignorant tyrant)。② 衡平不是正义的仇敌。③ 衡平与正义处于一种紧张关系(Spannungsverhältnis),既非相同,亦非对立,而是在一种辩证法的过程上,扬弃于更高的统一之上,那就是正义的理念。④ 正义具有一般化的性格,显现在抽象的规范,适用于同类案例的多数之人。衡平则是针对个案的特性,斟酌相关情事,而求其妥当。诚如德国著名法律哲学家拉德布鲁赫(Radbruch)所指出的,正义的理念亦要求在一般规范观点下检视个案,而成为具有个别化的正义(individualisierende Gerechtigkeit)。⑤ 正义女神(Gottin Justitia)手持衡器,当其闭上双眼时,一视同仁,普遍适用;当其张开双眼时,则观照个案(Fallanschauung),均在实现正义。⑥

综据以上可知,衡平之作为一个法律原则,具有两层意义:一为衡平的机能在于缓和严格的法律;二为衡平系就个案通观相关情事,个别化地实现个案正义(Einzelfallgerechtigkeit)。

---

① Esser, Grundlagen und Entwicklung der Gerfährdungshaftung, 2. Aufl. 1969; Weyers, Unfallschäden, 1970, 351f., 577ff.

② 引自 C. K. Allen, Law in the Making, p.422.

③ Schopenhauer, Grundlage der Moral, 引自 v. Hoyningen-Huene, Die Billigkeit im Arbeitsrecht, 1978, S.18.

④ Henkel, Einführung in die Rechtsphilosophie, S.326;参见 Bydlinsky, Juristische Methodenlehre und Rechtsbegriff, 1982, S.365.

⑤ Radbruch, Rechtsphilosophie, 8. Aufl.1973, S.123, 127.

⑥ Von Hoyningen-Heune, Billigkeit im Arbeitsrecht, S.23.

(3) 莎士比亚所著《威尼斯商人》故事中的法律、正义与衡平

关于法律、正义与衡平的关系,莎士比亚所著《威尼斯商人》(The Merchant of Venice)是常被提出讨论的故事。① 安东尼奥(以下简称安),乐善好施,贷款于人不收取利钱,广受敬重。安的朋友巴散尼奥(以下简称巴)向放高利贷的犹太富翁夏洛克(以下简称夏)借3 000元钱,由安签立借据。因安一向鄙视夏,夏乃提出严格条件,约定若安不能照约履行时,夏得随意在安的身上任何部分割下一磅的肉,作为处罚。安预期其商船可如期返回威尼斯,货物出售足可偿债而同意之。不料安所有满装货物的商船遭海难倾覆,致不能偿还欠夏的债务。

夏在威尼斯法庭主张其权利,要求从安的身上割下一磅肉。威尼斯公爵要求夏显出仁慈恻隐,受到良心感动,放弃处罚。夏回答说:"我已经指着我们的圣安息日起誓,一定要照约执行处罚,要是殿下不准许我的请求,那就是蔑视法律,我要到京城里上告去,要求撤销贵邦特权。"威尼斯公爵乃找来一位扮律师的才女鲍细露(以下简称鲍)担任法官来审判,兹摘录其重要对答内容如下:

> 鲍:你这场官司打得倒也奇怪,可是按照威尼斯的法律,你的控诉是可以成立的。(向安)你的生死现在操在他的手里是不是?那么犹太人应该慈悲一点。
>
> 夏:为什么我应该慈悲一点?把您的理由告诉我。
>
> 鲍:慈悲不是出于勉强,它是像甘霖一样从天上降下尘世;它不但给幸福于受施的人,也同样给幸福于施予的人,它有超乎一切的无上威力,比皇冠更足以显出一个帝王的高贵:御杖不过象征着俗世的威权,使人民对于君上的尊严凛然生畏;慈悲的力量却高出于权力之上,它深藏在帝王的内心,是一种属于上帝的德行,执法的人若能把慈悲调剂着公道,人间的权力就和上帝的神力没有差别。所以,犹太人,虽然你所要求的是公道,可是请你想一想,要是真的按照公道执行起赏罚来,谁也没有死后得救的希望;我们既然祈祷上帝的慈悲,就应该自己做一些慈悲的事。我说了这一番话,为的是希望你能从你的法律的立场上作

---

① 以下译文参见朱生豪译:《威尼斯商人》,世界书局印行,1980年,第61页以下。

几分让步;可是如果你坚持着原来的要求,那么威尼斯的法庭是执法无私的,只好把那商人宣判定罪了。

夏:我只要求法律允许我照约执行处罚。

鲍:他是不是不能清还你的债款?

巴:不,我愿意替他当庭还清;原数加倍也可以;要是这样他还不满足,那么我愿意签署契约,还他 10 倍的数目,倘然不能如约,他可以割我的手,砍我的头,挖我的心;要是这样还不能使他满足,那就是存心害人,不顾天理了。请堂上运用权力,把法律稍微变通一下,犯一次小小的错误,干一件大大的功德,别让这个残忍的恶魔逞他杀人的兽欲。

鲍:那可不行,在威尼斯谁也没有权力变更既成的法律;要是开了这一个恶例,以后谁都可以借口有例可援,什么样事情都可以干了。这是不行的。请你让我瞧一瞧那借约。

夏:在这儿,可尊敬的博士,请看吧。

鲍:夏洛克,他们愿意出 3 倍的钱还你呢。

夏:不行,不行,我已经对天发过誓啦,难道我可以让我的灵魂背上毁誓的罪名吗? 不,把整个儿的威尼斯给我都不能答应。

鲍:那么就应该照约处罚;根据法律,这犹太人有权要求从这商人的胸口割下一磅的肉来。

夏:博学多才的法官判得好,来预备。

鲍:且慢,还有别的话哩。这约上并没有允许你取他的一滴血,只是写明着"一磅肉";所以你可以照约拿一磅肉去,可是在割肉的时候,要是留下一点基督徒的血,你的土地财产,按照威尼斯的法律,就要全部充公。

夏:法律上是这样说吗?

鲍:你自己可以去查查明白。既然你要求公道,我就给你公道,不管这公道是不是你所希望的。

夏:那么我愿意接受还款;照约上的数目 3 倍还我,放了那基督徒吧。

巴:钱在这儿。

鲍:别忙,这犹太人必须得到绝对的公道。别忙,他除了照约处罚以外,不能接受其他的赔偿。

巴：所以你准备动手割肉吧。不准流一滴血，也不准割得超过或是不足一磅的重量；要是你割下来的肉，比一磅略微轻一点或是重一点，即使相差只有一丝一毫，或者仅仅一根汗毛之微，就要把你抵命，你的财产全部充公。

鲍：那犹太人为什么还不动手？

夏：把我的本钱还我，放我去吧。

巴：钱我已经预备好在这儿，你拿去吧。

鲍：他已经当庭拒绝过了；我们现在只能给他公道，让他履行原约。

夏：难道我不能单单拿回我的本钱吗？

鲍：犹太人，除了冒着你自己生命的危险割下那一磅肉以外，你不能拿一个钱。

夏：好，那么魔鬼保佑他去享用吧，我不要打这场官司了。

莎士比亚的《威尼斯商人》虽然只是个故事，但在法律上可作不同的思考或解读。首先须指出的是，在古代法律，债务人应以人身为履行债务的担保，在罗马法，债权人得拘捕债务人而变卖求偿。其后逐渐缓和，由人的责任转变为物的责任。中世纪威尼斯法律正处于此种转变过程中，仍得以人身作为责任的担保，以割肉作为违约的处罚。①

德国法学家耶林（Jhering）在其名著"法律的斗争"（Der Kampf um das Recht）曾严厉批评威尼斯法庭的判决。耶林氏强调个人为一己的权利而奋斗，具有极崇高的意义。为权利斗争就是为法律斗争，当事人提出诉讼，不仅在于保证权利主体的利益，也在维护整个法律。当夏洛克发出"我要求法律允许我照约执行处罚"的喊声之时，他已经不是要求一磅肉的犹太人，而是凛然不可侵犯的威尼斯法律的化身，他的权利与威尼斯的法律成为一体。他的权利消灭之时，威尼斯的法律也归消灭。不幸得很，法官竟用诡计，拒绝夏洛克履行契约。契约内容苟有违反于善良风俗，自得谓其无效。法官不根据这个理由，既承认契约为有效，而又附以割肉不出血的条件；这犹如法官认地役权人的行使权利，又不许地役权人留足印

---

① 详尽深入的论述，参见 Kohler, Shakespeare vor dem Forum der Jurisprudenz, 2. Aufl. 1919（台大法学院图书馆藏有此书）；拙著：《民法债编总论》第1册，第47页。

于地上。这种判决,夏洛克何能心服。当他悄然离开法庭之时,威尼斯的法律也悄然毁灭了。①

德国民法学者 Esser 教授则认为威尼斯法庭的判决系依衡平思想,缓和了威尼斯法律的严酷。衡平思想的重大演变,不在于其对法律的公开抗争,而在于其对契约或法律解释方法之宁静的影响,引入实体的法律价值,以排除"法之极"所可能造成的"恶之极"。法官拒绝夏洛克行使要求割肉的权利,不采权利滥用的观点,而是依契约的解释,否认其有此种权利,具有特殊的意义。②

须说明的是,契约的解释不能根本解决"割肉处罚"的严酷,因为当事人得依合意排除法官所加的条件。又本件判决可能出于维护身为基督徒、仁慈的威尼斯商人,制裁放高利贷的异教徒。若被告是异教徒,是放高利贷的犹太富翁时,法官是否会说:"割肉会滴血乃当然的解释,威尼斯的法庭是执法无私的,只好宣判定罪了。"假若法官作此判决,则其解释契约,适用法律,已非依衡平理念来实现正义,而是流于恣意与专断了。

依中国台湾现行法律,威尼斯商人的窘境可以获得合理的解决。在现行民法,法(Recht)与法律(Gesetz)已经融为一体,抽象的法律规范中,渗透着衡平理念,衡平不再是法律外异体的控制因素,而是整个法律体系的构成部分。割肉处罚的契约因违反公序良俗而无效(第 71 条),无论被害人是仁慈的基督徒或是放高利贷的犹太异教徒,均属如此。

(二) 民法与衡平原则

1. 抽象衡平与具体衡平

在任何时代,于各国法律,均有衡平原则,惟其表现态样、机能及范围有所不同。在罗马法有 ius aequum;在英国法有 Equity,前已论及,敬请参阅。在现代法律,尤其是欧陆民法,衡平理念业已融入法律,成为法律的一部分,而非法律外的控制因素。首先应该说明的是,立法者基于衡平理念制定某项规定或制度,使衡平理念经由法律规定本身而获实践。德国

---

① 参见萨孟武译:《法律的斗争》,转载于拙著《民法总则》,北京大学出版社 2009 年版,第 6 页。

② Esser, Wandlungen von Billigkeit und Billigkeitsrechtssprechung im modernen Privatrecht, in: Summum ius summa iniuria, Ringvorlesung, 1963, S.37.

著名的民法学者 Oertmann 称之为 abstrakte Billigkeit(抽象衡平)①,并认为在德国民法属于抽象衡平的,如该法第 521 条规定,赠与人仅就故意或重大过失负其责任②;该法第 599 条规定,贷与人仅就故意或重大过失负其责任③;该法第 459 条第 1 项第 2 段规定,出卖之物价值或效用之减少无关重要者,不得视为瑕疵。④ 须注意的是衡平理念亦得作为某个法律制度的基础,如认为不当得利系建立在衡平原则之上。⑤ 与抽象衡平应该加以区别的是具体衡平(konkrete Billigkeit),此为固有意义的衡平,指应于个别案件斟酌相关情事,以实践正义(个别正义)⑥,此为本文论述的重点。

2. 比较法上的观察⑦

(1) 德国民法

德国民法上有不少条文使用 Billigkeit 或 billig 的概念,兹参照台湾大学法律学研究所编译的德国民法,摘录若干重要规定如下⑧:

《德国民法》第 315 条规定:给付应由当事人之一方指定者,有疑义时,其指定应依公平衡量(nach billigem Ermessen)之方法为之。前项指定应向他方当事人表示之。应依公平衡量(nach billigem Ermessen)而为指

---

① Oertmann, Recht, 1900, 3, 25ff.; Hartmann, Der Zivigesetzentwurf, das Äquitätsprinzip und die Richterstellung, AcP 73(1888), 309ff. (AcP 系 Archiv für Zivillistische Praxis 的简称,为德国最权威的民法杂志,台大法学院图书馆藏有全套,弥足珍贵,可供参阅)。简要说明,参见 v. Hoyningen-Heune, Billigkeit im Arbeitsrecht, 1978, S. 27.

② 《德国民法》第 521 条相当于第 410 条之规定:"赠与人仅就其故意或重大过失,对于受赠人负其责任。"

③ 台湾现行"民法"无相当于《德国民法》第 599 条之规定。梅仲协教授谓:"贷与人既不收取报酬,故就法理言,仅负故意或重大过失之责任"(《民法要义》第 282 页);史尚宽先生认为,民法虽无规定,然依第 220 条第 2 项及类推适用第 410 条之规定,应解释贷与人亦惟就故意或重大过失负责(《债法各论》,第 251 页)。

④ 《德国民法》第 459 条第 1 项第 2 段相当于第 354 条第 1 项后段之规定:"但减少之程度无关重要者,不得视为瑕疵。"

⑤ 参见拙著:《不当得利》,北京大学出版社 2009 年版,第 279 页;Lawson, Unjust Enrichment, A Comparative Study, 1951; Palandt/Thomas, Kommentar zum Bürgerlichen Gesetzbuch, Einführung v. §812 Anmerkung Ⅰ.

⑥ 参见 Oertmann, Recht, S.27; v. Hoyningen-Heune, Billigkeit im Arbeitsrecht, S.28.

⑦ 关于各国衡平原则的比较研究,参见 Festschrift für Rene' Cassin, 1973: Equity in the World's Legal System.

⑧ 参见 Esser, The Infiltration of Aequitas into the German Civil Law, in: Cassin Festschrift, 1973, S.299ff; v. Hoyningen-Heune, Billigkeit im Arbeitsrecht, S.71. 关于德国民法相关规定,参照台湾大学法律学研究所编译的《德国民法典》,1965 年印行。

定者,必其指定合于公平原则(Billigkeit),始对他方当事人有其拘束力。指定不合于公平原则(Billigkeit)者,应以判决定之;怠于指定时,亦同。该法第317条规定第1项:"委托第三人指定给付者,有疑义时,其指定应依公平衡量(nach billigem Ermessen)之方法为之(并请参阅该法第318条、第319条)。①

《德国民法》第829条规定:合于本法第823条至第826条所定情形之一,而依本法第827条及第828条规定,就其所惹起之损害不负责任之人,如不能由有监督义务之第三人为损害赔偿者,仍应赔偿其损害,但其范围,以依照情形,即如按当事人之关系,其损害之填补,为公平原则(Billigkeit)之所要求,且不影响其维持相当于身份之生计,及履行法定扶养义务所需之资力者为限。②

《德国民法》第847条规定:在侵害身体或健康,或侵夺自由之情形,被害人对其非财产上之损害,亦得请求赔偿相当之金额(eine billige Entschädigung in Geld)。此项请求权,不得让与或继承,但已依契约承认或已起诉者,不在此限。对妇女犯有悖伦理之重罪或轻罪,或因诈欺术、胁迫,或滥用从属关系,使其应允为婚姻外之同居者,该妇女亦有同一之请求权。③

《德国民法》第971条第1项规定:拾得人对于受取权人,得请求报酬。报酬之计算比例,于300马克以下之物,为其价值5%,于300马克以上之物,为1%,于动物为1%。如物仅对于受取权人有价值者,其报酬以公平(nach billigem Ermessen)之方法定之。④

将《德国民法》第847条所称eine"billige" Entschädigung in Geld译为"相当"之金额,似为配合"台湾现行民法"第195条的用语。其将《德国民法》第319条及第971条所称billiges Ermessen译为公平衡量,将第829

---

① 关于《德国民法》第315条以下规定的解释适用的基本问题,参见 Palandt/Heinrichs §315f.

② 关于《德国民法》第289条规定的解释适用,参见 Esser/Weyers, Schuldrecht Band Ⅱ, Besonderer Teil, 7. Aufl. 1991. 55 Ⅲ/2 (S. 562); Larenz/Canaris, Schuldrechts Ⅱ/2, Besonderer Teil, 13. Aufl.84V Ⅱ (S.650).

③ 参见 Soergel/Zeuner, Kommentar zum Bürgerlichen Gesetzbuch, 12. Aufl. 1993, §847.

④ 比较台湾现行"民法"第805条规定:"遗失物拾得后6个月内,所有人认领者,拾得人或警署或自治机关,于揭示及保管费受偿还后,应将其物返还。前项情形,拾得人对于所有人得请求3/10之报酬。"

条所称 Billigkeit 译为公平原则,将 Billgkeitshaftung 译为公平责任,颇值深思。此涉及衡平、公平与正义三个概念的关系。衡平系个别正义,前已论及。台湾判例学说常将公平正义放在一起使用,意在强调。上开德国民法规定之所谓 Billigkeit,系在针对个案,迳译为"衡平",或较妥适。

(2) 瑞士民法

《瑞士民法》的特色及精华表现于前4条规定。①《瑞士民法》第1条规定:"法律问题,在文字及解释上,法律已有规定者,应适用法律。法律所未规定者,依习惯法,无习惯法时,法院应遵立法者所拟制定之原则,予以裁判。于此情形,法院务须恪遵稳妥之学说及判例。"《瑞士民法》第2条规定:"行使权利,履行义务,应依诚实及信用而为之。权利显然滥用者,不受法律之保护。"②第3条规定:"依法律之规定,法律效力系于人之善意者,推定其为善意。依照情形,有注意之义务,而按其注意之程度,尚难认为系善意者,不得主张其为善意。"

台湾"民法"第1条规定:"民事,法律未规定者,依习惯,无习惯者,依法理",相当于《瑞士民法》第1条。第148条规定:"权利之行使,不得违反公共利益,或以损害他人为主要目的。行使权利,履行义务,应依诚实及信用方法",相当于《瑞士民法》第2条。关于善意推定,台湾现行"民法"无相当于《瑞士民法》第3条第1项的明文,惟于第944条第1项规定:"占有,推定其为以所有之意思,善意、和平及公然占有。"于其他情形,如第27条第3项规定:"对于董事代表权所加之限制,不得对抗善意第三人",未设推定的明文,惟在解释上,应认为主张第三人非属善意的,应负举证责任。

就本文所讨论的问题言,《瑞士民法》第4条规定,最具启示性,其原文为:"Wo das Gesetz den Richter auf sein Ermessen oder auf die Würdigung der Umstände oder auf wichtigen Grund verweist, hat er seine Entscheidung nach Recht und Billigkeit zu treffen." 台大法律学研究所编译的《瑞士民

---

① 关于《瑞士民法》第1条至第4条规定的解释适用,参见 Berner Kommentar zum Schweizerischen Privatrecht, Einleitung Artikel 1-4, 1966; Max Gmür, Die Anwendung des Rechts nach Art. 1 des Schweizerishen Zivilgesetz, 1908; Meier-Hayoz, Der Richter als Gesetzgeber, 1951。本文所引述瑞士民法规定系参照台大法律研究所编译的德国民法。

② Ernst Zeller, Treu und Glauben und Rechtsmißbrauchsverbot, Prinzipiengehalt und Korkretiesierung von Art. 2 ZGB, Zürich, 1981.

法》将本条译为："法律指示法院得依职权衡量,或依情形判断或基于重大事由而为裁判者,法院应依正义及公平为之。"

《瑞士民法》第 4 条系关于适用衡平的概括条款。所谓 Recht und Billigkeit 如何译为中文,颇费思量。按"Recht"一语,通常指"法"而言,异于所谓的 Gesetz(法律)。法者,以正义为理念,故将 Recht 译为正义,自有所本,但径依其文义,迳译为"法",似较妥当。又将"Billigkeit"译为衡平似较能显现其为个别正义。依瑞士学者通说,Recht 及 Billigkeit 不是两个不同的概念,而是用两个连接的名词来表示一个概念,就是 billiges Recht(衡平之法)。①

依《瑞士民法》第 4 条规定,法院应适用衡平之法的情形有三:① 法院得依职权衡量而为裁判;② 法院得依情形而为裁判;③ 法院得基于重大事由而为裁判。兹各举数例如下,俾便对照:

其一,法院得依职权衡量而为裁判。如《瑞士民法》第 156 条第 1 项规定:"关于亲权之行使及父母对于子女之人的关系,法院在宣告离婚或别居时,于听取父母,必要时在听取监护官署之意见后,应为必要之处分。"该法第 706 条规定:"对于有重要用途或准备供用而设围障之水井及泉,因建筑营造或为其他设施,而掘断、损毁或污秽,致不利于所有人或使用权者,应赔偿其因此而所受损害。损害非因故意或过失所致,或被害人自己有过失者,法院得依其裁量,以决定赔偿之范围及方法。"又《瑞士债务法》第 50 条规定:"数人共同因过咎致加损害,无论其为造意者、行为者或帮助者,应对被害人连带负损害赔偿之责任,关于当事人互相间得否求偿及其范围,依法院衡量定之。"②

其二,法院得依情形而为裁判。《瑞士民法》第 151 条规定:"因离婚致无过咎之配偶,其财产权或期待权受损害者,有过咎之配偶应予以相当之赔偿。导致离婚之事宜,使无咎之配偶,蒙受人格关系之严重损失者,法院并得判给慰抚金。"该法第 707 条规定:"水泉及井为土地之经营或居

---

① Meier-Hayorz, Berner Kommentar, Artikel 4 Anmerkung 11; Meier-Hayorz 教授对《瑞士民法》第 4 条的注解附有详细文献资料。台大法学院及政大社会科学资料中心藏有瑞士联邦法院判决,可供参阅。

② 其他得依职权裁量的决定,如《瑞士民法》第 334 条第 2 项、《瑞士债务法》第 52 条第 2 项、第 100 条第 2 项、第 163 条第 3 项、第 300 条第 2 项、第 352 条第 3 项、第 353 条第 2 项、第 373 条第 2 项、第 422 条第 1 项、第 601 条第 2 项等。

住,或为饮用水之供给所不可欠缺者,于其被掘断或污秽时,得在可能范围内,请求恢复原状。其他情形,仅以有特殊情事为限,得请求前项之恢复原状。"该法第926条规定:"各占有人得以实力防御不法之私力。物依实力或秘密被侵夺者,其占有人即得驱逐行为人而恢复土地之管领,并得由现行且直接被追索之行为人,夺还动产。前项情形,占有人不得行使按照情节属于不当之实力。"又《瑞士债务法》第5条第2项规定:"为保全正当的请求权,而自为保护者,于依当时情况不能及时获得有关机关援助,或须经由自助行为始能防止其请求权不能行使或其实行显有困难时,不负损害赔偿之责。"①

其三,法院得依重大事由为裁判。《瑞士民法》第72条规定:"章程得订定开除社员之事由,但亦得准许开除无须声叙事由。于此情形,社员之开除,不得因未备事由,请求撤销。社员之开除,仅需基于重大事由,并经社团之决议即得为之,但章程另有订定者,从其所定。"该法第140条第1项规定:"配偶之一方,恶意遗弃他方配偶,或无重大事由不返回住所,且其不在已逾2年者,于此项情形继续存在中,该他方配偶,得诉求离婚。"该法第269条第2项规定:"有重大事由时,因养子女之声请……由法院终止其收养。"又《瑞士债务法》第269条第1项规定:"不动产租赁订有期限者,在其租赁期限届满前,一方当事人得以若开始或继续租赁关系将对其产生难以忍受之重大事由,于法定期间内,支付全部赔偿,而终止契约。"②

瑞士判例学说认为适用"衡平之法",在于针对个案的特性而为最大可能妥当的裁判;法官所应遵循的,不是个人主观的感觉,而受个人认知的影响;法官应依合乎事理的观点,检视个别、具体的利益状态,斟酌所有重要情事以及特别情事客观地作成最合适的决定。值得特别提出的问题是:瑞士法上得依衡平而为裁判的情形甚多,是否危害法律安全性?瑞士著名的民法学者 Arthur Meier-Hayoz 教授认为迄未发现足以产生此项危

---

① 其他得依情形而为裁判的规定,如《瑞士民法》第3条第2项、第272条第2项、第333条第1项、第389条第3项、第692条第3项、第693条第3项,《瑞士债务法》第147条第2项、第205条第2项等。

② 其他得依重大事由而为裁判的规定,如《瑞士民法》第30条第1项、第65条第3项、第92条、第257条第3项、第267条、第269条第3项、第380条、第576条,《瑞士债务法》第291条第1项、第352条第1项、第353条第1项、第360条第2项等。

险的迹象，其理由有三：① 瑞士一般人民，尤其是法官倾向保守的个性；② 瑞士法的传统；③ 稳妥学说与判例的协力，防止法官流于恣意及专擅。①

(3) 台湾现行"民法"

第一，关于衡平责任，应讨论者有以下两种情形。

一种情形是第187条第3项规定的衡平责任。现行"民法"虽未使用"衡平"的概念，但判例学说均肯定具体的衡平规定的存在，尤其是所谓的"衡平责任"。第187条规定："无行为能力人或限制行为能力人不法侵害他人之权利者，以行为时有识别能力为限，与法定代理人连带负损害赔偿责任。行为时无识别能力者，由其法定代理人负损害赔偿责任。前项情形，法定代理人如其监督并未松懈或纵加以相当之监督，而仍不免发生损害时，不负赔偿责任。如不能依前两项规定受损害赔偿时，法院因被害人之声请，得斟酌行为人与被害人之经济状况，令行为人为全部或一部之损害赔偿。前项规定，于其他之人，在无意识或精神错乱中所为之行为致第三人受损害时，准用之。"此项规定系仿自《德国民法》第829条及《瑞士债务法》第54条而来，德、瑞通说皆以 Billigkeitshaftung 称之。② 梅仲协教授谓："例如富翁因患精神病，纵火烧毁某苦力之茅屋，又或拥有巨额遗产之6岁小孩，于嬉戏时，剜伤他孩之目，因而失明者，倘若该小孩或精神病者，于行为时并无识别能力，而其有监督权之人，依第187条第2项之规定，又可不负赔偿责任，此时应斟酌当事人之经济状况，使无侵权行为能力人为损害赔偿，至赔偿额之大小由法院依公平原则判定。"③ 其所谓公平原则，指 Billigkeitshaftung 而言，亦即衡平原则是也。值得注意的是第187条第3项仅规定得斟酌行为人与被害人之经济状况。史尚宽先生则更进一步认为，法官首应斟酌者，为当事人之经济状况，他如加害之种类及方法，责任能力欠缺之程度，被害人过失之有无及轻重，以及被害人是否已得保险金等情事，亦应斟酌，以量定其赔偿之数额。④

另一种情形是第188条第2项规定的衡平责任。第188条规定："受

---

① Meier-Hayoz, Berner Kommentar, 1976., Artikel 4 Anmerkung 39.
② 参见梅仲协：《民法要义》，第142页；史尚宽：《债法总论》，第178页；孙森焱：《民法债编总论》，第214页；郑玉波：《民法债编总论》，第179页；邱聪智：《民法债编通则》，第121页。
③ 梅仲协：《民法要义》，第142页。
④ 参见史尚宽：《债法总论》，第178页。

雇人因执行职务，不法侵害他人权利者，由雇用人与行为人连带负损害赔偿责任。但选任受雇人及监督其职务之执行已尽相当之注意而仍不免发生损害者，雇用人不负赔偿责任。如被害人依前项但书之规定，不能受损害赔偿时，法院因其声请，得斟酌雇用人或被害人之经济状况，令雇用人为全部或一部之损害赔偿。雇用人赔偿损害时，对于为侵权行为之受雇人有求偿权。"本条第 2 项规定，学说上多认为系雇用人之衡平责任。① 实务上亦采此观念。1984 年台上字第 4580 号判决谓："第 188 条规定雇用人之责任，其立法精神重于保护经济上之弱者，增加被害人或得依法请求赔偿之第三人之求偿机会。观乎其设有举证责任转换及衡平责任之规定自明。是以受雇人之行为是否与其职务有关系，允宜从广义解释，以资符合。其所谓受雇人执行职务，不法侵害他人权利之行为，不仅指受雇人职务范围内之行为而定，即与执行职务相牵连之行为，不法侵害他人权利者，亦应包括在内。职务上予以机会之行为，即属于与执行职务相牵连之行为。"此见解可资参照。

第二，关于法院得依衡平而为裁判之情形。

衡平者，指法院得就个案斟酌相关情事，而为妥当合适的裁判。准此以言，在台湾地区，法院得依衡平而为裁判的情形，不限于第 187 条及第 188 条规定的衡平责任，宜采相当于《瑞士民法》第 4 条的见解，即法律规定法院得依职权、依情形或依重大事由等而为裁判时，法院应依衡平为之。兹举三例说明之：

例 1：第 195 条第 1 项前段规定："不法侵害他人之身体、健康、名誉或自由者，被害人虽非财产上之损害，亦得请求赔偿相当之金额。"本条系仿《德国民法》第 847 条，所谓赔偿相当之金额，系德文 billige Entschädigung in Geld 之迻译。是否或相当，应就个案斟酌相关情事定之。

例 2：第 218 条规定："损害非因故意或重大过失所致者，如其赔偿致赔偿义务人之生计有重大影响时，法院得减轻赔偿金额。"本条系仿自《瑞士债法》第 44 条第 2 项规定，而瑞士判例学说均认为此属应适用"衡平之法"的类型。台湾现行"民法"立法理由书谓："谨按凡非因故意或重大过失所生之损害，如因责令赔偿之故，致使加害人之生计顿生重大之影响，按之事理，似亦过酷，故亦得由法院减轻其赔偿金额，以昭平允，

---

① 参见郑玉波：《民法债编总论》，第 186 页；邱聪智：《民法债编通则》，第 146 页。

此本条所由设计也。"按之事理,有无过酷,是否平允,应就个案斟酌相关情事定之,乃属当然。

例3:第489条规定:"当事人之一方,遇有重大事由,其雇佣契约,纵定有期限,仍得于期限届满前终止之。前项事由,如因当事人一方之过失而生者,他方得向其请求损害赔偿。"事由是否重大,亦应斟酌相关情事定之,自不待言。

第三,关于当事人约定由他方或第三人决定契约的内容。

依私法自治原则,当事人从事法律交易时,得约定由他方或第三人决定契约的内容。例如,甲与乙买卖某画,得约定价金由丙定之。在此情形,如何决定契约内容,系契约解释的问题。有疑义时,其契约内容的形成应依衡平为之。《德国民法》第315条以下及《法国民法》第159条设有明文,可资参照。此项由当事人一方或第三人依衡平而形成契约内容,与法院依衡平而为裁判,形式上固有不同,但就方法论上之实质言,则无差异。①

(三) 衡平的适用

1. 衡平的性质

衡平之作为一种法律原则,性质上属于不确定的法律概念,其特征在于无具体的构成要件可供归摄(Subsumieren),而须斟酌相关情事,观照个案而为裁判。此种衡平裁判(Billigkeitsurteil, Billigkeitsentscheidung)系属衡量,而非所谓的裁量,并无多数决定可供选择,仅能作为对该个案最属合理妥当的判断。②

2. 法律漏洞、衡平原则与第1条的适用

在1994年台上字第2701号判决一案,"最高法院"依第148条禁止权利滥用理论,不许被上诉人请求拆屋还地,因而发生被上诉人得否请求上诉人以相当价额购置越界部分土地的问题,就法学方法论言,即因判决本身产生了一个需要填补的法律漏洞。③ 判决理由谓:"按第796条规

---

① Meier-Hayoz, Berner Kommentar, Artikel 4 Anmerkung 25f.
② v. Hoyningen-Huene, Die Billigkeit im Arbeitsrecht, S.41. 其注解中附有相关资料。
③ 关于漏洞(Gesetzlücken)的意义、发生及填补,俟后再行讨论。参见黄茂荣:《法学方法与现代民法》,1978年增订新版;黄建辉:《法律漏洞、类推适用》,"蔚理法律丛书";拙著:《民法实例研究・基础理论》,第162页。

定,邻地所有人知悉土地所有人越界建屋而不提出异议者,虽不得请求土地所有人移去或变更建物,但得请求土地所有人以相当之价额购置越界部分土地。被上诉人虽非知情而不异议,与该条文所定得请求购买越界部分土地之要件不符,但查知情而不异议,不得请求移去或变更建物者,尚且得请求土地所有人购置越界部分之土地,举重以明轻,并依衡平原则,不知情而得请求移去或变更建物之邻地所有人,当然更得(类推适用该条之规定)不请求土地所有人移去或变更建物而请求其以相当之价额购置越界部分之土地。"查其功能即在填补此项法律漏洞,从而涉及第 1 条的适用。

第 1 条规定:"民事,依法律,无法律规定者,依习惯,无习惯者,依法理。"本条旨在规定民法的法源,承认法律之有漏洞,并明定法律漏洞填补的方法。所谓举重明轻,系属法律解释范畴,前已论及。然则衡平原则可否作为法理,补法律之不备?在本件判决,"最高法院"系以衡平原则支持(或强化)第 796 条规定的类推适用。本文认为衡平原则系针对个案,非在提供一般性规范,其本身不足作为填补法律漏洞的手段,亦不得以之作为类推适用的依据。

3. 判断标准与客观衡量

衡平系个别化的正义,须就个案加以判断及衡量。客观的衡量须有判断标准,应将之公开化,使其透明。衡量余地越广泛时,其判断标准越须严谨。判断标准不限于法律所明定的。第 187 条及第 188 条规定衡平责任,明定法院得斟酌行为人(或雇用人)与被害人之经济状况。惟学说上有认为除经济状况外,尚应斟酌加害之种类及方法,责任能力欠缺之程度(在第 187 条之情形),被害人过失有无及轻重,以及被害人是否已得保险金等情事。① 法院的衡量,必须客观。所谓客观,是指要有合于事理的理由构成。衡量是受有拘束的,并非全然自由。诚如 Rümelin 教授在其名著 Billigkeit 一书所云,衡平的概念不等于慈悲、恩情或人道,而在于实

---

① 参见史尚宽:《债法总论》,第 179 页、第 186 页。关于被害人已领保险金的问题,参见 Larenz/Canaris, Lehrbuch des Schuldrechts, Ⅱ/2, Besonderer Teil, S. 652 作有详细讨论,可供参阅。

践正义。①

4. 案例比较

德国法律哲学家 Radbruch 谓:"正义系在依一般规范的观点下检视个案。衡平则在个案中探寻自己,惟此项法则最后终须提升为一般法则,衡平与正义均具有一般化的性质(Die Gerechtigkeit sieht den Einzelfall unter dem Gesichtspunkt der allgemeinen Norm, die Billigkeit sucht im Einzelfall sein eigenes Gesetz, das sich schließlich aber gleichfalls zu einem allgemeinen Gesetz erheben lassen muss, denn die Billigkeit ist gleichwie die Gerechtigkeit letzten Endes generalisierender Natur)。"②此种寓于衡平的一般化性质,在于促进判断与衡量的客观化,能够理性地加以检查或复验,避免流于恣意或专断。为达此目的,在方法论上应采所谓的案例比较(Fallvergleichung)③,即法官在 A 案依一定判断标准客观衡量相关情事而为某种决定时,若 B 案的情事相当时,亦应为相当的判断。在此意义上,衡平的适用亦应顾及平等原则。④

关于衡平原则的适用,慰抚金请求权的案例较多,可供分析。第 195 条第 1 项规定:"不法侵害他人身体、健康、名誉或自由者,被害人虽非财产上之损害,亦得请求赔偿相当之金额。"赔偿之金额是否"相当",应衡平(billig)定之。1930 年上字第 1013 号判例谓:"名誉被侵害虽许被害人请求以金钱赔偿,但其损害原非如财产上损失之有价额可以计算,究应如何始认为相当,自得由法院斟酌情形定其数额。"1958 年台上字第 1221 号判例谓:"名誉被侵害者,关于非财产上之损害,加害人虽亦负赔偿责任,但以相当之金额为限。所谓相当,自应依实际加害情形与其名誉影响是否重大及被害者之身分地位与加害人经济情况定之。"此判例提出较明确的判断标准。又 1962 年台上字第 223 号判例谓:"慰抚金之赔偿须以人格权遭遇侵害,使精神受有痛苦为必要,其核给之标准固与财产上损害

---

① Rümelin, Billigkeit im Recht, 1921, S. 5f, 48ff. Rümelin 氏系德国 Tübingen 大学教授,担任校长期间于颁发优良著作奖时常作专题演讲,Billigkeit im Recht 为其中之一,其他尚有 Die Gerechtigkeit(《论正义》,1920)、Rechtsgefühl und Rechtsbewußtsein(《法感情与法意识》,1925),常被引用,流传甚广,台大法学院图书馆有藏书,可供参阅。
② Radbruch, Rechtsphilosophie, 8. Aufl. 1973, S. 122.
③ Larenz. Methodenlehre der Rechtswissenschaft, 6. Aufl. 1991, S. 293f.
④ Meier-Hayoz, Berner Kommentar, Artikel 4 Anmerkung 21.

之计算不同,然非不可斟酌双方身份资力与加害程度及其他各种情形核定相当之数额。原审对于被上诉人所受之名誉损害有如何痛苦情事,并未究明,若仅以上诉人之诬告为赔偿依据,则案经判处上诉人罪刑,是非明白,被上诉人似亦无甚痛苦,且原判决何以增加赔偿金之数额,亦未说明其理由,遽命上诉人再赔偿 5 000 元,自有未合。"在本件判决,"最高法院"要求原审说明量定慰抚金的理由,有助于增进衡量的客观性。

值得特别提出的是,在 1992 年台上字第 2373 号判决一案,上诉人于 1989 年增额"立法委员"选举期间侵害被上诉人名誉,原审斟酌被上诉人(黄尔璇)获有博士学位,曾任大学副教授及"民进党中央党部秘书长"等职,上诉人为"朱高正后援会总干事",各有相当之身份与地位,及上诉人行为之可非难性,被上诉人受损害之程度等一切情状,认被上诉人请求赔偿非财产上之损害 3 000 万元为过高,应该减为 100 万元为相当。其判断标准颇为透明。又在 1993 年台上字第 200 号判决一案,于 1989 年台南县长选举期间,候选人李雅樵侵害另一候选人李宗藩的名誉,原审认为,李宗藩曾获日本东京大学农学博士,并曾任日本"台湾人公共事务会会长"及"民进党外交部主任",且与美国国会参众两院议员多所往来,其艰辛获学术地位,系经学术界及社会评价所建立之声誉,竟遭李雅樵以文字、图画散布不实之事实,致其名誉受损害,综上以观,认安井章博等(注:李宗藩之子及配偶于李宗藩死亡后继承其法律关系)请求赔偿非财产上之损害,以 150 万元为相当。其理由亦甚具体明确。此两则侵害名誉案件发生于 1989 年"立委"或县长的选举期间,均与竞选活动有关,当事人皆为社会知名人士,判断标准着重于身份地位,其衡量结果,慰抚金一为 100 万元,一为 150 万元。此类判决可作为其他案例的比较参考,逐渐形成类型(Fallgruppe),提升衡平裁判的合理性。①

---

① 第 194 条规定:"不法侵害他人致死者,被害人之父、母、子、女及配偶,虽非财产上之损害,亦得请求赔偿相当之金额。"马维麟氏曾整理"最高法院"相关判决,就案例事实、斟酌情事、量定的慰抚金等作有系统的统计分析,足供参阅(《民法债编注释》,第 395 页)。

(四) "最高法院"与衡平原则

为进一步了解衡平原则的意义与功能,特搜集若干"最高法院"判决[1],简要分析如下:

1. 国际私法上的适用:1993 年台上字第 1083 号判决

在该案,上诉人高仕电影股份有限公司与被上诉人王祖贤及其经纪人影艺顾问有限公司,为拍摄电影《阿婴》一片签约,约定王祖贤应于 1990 年 8 月 1 日起至同年 10 月 31 日止,为伊工作至多 40 个工作日,由伊分期支付报酬合计港币 80 万元。嗣因王祖贤参与其他影片之拍摄及个人事故,在该约定之 3 个月内,仅为伊拍戏 16 个工作日,使《阿婴》影片迟至同年 12 月 17 日始告杀青,发生是否违约及损害赔偿问题。"最高法院"谓:"上诉人一再主张:本件准据法为香港法律,解释契约及履行责任之认定,须依香港法律。香港法律属英美法系,着重衡平理念。契约之履行,原则上须依照契约所特别限定之日期为之,除非该约定之期限对契约之一方有失公平,或该期限并非契约之重要事项,法院始得例外决定其契约之要素。提出香港律师之法律意见书及所附法学论著并法院案例为证(见外放证物),指责王祖贤未于期限内应其要求拍片为违反契约之行为,应负损害赔偿责任,不失为重要之攻击方法,何以不足采?未据原审于判决理由项下说明其理由,遽为上诉人不利之判决,亦有判决不备理由之违法。"

英国法上有 Common Law 与 Equity,前已论及。香港地区受英国法律的影响,亦有 Common Law 与 Equity 的区别。如何依衡平原则解释契约及认定履行责任,上诉人曾提出香港律师的法律意见书、法学论著及法院案例作为证物。在德国,实务上此类涉外案件亦常由学者提供法律

---

[1] 在刑法方面,实务上以"衡平"作为论断依据,亦属有之。1987 年台湾省高等法院法律问题座谈会,提出一则法律问题:犯抢夺罪,因防护赃物,脱免逮捕或湮灭罪证而当场施强暴胁迫者,应如何论处。讨论意见乙说:"'刑法'第 329 条之准强盗罪,原包括窃盗及抢夺两种基本形态,前者固无'陆海空军刑法'第 83 条或第 84 条之适用,但后者本系抢夺行为之加重处罚规定,即难谓无'陆海空军刑法'第 83 条之适用,否则如谓普通抢夺罪,有该第 83 条之适用,而准强盗之抢夺行为反适用较轻处罚之'刑法'第 329 条之规定论处,势必发生犯罪行为之轻者适用重罚规定,而其重者,反适用较轻处罚规定,岂非轻重倒置,失其衡平?故仍应适用'陆海空军刑法'第 83 条规定论处。"审查意见:拟采乙说。研讨结果:照审查意见通过。第二厅研究意见:同意研究结果。按此之所谓"衡平",乃指法律适用轻重"平衡"而言,与个案正义无关。

意见书,著名的 Max-Planck 外国法及国际私法研究所经常提供此类服务。

2. 情事变更原则与衡平理念:1994 年台上字第 1190 号判决

在该案,当事人于系争土地设定地上权,约定租金日币若干,台湾光复后,日币已不再适用,原第二审判决准依新台币调整并命为给付,因而发生应否适用情事变更原则的争议。"最高法院"判决谓:"情事变更原则,系基于衡平理念,对于当事人不可预见之情事(为法律效力发生原因之法律行为或其他法律事实之基础或环境)之剧变所设之救济制度,故只要符合'民事诉讼法'第 397 条所定要件,即有该条之适用。原审既认系争地上权设定后,因土地价值升高,物价波动,经济情况变动造成原定地租已不敷缴纳地价税之不公平之法律效果,此非订约当时所得预料,符合情事变更原则之法定要件,乃依'民事诉讼法'第 397 条第 1 项规定,判准调高租金,并命上诉人为增加给付,自无不合。"

按第 397 条规定:"法律行为成立后,因不可归责于当事人之事由,致情事变更非当事人所得预料,而依其原有效果显失公平者,法院应依职权为公平裁量,为增减给付或变更其他原有效果之判决。前项规定,于非因法律行为发生之法律关系准用之。"上开判决所谓情事变更原则,系基于"衡平理念",指抽象衡平而言,在于说明情事变更原则的依据。① 第 377 条第 1 项所谓"法院应依职权为'公平裁量'",相当于《德国民法》或《瑞士民法》上的 billiges Ermessen,指具体衡平而言。1977 年台上字第 2975 号判例谓:"因情事变更为增加给付之判决,非全以物价变动为根据,并应依客观之公平标准,审酌一方因情事变更所受之损失,他方因情事变更所得之利益,及其他实际情形,以定其增加给付之适当数额。"又 1988 年台上字第 2607 号判决谓:"法院依'民事诉讼法'第 397 条规定为增减给付,应斟酌社会经济变更情形、当事人因情事变更所受损害或所得之利益、物价指数及其他与给付公平有关情事定之,不得以物价指数为唯一标准。"② 上述见解可资参照。

---

① 关于情事变更原则,参见史尚宽:《债法总论》,第 426 页以下。
② 采自法源资讯系统(法源资讯公司)。

3. 以侵权行为请求权"衡平救济"因不法行为取得执行名义侵害他人权利：1995 年台上字第 196 号判决

在该案①，被上诉人主张：上诉人明知并未执有伊所签发如原判决附表所示面额共新台币（以下同）115 万元之三纸支票，不得行使支票权利，竟利用督促程序，法院不审究文件正本之机会，持各该支票影本，声请台湾省台中地方法院发给支付命令。经该法院以 1992 年度促字第 379 号及第 4057 号支付命令，命伊支付各该票款及利息，上诉人即执以声请强制执行，受偿 118.1155 万元，乃故意不法侵害伊之权利等情，爰本于侵权行为之法律关系，求为命上诉人如数返还并计付迟延利息判决。上诉人则以：伊以支票影本声请支付命令，虽有未合，但支付命令业已确定，与确定判决有同一效力，被上诉人不得就同一法律关系更行起诉。且伊以确定之支付命令为执行名义，经强制执行程序受偿，亦无侵权行为可言等语，资为抗辩。

"最高法院"谓："原审审理结果，以：上诉人并未执有系争支票，乃持其影本声请发给支付命令，该支付命令因被上诉人未提出异议而确定，上诉人声请强制执行，受偿 118.1155 万元之事实，为两造所不争。又按票据上权利之行使，与票据之占有，有不可分离之关系，非票据之执票人不得行使之。上诉人明知非系争支票之执票人，不得行使支票权利，竟以其影本，利用督促程序，取得支付命令，而对被上诉人强制执行，乃故意不法侵害被上诉人权利，应负侵权行为损害赔偿责任。上诉人抗辩：确定支付命令系具实体效力之执行名义，被上诉人不得据侵权行为请求赔偿云云，尚不可采。本件诉讼标的为侵权行为损害赔偿请求权，与前开支付命令之请求为票款请求权者不同，并不违反'民事诉讼法'第 400 条第 1 项之规定。被上诉人依侵权行为之法律关系，诉请上诉人赔偿强制执行分配所得 118.1155 万元及自起诉状缮本送达翌日起之利息，应予准许。因此维持第一审所为命上诉人给付之判决，驳回其上诉，经核于法并无违误。查上诉人请求被上诉人给付系争票款固经发给支付命令确定在案，惟其以不法行为取得该执行名义，侵害被上诉人权利，应准许被上诉人以侵权行为法律关系寻求救济，以臻衡平。本件诉讼标的为侵权行为损害赔偿请求权，确定支付命令之请求为票款请求权，二者既不相同，即无是否违

---

① 参见《法令月刊》第 46 卷第 18 期，第 39 页。

背一事不再理原则之问题。上诉论旨,指责原判决违法,求予废弃,非有理由。"

在本件判决,"最高法院"提到衡平救济,颇具启示性。问题的争点在于得否成立侵权行为及其构成要件。"最高法院"谓:"其以不法行为取得执行名义,侵害被害人权利,应准许被上诉人以侵权行为法律关系寻求救济。"所谓"侵权行为法律关系",未臻明确。原审所谓"上诉人明知非系争支票之执票人,不得行使支票权利,竟以其影本,利用督促程序,取得支付命令,而对被上诉人强制执行,乃故意不法侵害被上诉人权利,应负侵权行为赔偿责任",亦未明确指出请求权基础,尤其是究应适用第184条第1项前段或后段规定。

本件判决涉及诉讼程序诈欺(Täuschung im Prozeß)及利用不正判决或其他名义之问题。利用法院确定判决或其他名义而为强制执行时,在何种要件下得构成侵权行为,颇有争论,暂置不论。① 就本件判决言,明知无实体上之权利,利用督促程序,取得支付命令而为强制执行时,系故意以悖于善良风俗方法加损害于他人,而有第184条第1项后段的适用。既判力在于维持法之安定,固属重要,但非最高之法律价值,对于公序良俗应予让步。② 准此以言,本件不仅是个案的衡平救济,更在确立恶意取得法院判决或其他名义时应负侵权责任的基本原则。

4. 定型化契约的规制、"衡平之道"与公序良俗:1989年台上字第2118号判决

在该案,诉外人村益贸易有限公司向被上诉人华侨商业银行借款,由上诉人为连带保证人,1982年8月21日签立之约定书内载:"立约人声明其所开发、背书、承兑或保证而以贵行(指被上诉人)为债权人之一切票据上债务及借款暨其他债务,概须依照本约本旨,如期照数清偿。且该约定书第3条复载明:"各种票据、借据及其他证书等之印鉴,仅凭立约人所留印鉴即可发生效力,不必亲笔签名;即使因盗用印章或伪造印章及其

---

① 此为德国法上争论甚多的问题,参见 Soergel/Hunn, Kommentar zum Bürgerlichen Gesetzbuch, §826 Anmerkung 229f.(附有详细文献资料,可供参阅)。关于英美法上法律诉讼程序滥用的侵权责任(Abuse of Legal Procedure),参见 J. G. Fleming, The Law of Torts, 8 Edition, 1992, p. 609.

② 此为德国法上的通说,RGZ 155, 55; BGHZ 26, 231 40, 130; Ermann/Drees, Kommentar zum Bürgerlichen Gesetzbuch, §826 Anmerkung 31.

他任何情形而发生之损失,立约人当自负一切责任。"原审判决认上诉人应负赔偿责任,以本件借款本票及委任票据承兑、保证契约书内上诉人印章与约定书上印鉴相符,自应由上诉人负保证连带清偿之责任,其所辨印章系蔡玉吉盗用为不足信云云,为其判断之基础。

"最高法院"的判决理由,除表示上诉人是否确曾充任连带保证人,尚须原审详加调查审认外,更特别指出:"前述约定书系定式契约,原系由被上诉人所制作,并系以债权人强势之立场,命债务人签名及盖章,此为公众周知之事实,该约定书第3条内载:'各种票据、借据及其他证书等之印鉴,仅凭立约人所留印鉴即可发生效力,不必亲笔签名,即使因盗用或伪造印章及其他任何情形发生之损失,立约人当自负一切责任'等语,如认为该约定书为有效,则立约人即上诉人于其立约(1982年8月21日)之后,任何人如有盗用或伪造上诉人印章为债务人或保证人,向被上诉人借贷金钱或保证债务,不论其金额之多寡,上诉人皆须负责清偿;而金融机关即被上诉人只为其本身作业上(即借款时之对保)之省略或方便,竟置立约人即上诉人事后权益于不顾,显非衡平之道。是上诉人在原审抗辩称:前述约定书内容与公序良俗有违,不能认为有效,是否全不足采,亦待审酌。"

关于公共秩序与定型化契约(定式契约)条款的规制,"最高法院"一向适用第72条,有时兼用公共秩序与善良风俗,有时则仅强调公共秩序。其理由构成最称严谨的,是1991年台上字第792号判决,略谓:"旅行契约系指旅行业者提供有关旅行给付之全部于旅客,而由旅客支付报酬之契约,故旅行中食宿及交通之提供,若由于旅行业者洽由他人给付者,除旅客已直接与该他人发生契约行为外,该他人即为旅行业者之履行辅助人,如有故意或过失不法侵害旅客之行为,旅行业者应负损害赔偿责任。纵旅行业者印就之定型化旅行契约附有旅行业者就其代理人或使用人之故意或过失不负责任之条款,但因旅客对旅行中之食宿交通工具之种类、内容、场所、品质等项,并无选择之权,此项条款殊与公共秩序有违,应不认其效力。"①此项判决系以旅客无选择之权(选择自由)作为认定免责条款殊与公共秩序有违的主要理由。上开1989年台上字第2118号判决的

---

① 参见拙著:《定型化旅行契约的司法控制》,载《民法学说与判例研究》(第七册),北京大学出版社2009年版,第26页。

特色,除表示"债权人以强势之立场,命债务人签名及盖章,此为公众周知之事实"外,特别提出"显非衡平之道",作为判决的依据。

定型化契约条款涉及契约上危险或负担的合理分配,原非公共秩序或善良风俗所能涵盖。此或为上开判决提出"衡平之道"(衡平原则)的理由,亦未可知。惟衡平依其固有的意义,乃在个别地处理个案,而定型化契约条款系用于与不特定多数人缔约,应适用一般规制原则及标准,不能采个别化的观察方法,就个别契约依当事人个人情事而为判断。为规律定型化契约条款,应采乃诚实信用原则。1994年1月11日公布施行的"消费者保护法"已采此原则,而于该法第12条规定:"定型化契约中之条款违反诚信原则,对消费者显失公平者,无效。定型化契约中之条款有下列情形之一者,推定其显失公平:① 违反平等互惠原则者。② 条款与其所排除不予适用之任意规定之立法意旨显相矛盾者。③ 契约之主要权利或义务,因受条款之限制,致契约之目的难以达成者。"此项规定有赖判例学说的协力,以发挥规范定型化契约的功能。①

5. 依"衡平原则"决定契约责任与侵权责任的竞合:1989年台上字第2487号判决

在该案,上诉人起诉主张:伊于1986年11月18日及1987年2月17日委托被上诉人运送两批纱至多米尼加共和国(下称多国)与买主加勒比纺织公司,被上诉人明知该两批货物付款方式均为D/P,即须买主至代收银行付款赎取载货证券后,交由被上诉人换取小提单,始得提货。但被上诉人竟未收回载货证券,径将货交付加勒比纺织公司,致伊未收到货款而受有损害,被上诉人自应负损害赔偿责任等情,求为命被上诉人赔偿新台币197.1万元,并加给法定利息之判决。被上诉人则以:依多国法律,进口货物须在海关监管下寄存仓库,其提领交付亦由商港主管机关自行处理。本件货物运抵多国后,即依法寄仓,嗣由加勒比纺织公司提出保险公司之保证书,径向多国海关请求担保提货,伊并未签发小提单放行货物等语,资为抗辩。

原审维持第一审所为上诉人败诉之判决,其理由之一,系认为"两造既有契约关系,上诉人不依债务不履行,而依侵权行为关系请求被上诉人

---

① 参见詹森林:《定型化约款之基本概念及其效力之规范——消费者保护法第12条之分析》,载《法学丛刊》第158期,第128页。

赔偿损害,亦有未合"。"最高法院"谓:"在契约责任(债务不履行)与侵权行为责任竞合时,并非当然排除侵权行为责任规定之适用。此际,侵权行为责任之规定是否被排除而不能适用,仍应依有关法条之规定,探究其立法意旨并按衡平原则决之。本件情形,何以因有契约关系,即不能依侵权行为法律关系请求,原审未于判决内说明其理由,已难谓洽。况上诉人在第一审之主张,似包括契约责任在内(见一审卷第26、50、51页)。其在第二审言词辩论时仅称:依侵权行为请求赔偿(见原审卷第120页),是否对于契约责任已不再主张,非无疑问。原审未予阐明,亦难谓其已尽阐明之职责。上诉论旨,指责原判决不当,求予废弃,非无理由。"

侵权行为责任与契约(债务不履行)责任的适用关系,是民法上的重要问题。实务上见解历经变迁,有采法条竞合说,有采请求权竞合说。在1988年11月1日,1988年度第十九次民事庭会议,"院长"提议:"A银行征信科员违背职务故意勾结无资力之乙高估其信用而非法超贷巨款,致A银行受损害(经对乙实行强制执行而无效果),A银行是否得本侵权行为法则诉请甲为损害赔偿。"决议谓:"判例究采法条竞合说或请求权竞合说,尚未尽一致。惟就提案意旨言,甲对A银行除负债务不履行责任外,因不法侵害A银行之金钱,致放款债权未获清偿而受损害,与第184条第1项前段侵权行为之要件相符。A银行自得亦本于侵权行为之法则请求损害赔偿,甲说核无不当。"按甲说采请求权竞合说,认为债务人之违法不履行契约上之义务,同时构成侵权责任之意思外,债权人非不可择一行使。

于此须特别提出的是,1989年台上字第2478号判决,系著于上开1988年度第十九次民事庭决议之后,关于其所采见解,应说明者有三:

(1)上开判决基本上亦肯定请求权竞合说,可资赞同。法条竞合说之不值采取,可以1971年台上字第200号判决为例,加以说明。本件判决谓:"惟查第194条固规定不法侵害他人致死者,被害人之父、母、子、女及配偶,虽非财产上之损害,亦得请求赔偿相当之金额。但此项损害赔偿请求权,乃基于侵权行为所发生。至因侵权行为而发生损害赔偿者,又指当事人间原无法律关系之联系,因一方之故意或过失行为,不法侵害他方权利之情形而言。本件被上诉人之子宋瀛被人刺伤,送由上诉人为之救治,依其情形,显已发生医生与病人之契约关系,亦即损害发生前当事人不能谓无法律关系之联系。上诉人纵因过失违反善良管理人之注意义务,被上诉人得否请求非财产上之损害赔偿,殊非无疑问。"此项论点颇值商榷。就理论而言,侵权行为与契约债务不履行的成立要件不同,无普通与特别的关系。就当事人利益衡量而言,在医生手术疏忽致人于死的情形,"最高法院"认为死者父母不能依侵权行为的规定,主张第194条请求权,医生仅应负债务不履行责任。病人既死,人格已灭,自无从主张契约责任;死者的父母非契约当事人,应无请求权。依此见解,医生致人于死将可不负任何民事责任,其非妥适,甚为显然。[1]

(2) 上开判决认为侵权责任是否被排除而不能适用,应依有关法条之规定,探求其立法意旨定之。所谓有关法条之规定,系指关于契约责任的法条而言。如第434条规定:"租赁物因承租人之重大过失致失火而毁损灭失者,承租人对于出租人负损害赔偿责任。"本条规定在于保护承租人,为贯彻此项立法意旨,似非如1933年上字第1311号判例所云:"承租物因承租人失火而毁损灭失者,以承租人有重大过失为限,始对出租人负损害赔偿责任,第434条已有特别规定,兹承租人既系轻过失,而烧毁承租房屋,自不负侵权行为之损害赔偿责任";而应认为承租人仍须依第184条第1项前段规定负侵权行为责任,惟为贯彻第434条的立法意旨,应以承租人具有故意或重大过失为要件。[2] 此说的优点在于维持请求权竞合的理论,他方面亦可顾及被害人利益,尤其是在得依特别规定请求慰抚金的情形。

(3) 上开判决理由的主要重点在于以立法意旨并衡平原则决定侵权行为之规定是否被排除而不能适用。所谓衡平原则,若指抽象衡平或公平理念而言,则实已具体化于有关法条规定(如第434条)的立法意旨。惟如前述,固有意义的衡平,系在个别化地实现正义,而侵权行为责任得否与契约责任竞合,则为法律适用的一般问题,不能就个案依衡平原则而为判断,乃属当然。

6. 衡平原则与不当得利:1984年台上字第4477号判决

在该案,上诉人与被上诉人订立土地开发契约。被上诉人其后依第511条规定终止承揽契约。第511条规定:"工作未完成前,定作人得随

---

[1] 参见拙著:《契约责任与侵权责任之竞合》,载《民法学说与判例研究》(第一册),北京大学出版社2009年版,第204页。

[2] 学说上称之为互相影响说(einwirkende Anspruchkonkurrenz),参见拙著:《契约责任与侵权责任之竞合》,载《民法学说与判例研究》(第一册),北京大学出版社2009年版,第204页;Georgiades, Die Anspruchskonkurrenz im Zivilrecht und Zivilprozeßrecht, 1967, S. 86f.

时终止契约,但应赔偿承揽人因契约终止而生之损害。"上诉人就已开发之土地请求报酬,就未开发土地被上诉人所受涨价利益,请求返还不当得利。关于不当得利部分,原审否认上诉人的请求权,其理由为:

(1) 被上诉人于1979年11月23日依第511条终止承揽契约,并无溯及既往之效力,在终止契约前,本于承揽契约所受领之利益,不生受领原因其后已不存在之问题。上诉人谓被上诉人所有土地因上诉人施工而增加之利益,因契约之终止,原有法律上之原因其后已不存在,依第179条后段之规定,仍属不当得利,未免误会。

(2) 上诉人主张未完成开发之土地,因其支出测量、规划、完成都市细部计划、迁移坟墓、代地主交回三七五租约耕地、除草、整地等费用,促使该土地之地价高涨而增加之利益,应由上诉人返还,纵令所称属实,惟是项利益之增加,系被上诉人本于承揽契约所应取得者,并无不当得利可言。

(3) 被上诉人终止契约后,上诉人仅得依第511条但书请求损害赔偿,并无与不当得利返还请求权竞合之问题,不得于损害赔偿请求权罹于时效后,对于被上诉人为返还不当得利之请求。法院则谓:"就本件而言,上诉人历经辛苦,出钱出力,依约将被上诉人之土地部分整平后,突遭终止契约,而被上诉人之土地因上诉人施工之结果,目前价值已增至166倍之多,被上诉人竟拒不支付报酬及返还不当得利,有违衡平原则(见原审上更三字卷第96、42页,第98—106页)。原审就此项攻击方法,未于判决理由项下记载何以不足采取之意见,遽为上诉人不利之认定,已有判决不备理由之违法。再者,承揽契约之定作人,于承揽人完成部分工作后,依第511条规定终止契约,以致承揽人受有损害,承揽人得依同条但书规定请求定作人赔偿其损害,在被上诉人终止契约后,两造间之契约关系应向将来失其效力。如上诉人就其承揽工作之全部支出费用,因被上诉人终止契约而受有损害,并使被上诉人受有利益,此项利益与上诉人所受损害之间有相当因果关系,即与第179条后段所定'虽有法律上之原因而其后已不存在者'之情形相当,上诉人似非不得据以请求被上诉人返还不当得利。原审仅以被上诉人在承揽契约有效期间内,因上诉人完成工作而受利益,系本于契约而来,并非无法律上之原因,不备不当得利之要件,据以认定上诉人对于被上诉人不得为返还不当得利之请求,尤嫌率断。上诉论旨,执以指责原判决不当,声明废弃,非无理由。"

此项判决,似受到衡平原则的影响。就本件言,不当得利请求权的要件,实不具备。① 法院其后改变见解,而于1988年台上字第69号判决认为:"终止契约,仅使契约自终止之时起向将来消灭,并无溯及之效力,使契约自始归于消灭。故定作人在承揽契约有效期间内,因承揽人所为工作致受利益,及本于终止前有效之承揽契约而来,并非无法律上之原因,与不当得利之要件不符。故终止契约后,不论被上诉人有无受利益,上诉人如受有损害,仅得依第511条但书之规定,请求损害赔偿,不生与返还不当得利请求权相竞合而选择行使之问题。"此项论点可资赞同。

奥地利学者Wilburg教授在其《不当得利之基本理论》一书②,创设非统一说,对不当得利制度的发展具有重大贡献。Wilburg教授特别强调:衡平(aequitas, equity, Billigkeit)在表示由严格之形式法到弹性法,由硬性之规则到个别精致化的发展,不当得利请求权曾艰辛地借助于衡平思想,而成为一项法律制度。但业经制度化的不当得利,已臻成熟,有一定的构成要件及法律效果,正义与公平应功成身退。③ 1984年台上字第4477号判决,虽欲在个案实践衡平,惟衡平原则既已具体化于不当得利的构成要件,显然不能再将不当得利制度作为一种负有衡平调节任务的高层次法律(bereicherungsrechtliches Billigkeitsausgleich als ein Recht höheren Ordnung)以实现具体正义之万灵丹。易言之,即不能再以"衡平"为理由,创设衡平性的不当得利请求权。诚如Wilburg教授所言,衡平思想虽被击毙(totgeschlagen),但仍时常出而为患,必须尽力加以制伏,以维护不当得利制度的规范功能。

(五) 本件判决的分析

1. 衡平原则与法律漏洞的填补

在1994年台上字第2701号判决,法院依第148条规定禁止邻地所有人请求土地所有人移去或变更建物,致发生邻地所有人得否向土地所

---

① 参见拙著:《不当得利制度与衡平原则》,载《民法学说与判例研究》(第五册),北京大学出版社2009年版,第108页。
② Wilburg, Die Lehre von der ungerechtfertigten Bereicherung nach österreichischem und deutschem Recht, 1934.
③ Wilburg, S. 18.

有人请求以相当之价额购置越界部分之土地之问题。此属法律漏洞(详见下文)。此项法律漏洞可否依衡平原则加以填补?

关于此项问题,应采否定说。衡平系在实践个别正义,而适用于个案,其功能非在提供一般法律规定,填补法之不备。第1条规定:"民事,法律所未规定者,依习惯,无习惯者,依法理。"其所谓法理指一般法律原理原则,个别化之衡平并不属之。

2. 衡平原则与类推适用

本件判决谓:"查知情而不异议,不得请求移去或变更建物者,尚且得请求土地所有人购买越界部分之地,举重以明轻,并依衡平原则,不知情而得请求移去或变更建物之邻地所有人,当然更得(类推适用该条之规定)不请求土地所有人移去或变更建物而请求其以相当之价额购买越界部分之土地。"就其理由观之,似以衡平原则支持类推适用第796条规定。本文认为衡平原则与类推适用系属不同的法学上论证,前者在实践个案正义,后者在贯彻平等原则,虽同为实现正义,但各有其规范功能。类推适用系基于相类似者有相同的处理的原则,而非基于衡平原则(个案正义),本件判决理由所谓"依衡平原则……当然更得类推适用该条规定",似有商榷余地。

3. 衡平原则与相当价额购买越界部分之土地

本件判决肯定邻地所有人得请求土地所有人以相当之价额,购买越界部分之土地,上诉人(邻地所有人)请求被上诉人以相当之价额362.4560万元向伊购买系争土地(如何计价不得确知)。被上诉人则主张应按公告地价决定其价金。所谓价金是否"相当",属衡平问题,视个案而定,原则上应依市价计算之。

须补充说明的是,关于此项越界部分土地购买请求权的性质,有两种见解:一种见解认为,直接的缔约强制,本质上系订立买卖契约请求权,土地所有人拒不购买时,邻地所有人得诉请法院判决土地所有人应同意购买[1];另一种见解认为,此项请求权,因邻地所有人一方之行使,即可成立买卖关系,具有形成权性质。[2] 无论采取何说,均应认为此项购买请求权不罹于时效;惟买卖关系成立后,其由之而生的请求权则应有消灭时效规

---

[1] 参见谢在全:《民法物权论》上册,第231页。
[2] 参见史尚宽:《物权法论》,第103页。

定(第125条)的适用。

五、类推适用

(一) 问题的说明

1994年台上字第2710号判决,除采举重明轻的观点外,尚认为:"……并依衡平原则,不知情而得请求移去或变更建物之邻地所有人,当然更得(类推适用该条之规定)不请求土地所有人移去或变更建物而请求其以相当之价额购买越界部分之土地。"自民法施行以来,类推适用的案例时常有之,在当今更为增多,其具有三点重要意义:(1) 社会变迁迅速,问题丛生,法律有时而穷,必须造法,加以补充。(2) 法学方法论上的自觉性,法院更谨严地提出得以检验的论证。(3) 法律的健全与进步,可以类推适用作为测试的指标,并因类推适用而渐趋成熟。

第1条规定:"民事,法律所未规定者,依习惯;无习惯者,依法理。"[①]此所规定的,系民法的法源,亦即民事的请求权规范基础(Anspruchsnormengrundlage,简称为请求权基础)。就本件判决言,乃受权利滥用原则限制不得主张移去或变更建物的邻地所有人,得向越界建筑的土地所有人"请求"以相当价额购买越界部分土地的规范基础。[②]

法律的适用,属法律解释问题。适用法律得为限制或扩张解释,但不得逾越其可能的法律文义。某项民事问题,不能归摄于法律文义时,系属"无法律"可资适用,例如,第200条第2项规定:"给付仅以种类指示者,依法律行为之性质或当事人之意思不能定其品质时,债务人应给以中等品质之物。"所谓"物",依其可能文义,不能包括"劳务",故对以种类指示的"劳务",无第200条规定(法律)的适用,应依习惯或法理判断之。

第1条所称"习惯",指习惯法而言。习惯法之成立,须以多年惯行之事实及普通一般人之确信心为基础。习惯法的适用,除法律另有规定

[①] 参见杨日然:《民法第1条之研究》,载《法学丛刊》第15期。
[②] 关于请求权基础的思考,参见拙著:《民法实例研习·基础理论》。

外,仅就法律所未规定者有补充之效力。① 与习惯法应予区别的是单纯的习惯,尤其是商业上的习惯。1937年渝上字第948号判例谓:"依第1条前段之规定,习惯固仅就法律所未规定之事项有补充之效力,惟法律于其有规定之事项明定另有习惯时,不适用其规定,而有优先之效力,第207条第2项既明定前项规定,如商业上另有习惯者,不适用之,则商业上得将利息滚入原本再生利息之习惯,自应优先于同条第1项之规定而适用之,不容再执第1条第1项前段之一般原则,以排斥其适用。"此项判例的结论,固值赞同,惟应说明的是,第207条第2项所谓商业上的"习惯",似非指习惯法而言,仅属单纯商业上的惯行,不必要求具有法之确信。此种"习惯",得作为解释契约的准则,但不具法源性,其能优先适用,系基于法律的规定。② 民事,无法律或习惯(法)可资适用时,应依"法理"。所谓法理,指法律原理原则,包括平等原则,类推适用系基于平等原则。须注意的是,关于民事,并非凡无法律或习惯(法)可资适用时,皆应依法理判断之,而是须因法律不备,产生所谓"法律漏洞"应予填补时,始有适用法理的必要。基此认识,本文的论述重点有三:其一,法律漏洞与类推适用。其二,综合整理"最高法院"历年关于类推适用的判例和判决。其三,分析讨论本件判决的类推适用问题。

(二) 法律漏洞与类推适用③

1. 法律漏洞的意义与类型

第1条规定具有两个意义,一为肯定法律漏洞的存在,另一为明定补充漏洞的方法。

---

① 参照1950年台上字第364号判例:"关于祭祀公业之制度,虽有历来不问是否具备社团法人或财团法人之法定要件,均得视为法人之习惯,然此种习惯自1945年后,其适用应受第1条规定之限制,仅就法律所未规定者有补充之效力,法人非依民法或其他法律之规定不得成立;在民法施行前,亦须具有财团及以公益为目的社团之性质而有独立之财产者,始得视为法人,第25条及'民法总则施行法'第6条第1项既设有明文规定,自无适用与此相反之习惯,认其祭祀公业为法人之余地。"

② 关于"民法"第1条所称习惯,参见拙著:《民法总则》,北京大学出版社2009年版,第35页。

③ 关于法律漏洞与类推适用的基本理论,参见拙著:《民法实例研习·基础理论》,第162页;黄茂荣:《法律漏洞及其补充方法》,载《法学方法与现代民法》;杨仁寿:《法学方法论》;黄建辉:《法律漏洞、类推适用》;Larenz, Methodenlehre der Rechtswissenschaft, 6. Aufl. 1991; Canaris, Die Feststellung von Lücken im Gesetz, 2. Aufl. 1983; Heinrich Langheim, Das Prinzip der Analogie als juristische Methode, 1992.

所谓法律漏洞,系指关于某一个问题,法律依其内在目的及规范计划,应有所规定,而未设规定而言。法律漏洞的基本特征在于违反计划(Planwidrig)。假如法律是一座围墙或一个花瓶,则墙的缺口、花瓶的破洞,即属法律的漏洞。因为围墙或花瓶依其本质本应完整无缺,今则有缺口破洞,实违反墙之为墙、花瓶之为花瓶的设计目的,自应予以填补。如前所述,关于当事人以种类指示劳务之情形,现行民法未设明文,惟债务人应提出如何品质之劳务给付,终须有决定之标准,否则无以维护当事人之利益,民法对此未设规定,亦无习惯法可资适用,自属法律缺漏,故应类推适用第200条规定加以填补。

与法律漏洞应严予区别的,系所谓立法政策上的错误(rechtspolitischer Fehler),学者有称之为非固有漏洞(uneigentliche Gesetzlücke),即关于某项问题,自立法政策言,应设规定而未设规定。如第14条规定:"对于心神丧失或精神耗弱致不能处理自己事物者,法院得因本人、配偶、最近亲属二人之声请,宣告禁治产。"设有某甲酗酒或浪费,危害家庭生计,其妻乙不得依本条规定,声请法院为禁治产之宣告,乙亦不得主张类推适用,盖民法未明定酗酒或浪费为禁治产宣告事由,系立法政策上之决定,非属法律漏洞,纵有不当,亦属立法论的问题,法院不得类推适用第14条规定,自创法律。

墙之有缺口,或由于自始施工不善,或由于其后风雨侵蚀。法律之发生漏洞,有为立法之际疏未规定,学说上称为自始漏洞(anfängliche Gesetzlücke)有为其后因社会经济变迁而产生新的问题,立法之际未及预见而未设明文规定,学说上称为嗣后漏洞(nachträgliche Gesetzlücke)。其应注意的是,造墙之际,故意留下缺口者,殆甚少见;立法之际对某项应予规定之问题,不设规定,而应让诸判例学说加以处理的,颇为常见,学说上称为有认识的法律漏洞(bewußte Gesetzlücke)。

关于法律漏洞的分类,最值重视的是所谓公开漏洞(offene Gesetzlücke)及隐藏漏洞(verdeckte Gesetzlücke)。公开漏洞,指关于某项法律问题,法律依其内在体系及规范计划,应积极设其规定,而未设规定者而言。此类法律漏洞最属常见,应类推适用其他规定加以填补,此为本文讨论重点,详见后述。

法律漏洞,除前述的公开漏洞外,尚有所谓隐藏漏洞(verdeckte Gesetzlücke),即关于某项规定,依法律之内在目的及规范计划,应消极地设有限制,而未设此限制而言。其填补之道,系将此项规定的适用范围,依法律规范意旨予以限缩(目的性限制,teleologische Reduktion)。类推适用的法理,在于"相类似者,应为相同的处理"(Gleichbehandlung der Gleichartigen);目的性限缩的法理,则在于非相类似者,应为不同的处理,均系基于正义之要求。又目的性限缩,与狭义(限制)解释不同,前者系将某项法律规定之适用范围加以限缩,于特定案例类型不适用之;反之,后者系将法律概念局限于其核心意义。

关于目的性限缩,最具典型启示性的,系第106条关于自己代理的规定。第106条规定:"代理人,非经本人之许诺,不得为本人与自己之行为,亦不得既为第三人之代理人,而为本人与第三人之法律行为。但其法律行为,系专履行债务者,不在此限。"例如,A授权于B,代理出售某屋,则B不得自己购买该屋(自己代理之禁止),亦不得同时代理C购买该屋(双方代理之禁止)。违反此项规定者,其法律行为应得A或C之承认,始生效力,立法意旨在于避免利益冲突,立法理由书略谓:"如当事人之一方,得为他方之代理人,而为法律行为,或使之得为双方之代理人,而为法律行为,则利益冲突,代理人决不能完全尽其职务,自为法律所不许,但经本人许诺,或其法律行为系专履行债务者,应作为例外,以其无利益冲突之弊也。"此见解可资参证。

设有甲赠某画与其7岁之子乙,并即为交付,则甲之赠与有效,乙虽为限制行为能力人,但其受赠动产,系纯获法律上之利益,亦得为有效之承诺(第77条但书),赠与契约(第406条)及物权行为(第761条),均属有效,乙系有法律上原因取得其画的所有权。倘乙仅5岁,为无行为能力人,则须由其父甲(法定代理人)代为意思表示,并代受意思表示(第76条),因而发生自己代理问题。本人乙系无行为能力,不能对之为允诺,赠与又难谓系专为履行债务,依第106条之规定,甲父与乙子间的法律行为(赠与契约及物权行为),似不生效力,然此实不足保护无行为能力人的利益,故须对第106条禁止自己代理的规定,作目的性限缩,就法定代理人单纯赠与无行为能力人的案例类型,再设例外,使其法律行为得发生效力,盖其无利益冲突之弊,兼足贯彻现行民法保护无行为能力人的基本原则。①

---

① 参见拙著:《民法总则》,北京大学出版社2009年版,第257页。

2. 以类推适用认定法律漏洞

法律是否具有漏洞,应从法律规范之目的加以判断。须特别提出的是,类推适用不仅是填补法律漏洞的方法,也是认定法律漏洞的一种手段。易言之,法律漏洞的认定与填补常同时为之,而其法理上的依据,乃平等原则,即基于法律上的同一价值判断。① 兹举两例加以说明:

(1) 第 86 条规定:"表意人无欲为其意思表示所拘束之意,而为意思表示者,其意思表示,不因之而无效。但其情形为相对人所明知者,不在此限。"关于意思表示之无效得否对抗善意第三人,法无明文。惟第 87 条第 1 项规定:"表意人与相对人通谋而为意思表示者,其意思表示无效。但不得以其无效,对抗善意第三人"。其规范目的在于保护交易安全,第 86 条但书所规定单独虚伪意思表示无效,与第 87 条所规定通谋虚伪意思表示无效的"利益状态"(Interessenlage)相同,民法仅于后者规定不得以其无效对抗善意第三人,而于前者未设明文,系属法律漏洞,故通说认为单独虚伪意思表示无效时,仍应类推适用第 87 条第 1 项但书规定,其无效不得以之对抗善意第三人。②

(2) 第 360 条后段规定:"出卖人故意不告知买受人物之瑕疵者,买受人得不解除契约或请求减少价金,而请求不履行之损害赔偿。"关于出卖人故意告知买受人某标的物事实上不存在的优点时,应负何种责任,民法未设规定。第 360 条后段规定的立法意旨在于保护买受人,即出卖人不应有意利用买受人的不知而达订约获利之不当目的。在出卖人故意告知买卖标的物事实上不存在优点的情形,此项法律上价值判断亦属具备,应受相同之评价,从而得认定民法对此出卖人佯称买卖标的物优点之案例类型,未设明文,系属法律漏洞,应类推适用第 360 条后段的规定予以填补。③

由上述可知,类推适用首先系探求某项法律规定的规范目的(Ratio legis),其次则在判断得否基于"同一法律理由",依平等原则类推及于其他法律所未规定的事项。此项价值判断类似性一方面用于决定法律漏洞

---

① Cararis, S. 71f.
② 参见拙著:《民法总则》,北京大学出版社 2009 年版,第 286 页;施启扬:《民法总则》,第 246 页。
③ 参见拙著:《"最高法院"判决在法学方法论上之检讨》,载《民法学说与判例研究》(第一册),北京大学出版社 2009 年版,第 128 页。

与立法政策保护的界限,他方面并作为认定法律漏洞是否存在的依据。①诚如拉丁法谚所云:"Non est regula quin fallet"(法律必有漏洞);"Ubi eadem ratio, ibi idem jus; et de similibus idem est Judicium"(在同一理由应适用同一法律下,类似事项应予类同判决)。

3. 以类推适用填补法律漏洞

民事,法律或习惯法无规定者,依法理,而法理系指法律原理原则而言,如平等原则,事物当然之理。一般法律原则、平等原则之用于填补法律漏洞,就所谓公开漏洞而言,为类推适用;就所谓隐藏漏洞言,为目的性限缩,前已论及。类推适用的过程有二:一为个别类推,二为总体类推。②

个别类推,指就某个别法律规定而为类推适用,亦即其被类推适用者,为个别规定。上举第 87 条但书"不得以其无效对抗第三人"之类推适用于第 86 条;第 360 条后段规定之类推适用于出卖人故意告知买受人标的物事实上不存在优点的情形,均属个别类推。

总体类推,指就多数同类法律规定而为类推适用,由此抽出的一般法律原则,又称法律类推(Rechtsanalogie)。兹就继续性债之关系(Dauerschuldverhältnis)的特别终止说明之。德国通说认为得由《德国民法》第 626 条(雇用,相当于第 489 条第 1 项)、第 671 条第 1 项(委任,相当于第 549 条第 1 项)、第 696 条第 2 项(寄托,相当于第 598 条第 2 项)、第 723 条第 2 项(合伙,相当于第 686 条第 3 项)等具继续性法律关系性质之规定中,抽离出一项法律原则,即继续性债之关系之一方当事人,得以重大事由之原因而主张随时终止该契约,而予类推适用于其他法无明文的继续性债之关系。Larenz 教授就其推论过程,曾为如下说明:(1)法律就若干债之关系规定基于重大事由之随时终止权。(2)诸此债之关系均属继续性债之关系。(3)继续性债之关系乃具有较长存续期间之法律关系,在当事人间产生了特殊相互的利益结合,而要求彼此间要有良好之和睦相处及属人性之信赖。(4)终止权的立法意旨(ratio legis)系基于继续性债之关系之特殊性质。(5)此项立法意旨不但对法律规定之债之关系,对其他法无明文之继续性债之关系亦适用之。(6)故在"现行法律秩

---

① Canaris, S. 78.
② 参见拙著:《"最高法院"判决在法学方法论上之检讨》,载《民法学说与判例研究》(第一册),北京大学出版社 2009 年版,第 128 页;黄建辉:前揭书,第 129 页。

序"中存有得因重大事由而为随时终止之一般法律原则,对其他法无明文之继续性债之关系应予以总体类推。①

一般法律原则有寓藏于个别规定而被发现的,如认第217条关于与有过失的规定蕴涵着"依过失分配责任"的一般原则,而得适用于连带侵权责任的内部求偿关系②;亦有经由总体类推而获得的,此属制定法内在的法律补充。制定法外的法律补充,有基于交易上需要,有基于事物之理,有基于法律伦理原则,如大法官释字第362号解释所创设婚姻信赖保护,系法之创造(Rechtsschöpfung),乃另一层次的造法活动。③

(三)"最高法院"与类推适用

关于类推适用,究竟有多少判例、判决及决议,暂难统计,以下仅选择若干具有方法论上启示性的案例,作简要说明。

1. 类推适用须以法律漏洞的存在为前提

(1) 1950年台上字第105号判例

第118条规定:"无权利人就权利标的物所为之处分,经有权利人之承认,始生效力。无权利人就权利标的物为处分后,取得其权利者,其处分自始有效,但原权利人或第三人已取得之利益,不因此而受影响。前项情形,若数处分相抵触时,以其最初的处分为有效。"关于本条的类推适用,有1950年台上字第105号判例,略谓:"系争房屋就令如上诉人所称,系因上诉人往加拿大经商,故仅交其母某氏保管自行收益以资养赡,并未授与处分权,但某氏既在上诉人提起本件诉讼前死亡,上诉人又为某氏之概括继承人,对于某氏之债务原负无限责任,以第180条第2项之规定类推解释,应认某氏就该房屋与被上诉人订立之买卖契约为有效,上诉人仍负使被上诉人取得该房屋所有权之义务,自不得借口某氏无权处分,请求确认该房屋所有权仍属于己,并命被上诉人恢复原状。"

---

① Larenz, Methodenlehre der Rechtswissenschaft, S. 384; BGHZ 9, 157, 161ff.;关于继续性债之关系,参见拙著:《民法债编总论》第1册,第108页;曾隆兴:《现代非典型契约论》,1982年修订版,第206页。

② 参见拙著:《连带侵权债务人内部求偿关系与过失相抵原则之适用》,载《民法学说与判例研究》(第一册),北京大学出版社2009年版,第46页。

③ Larenz, Methodenlehre der Rechtswissenschaft, S. 366, S. 370, S. 414f.

(2) 分析讨论

类推适用(本件判例称为类推解释),旨在补法律之不备。在本件判例,某氏出卖上诉人交其保管自行收益以资养赡的房屋,系属出卖他人之物。法院所以类推适用第 118 条第 2 项,在于使此出卖他人之物的买卖契约为有效,而此又须以此项买卖契约在未类推适用第 118 条第 2 项前,系属无权处分,效力未定为前提。因此,问题的关键在于出卖他人之物的买卖契约是否为第 118 条所称的无权处分。对此,本文采否定说,认为第 118 条所称无权处分,乃指处分行为(尤其是物权行为)而言。买卖系债权行为,仅发生债权债务关系,不生物权变动,不以出卖人有处分权为必要,故出卖他人之物(或赠与他人之物、出租他人之物),皆属有效①,原无第 118 条第 1 项的适用,自不生类推适用同条第 2 项的问题。在本件所以发生类推适用,系因对第 118 条所谓处分有所误解,认为应包括买卖契约在内。易言之,即"最高法院"自己创造了一个实际上并不存在的法律漏洞。

关于类推适用,须以有法律漏洞存在为前提,兹再就 1957 年台上字第 224 号判例说明之。本件判例谓:"债务人怠于行使其权利时,债权人因保全债权,得以自己之名义,行使其权利,为第 242 条所明定。登记请求权性质上得类推适用债权人代位权之规定,故甲代位行使乙对丙之不动产移转登记请求权,如该不动产系丁让与丙,亦尚未为移转登记时,则甲亦自得代位丙行使对丁之移转登记请求权。"惟查本于买卖契约而生之不动产所有权移转登记请求权,性质上原属债权,径可"适用"第 242 条之规定,无类推适用之必要。②

须注意的是,有应类推适用而为明白表示之案例,亦属有之。1967 年台上字第 2232 号判例谓:"为行使基于侵权行为之损害赔偿请求权,有主张自己不法之情事时,例如拟用金钱力量,使'考试院'举行之考试发生不正确之结果,而受他人诈欺者是。是其为此不法之目的所支出之金钱则应'适用'第 180 条第 4 款前段之规定,认为不得请求赔偿。"惟查第 180 条第 4 款前段所规定的是不当得利请求权,穷文义之可能,实难包括侵权行为损害赔偿请求权,故非属"适用",而应认为该条款含有"行使权

---

① 参见拙著:《出卖他人之物与无权处分》,载《民法学说与判例研究》(第四册),北京大学出版社 2009 年版,第 96 页。

② 参见拙著:《代位权之代位》,载《民法学说与判例研究》(第五册),北京大学出版社 2009 年版,第 198 页。

利,不得主张自己不法情事"的规范意旨(或法律原则),基于同一法律理由,须类推适用于侵权行为损害赔偿请求权。①

应再提出的是,1959 年台上字第 1919 号判例谓:"被上诉人公司非以保证为业务,其负责人违反'公司法'第 23 条之规定,以公司为保证,依'司法院'释字第 59 号解释,其保证行为应属无效,则上诉人因负责人无权代理所为之法律行为而受损害时,得依第 111 条之规定请求赔偿外,并无仍依原契约主张应由被上诉人负其保证责任之余地。"惟查公司负责人以公司名义所为之保证,违反第 23 条规定而无效时,该保证行为并非无权代理,应无第 111 条之"适用",本件判例所谓"得依第 111 条之规定请求赔偿",系肯定其有法律漏洞,而以类推适用第 111 条规定填补之。②

2. **法律解释与法律漏洞**

(1) 1988 年 4 月 19 日,1988 年度第七次民事庭会议决议

出卖人就其交付之买卖标的物有应负担保责任之瑕疵,而其瑕疵系于契约成立后始发生,且因可归责于出卖人之事由所致者,则出卖人除负物之瑕疵担保责任外,同时构成不完全给付之债务不履行责任。买受人如主张:① 出卖人应负物之瑕疵担保责任,依第 360 条规定请求不履行之损害赔偿;或依第 364 条规定请求另行交付无瑕疵之物,则在出卖人为各该给付以前,买受人非不得行使同时履行抗辩权。② 出卖人因负不完全给付之债务不履行责任者,买受人得类推适用第 226 条第 2 项规定请求损害赔偿;或类推适用给付迟延之法则,请求补正或赔偿损害,并有第 264 条规定之适用。又种类之债在特定时即存有瑕疵者,出卖人除应负物之瑕疵担保责任外,并应负不完全给付之债务不履行责任,并此说明。

(2) 分析讨论

本件决议在法学理论发展上具有两个重大意义:一为肯定不完全给付系债务不履行之一种,惟法无明文规定,应类推适用给付不能(第 226 条第 2 项)及给付迟延之规定;二为阐释不完全给付与物之瑕疵担保规定的适用关系。

不完全给付指给付不能及给付迟延以外,未依债之本旨而为给付。

---

① 参见拙著:《不当得利》,北京大学出版社 2009 年版,第 105 页;参阅 1994 年台上字第 2347 号判决。
② 参见拙著:《无权代理人之责任》,载《民法学说与判例研究》(第六册),北京大学出版社 2009 年版,第 1 页。

例如,出卖之鸡有病,致买受人之鸡群遭受感染;医生开刀误留纱布于病人体内;工程师设计错误致桥梁断裂等。民法对于此种债务不履行的形态是否设有规定,甚有争论。计有三说:

① 第227条规定:"债务人不为给付或不为完全之给付者,债权人得声请法院强制执行,并得请求损害赔偿。"其所谓不为完全给付,得解为系不完全给付,故民法对此已设有明文。

② 第227条所谓不完全给付,指给付数量而言,如给付10斤食油,仅给付9.5斤;至于不完全给付,则指给付的品质而言,如给付的食油,含有多氯联苯,无第227条的适用,故民法对不完全给付并未设规定。

③ 为使不完全给付有实体法的依据,俾利法律适用,不论立法者的意思如何,应将第227条解为系不完全给付的基本规定。① 此项争论于民法制定(1930年)后既已发生,20世纪60年代再启辩论,迟至1988年4月"最高法院"始明确表示意见。兹分三点说明之:A. 法律解释与类推适用的区别,并非泾渭分明,而是处于流动过程,例如,第225条第2项所谓损害赔偿是否包括土地征收补偿费,亦有争论。② 就"民法"第227条言,其所谓不为完全之给付,在文义上应仍可包括不完全给付,问题在于其构成要件及法律效果有待补充,因此舍此规定,而认定"民法"对不完全给付未设明文,亦值赞同。B. 给付不能或给付迟延,系属未依债之本旨而为给付,债务人具有可归责之事由时,应负损害赔偿责任,债权人得解除契约,民法设有规定(第225条以下)。不完全给付亦属未依债之本旨而为履行之一种形态,虽未设明文,衡诸其规范计划,应属法律漏洞。C. 不完全给付理论系源自德国,称为积极侵害债权(positive Forderungsverletzung)。Staube氏于《德国民法》施行后的第二年(1902)即撰文指出

---

① 参见拙著:《不完全给付之基本理论》,载《民法学说与判例研究》(第三册),北京大学出版社2009年版,第48页。

② 参照1991年度第四次民事庭会议决议:"买受人向出卖人买受之某笔土地,在未办妥所有权移转登记前,经依法征收,其地价补偿金由出卖人领取完毕,纵该土地早已交付,惟第373条所指之利益,系指物之收益而言,并不包括买卖标的物灭失或被征收之代替利益(损害赔偿或补偿金),且买受人自始并未取得所有权,而出卖人在办毕所有权移转登记前,仍为土地所有人,在权利归属上,其补偿费本应归由出卖人取得,故出卖人本于土地所有人之地位领取地价补偿金,尚不成立不当得利。买受人只能依第225条第2项之法理行使代偿请求权,请求出卖人交付其所受领之地价补偿金。"参见拙著:《土地征收补偿金交付请求权与第225条第2项规定之适用或类推适用》,载《民法学说与判例研究》(第七册),北京大学出版社2009年版,第81页。

此为法律漏洞,有待补充,德国帝国法院(Reichsgericht)于1904年即采此见解,其后虽有争议,经过论辩后,即成为定论,逐渐建立了相当完整的理论体系。① 反观台湾地区,由于学说上未获共识,经过了漫长的半个世纪,"最高法院"始认为不完全给付系属法律漏洞,应予补充,虚耗了许多无谓的争辩,推迟了债务不履行制度的建立和发展。因此判例与学说的协力沟通、达成共识的过程仍待加强。

3. 类推适用与反面解释(反面推论)

(1) 1968年台上字第311号判决

政府接收伪不动产,系基于其之权力,即属原始取得,与依法律行为而取得不动产之性质有别,依第758条之反面解释,不须登记即发生所有权之效力,可对抗一般人。

(2) 分析讨论

第758条规定:"不动产物权,依法律行为而取得、设定、丧失及变更者,非经登记,不生效力。"上述第311号判决,乃该条之反面解释,认为其取得不动产不须登记,即生效力。实务上采反面解释的案例,其主要者尚有:

1985年台上字第640号判决:"查出租人应以合于所约定使用、收益之租赁物,交付承租人,并应于租赁关系存续中保持其合于约定使用、收益之状态,第423条定有明文。本件被上诉人倘有拒绝上诉人在讼争土地上重建房屋之情形,则属违反此项条文所定保持约定状态之义务。依第441条之反面解释,于此期间内,上诉人自得免除给付租金之义务。"

1965年台上字第958号判决:"原合伙人死亡,依第687条第1款及第690条规定之反面解释,当然发生退伙之效力,且对死亡后合伙所负债务不负连带清偿之责。至'商业登记法'第10条之变更登记,其声请义务人为当事人。已死亡之合伙人,其权利能力已经终了,其合伙契约未订明继承人得继承者,其继承人又非合伙人,均非为有声请变更登记义务之当事人。该煤矿之合伙契约既未订明其继承人得为继承,则煤矿合伙人迄未为变更之登记,亦与合伙人死亡当然发生退伙之效力无影响,不生

---

① Staub, Die Positiven Vertragsverletzungen, 2. Aufl. 1913; Larenz, Schuldrecht Band Ⅰ, Allgemeiner Teil, 14. Aufl. S. 363; Emmerich, Das Recht der Leistungsstörungen, 2. Aufl. 1986, S. 190f.

'商业登记法'第 13 条第 1 项不得对抗善意第三人之问题。"

1967 年台上字第 2006 号判决:"依'票据法'第 13 条前段之反面解释,票据债务人既仅得以其自己与执票人间所存抗辩之事由,对抗执票人,则以他人与执票人间所存抗辩之事由对抗执票人,即为该条规定所不许。"①

所谓反面解释,实为反面推论(Umkehrschluß,argumenentume'contraria),系相异于举重明轻及类推适用的一种论证方法,即由反于法律规定的构成要件而导出与法律效果相反的推论。② 如由不动产所有权系非依法律行为而取得,而反面推论非经登记亦生效力。惟此项构成要件须为法律效果的充分且必要条件,即该构成要件已被穷尽列举出可能发生法律效果。关于此点,应依解释探求之,故反面推论非纯属逻辑操作,而是具有规范目的的评价活动。若肯定就某项规定得为反面推论时,即排除了法律漏洞的存在,而无类推适用的余地。兹再举两例加以说明:

其一,第 194 条规定:"不法侵害他人致死者,被害人之父、母、子、女及配偶,虽非财产上之损害,亦得请求赔偿相当之金额。"所谓子女,应扩张解释包括非婚生子女。关于未婚妻,则应依反面推论,认为不得请求赔偿相当之金额。有疑问的是,此项慰抚金请求权得否让与或继承。1995 年台上字第 2943 号判决认为不得反面推论,而应与第 195 条第 2 项作同一解释适用。此项见解的结论,可资赞同,因涉及总体类推,容后详述。

其二,关于第 767 条规定所有人物上请求权的消灭时效,大法官释字第 107 号解释谓:"已登记不动产所有人之恢复请求权,无第 125 条消灭时效之适用。"又依释字第 164 号解释:"已登记不动产所有人之除去妨害请求权,不在本院第 107 号解释范围之内,但依其性质,亦无第 125 条消灭时效规定之适用。"1985 年台上字第 1332 号判决谓:"已登记不动产所有人之除去妨害请求权,并无第 125 条消灭时效规定之适用。经大法官会议释字第 164 号解释在案。其反面解释,未登记不动产所有人之除去妨害请求权,即有第 125 条消灭时效规定之适用。又所谓不动产之登记,

---

① 其他关于反面解释的判决,参见 1983 年台上字第 1490 号判决;1987 年台上字第 70 号判决;1988 年台上字第 578 号判决。

② 关于反面推论,德国学者论述甚多,参见 Bydlinski, Juristische Methodenlehre und Rechtsbegriff, 1982, S. 475f; Canaris, Feststellung von Lücken im Gesetz; Gast, Juristische Rhetorik, 2. Aufl. 1992, S. 324-327. 中文资料,参见黄建辉:《法律漏洞、类推适用》,第 134 页。

系指依法令所为之登记而言。"须提出说明者:在大法官会议作成释字第107号解释后,未作成释字第164号之前,依释字第107号的规范意旨,不能采反面解释,认为不动产所有人之除去妨害请求权仍有第125条消灭时效之适用,而应类推适用释字第107号解释。准此以言,关于不动产所有人妨害防止请求权的消灭时效,大法官迄未作解释,依释字第107号及第164号解释的规范意旨,应为类推适用,亦无第125条消灭时效规定之适用。①

4. 法律"适用"、"准用"以外是否尚有"法律漏洞"

(1) 1990年5月29日、1990年度第二次民事庭会议决议之(二)

民法创设邻地通行权,原为发挥袋地之利用价值,使地尽其利,增进社会经济之公益目的,是以袋地无论由所有权或其他利用权人使用,周围之所有权及其他利用权均有容忍其通行之义务。第787条规定土地所有权人邻地通行权,依第833条、第850条、第914条之规定准用于地上权人、永佃权人或典权人间,及各该不动产物权人与土地所有权人间,不外本此立法意旨所为一部分例示性质之规定而已,要非表示于所有权以外其他土地利用权人间即无相互通行邻地之必要而有意不予规定。从而邻地通行权,除上述法律已明定适用或准用之情形外,于其他土地利用权人相互间(包括承租人、使用借贷人在内),亦应援用"相类似案件,应为相同之处理"之法理,为之补充解释,类推适用,以求贯彻。

(2) 分析讨论

本件决议肯定于法律明定"适用"或"准用"之情形外,尚有应以类推适用予以填补的法律漏洞存在,深具启示性②,实值重视。

第787条规定:"土地因与公路无适宜之联络,致不能为通常使用者,土地所有人得通行周围地以至公路。但对于通行地因此所受之损害,应支付偿金。前项情形,有通行权人,应于通行必要之范围内,择其周围损害最少之处所及方法为之。"此为法律明定"适用"之情形。第833条规定,第787条准用于地上权人间或地上权与土地所有人间;第850条规定,第787条准用于永佃权人间或永佃权人与土地所有人间;第914条规

---

① 参见拙著:《民法总则》,北京大学出版社2009年版,第415页。
② 参见陈荣宗:《相邻地必要通行权》,载《台大法学论丛》第5卷第1期;吕潮泽:《邻地通行权主体应否扩张之争议》,载《法律评论》第56卷第4期;拙著:《关于邻地通行权之法律漏洞与类推适用》,载《民法学说与判例研究》(第七册),北京大学出版社2009年版,第164页。

定,第787条准用于典权人间或典权人与土地所有人间。基此适用及准用规定,发生两个问题:① 第787条得否类推适用于地上权人、永佃权人或典权人间。② 第787条得否类推适用于土地承租人(或使用借贷人)间或承租人与土地所有人间。

关于第787条之类推适用于地上权人、永佃权人或典权人间,应为肯定。第787条既然规定袋地通行权,并准用于地上权人间、永佃权人或典权人间,就其规范意旨言,对地上权人、永佃权人或典权人间未设规定,系属违反规范计划,应予类推适用,为之补充,以求贯彻。

有疑问的是,第787条规定得否类推适用于用益物权人(地上权人、永佃权人、典权人)以外之其他土地利用权人相互之间(包括承租人、使用借贷人)。承租人、使用借贷人系基于债权契约而对土地有使用之权,对于土地所有人或彼此间如何主张邻地通行权,有两种解决途径:① 在单纯的利用权人(如承租人、使用借贷人)无邻地通行权,仅能行使属于土地所有人的通行权。② 进一步肯定第787条的类推适用。前者为德国实务见解①,台湾地区则采后者;何者较为妥适,仍值研究。②

由上述可知,在法律规定"适用"、"准用"之外,尚有类推适用的余地。③ 兹再举一例加以说明。第767条规定:"所有人对于无权占有或侵夺其所有物者,得请求返还之。对于妨害其所有权者,得请求除去之。有妨害其所有权之虞者,得请求防止之。"第858条规定:"第767条之规定,于地役权准用之。"1953年台上字第904号判例谓:"物上请求权,除法律另有规定外,以所有人或占有人始得行使之,此观第767条及第962条规定自明。地上权人既无准用第767条规定之明文,则其行使物上请求权,自以设定地上权之土地已移转地上权人占有为前提。"易言之,"最高法院"系以因有第858条准用规定,而认定应排除第767条对地上权的类推适用。此项见解,是否妥适,似值检讨。诚如谢在全氏所云:"物上请求权本为物权通有之效力,所有权固应具有,其他物权基于物权得直接支配标的物之特质,亦应有物上请求权,方足贯彻物权之保护,是以在理论上言,

---

① Soergel/J. F. Baur, Kommentar zum Bürgerlichen Gesetzbuch, 12. Aufl. 1990, §917Rz. 7.
② 参见苏永钦:《相邻关系在民法上的几个问题》,载《法学丛刊》第163期,颇具启发性,实值参阅。
③ 参见拙著:《同时履行抗辩权:民法第264条规定之适用、准用与类推适用》,载《民法学说与判例研究》(第六册),北京大学出版社2009年版,第108页。

应如通说认为第767条之规定,于其他物权应可准用(本文作者注:类推适用)较为合理。①

5. 类推适用、类推解释及目的性扩张

(1) 1940年上字第1405号判例

关于第118条的解释适用,除1950年台上字第105号判例,尚有1940年上字第1405号判例,略谓:"无权利人就权利标的物为处分后,因继承或其他原因取得其权利者,其处分为有效,第118条第2项定有明文。无权利人就权利标的物为处分后,权利人继承无权利人者,其处分是否有效,虽无明文规定,然在继承人就被继承人之债务负无限责任时,实具有同一之法律理由,自应由此类推解释,认其处分为有效。"

(2) 分析讨论

第一,类推适用与类推解释。

须首先提出的是,1940年上字第1405号判例及1950年台上字第105号判例均使用类推解释的概念。又值得注意的是,1940年上字第2043号判例谓:"以妻之住所为住所之赘夫,对于妻之直系尊亲属为虐待,致不堪为共同生活者,依第1052条第4款之类推解释,固应许妻请求离婚,若夫非赘夫,与妻之直系尊亲属本不同居于一家为共同生活者,自无就同条款类推适用之余地。"该判例更认为类推解释与类推适用系属同一概念,得以互换使用。

类推"适用"与类推"解释"的用语,具有方法论的重要意义,应予明辨。类推者,比附援引之谓,在于补法律之不备。申言之,某种法律事实,在现行法上尚乏规定,援引与其性质相类似之法规,以资解决,论其性质,非属解释范畴,实为一种填补法律漏洞的创造性活动,以"解释"称之,不足显示其造法补充的特色。1990年5月29日1990年度第二次民事庭会议决议之(二)谓:"……邻地通行权,除上述法律已明定适用或准用之情形外,于其他土地利用人相互间(包括承租人、使用借贷人在内),亦应援用'相类似案件,应为相同之处理'之法理,为之补充解释,类推适用,以求贯彻。"此项决议,俟后再行评述,应先提出的是,所谓补充"解释",有待商榷。其所补充的,乃法律之不备,依法理而为类推适用,应不涉及解

---

① 参见谢在全:《民法物权论》(上),第161页;拙著:《民法物权》,北京大学出版社2009年版,第120页。

释问题。若为补充"解释",则其"解释"者究为何物?

第二,类推适用与目的性扩张。

1940 年上字第 1405 号判例在方法论上的推理过程,深具启发性,分为三个阶段:① 肯定法无明文系法律漏洞;② 探求立法理由(ratio legis);③ 依同一法律理由类推解释(类推适用)。惟应予提出的是,黄茂荣教授认为第 118 条第 2 项之规定系就无权利人继承真正权利人,而系争案例乃真正权利人继承无权利人,二者无类似性存在,故非类推适用,毋宁系目的性扩张。① 此项观察甚为深刻,值得注意。

所谓"目的性扩张"(teleologische Extention)系德国著名民法学者 Canaris 教授对照 Larenz 教授所创"目的性限缩"(telelogische Restriktion)而提出的概念。② 其与扩张解释的区别在于不为法律文义所包含。目的性扩张与类推适用皆属法律的内在补充,其不同则在于类推适用系以类似性为基础,目的性扩张则直接诉诸法律的规范意旨(ratio legis),由于二者均系基于平等原则贯彻立法意旨,故传统上并不加以区别。

第 118 条第 2 项所谓无权利人就标的物为处分后,"取得其权利",包括基于法律行为而取得(如因买卖而受让其所有权)及继承,在继承的情形,并不问其究负无限责任或有限责任。③ 准此以言,本件判例所谓"继承人就被继承人之债务负无限责任",非属第 118 条第 2 项的立法意旨,以之作为类推适用或目的性扩张的基础,均有疑问。查《德国民法》第 185 条第 2 项规定:"无权利人就标的物所为之处分,经权利人之承认者,即生效力;为处分之人事后取得标的物,或权利人继承为处分之人,且就其遗产债务,负无限责任者,亦同。"第 118 条第 2 项仿上开德国民法条文,但漏未就权利人继承为处分之人、且就其财产负无限责任之情形加以规定,致产生法律漏洞,特再借类推适用加以填补;而其法理基础则在于同一继承人身上并存了权利与义务,无权处分因责任归于同一人而治愈。④

---

① 参见黄茂荣:《法律漏洞及其补充方法》,第 126 页;黄建辉:《法律漏洞、类推适用》,第 83 页。

② Larenz, Methodenlehre der Rechtswissenschaft, S. 391ff., 397; Canaris, Festellung von Lücken im Gesetz, §74f. 81f.

③ MünchKomm-Schram, Kommentar zum Bürgerlichen Gesetzbuch, 3. Aufl. 1993, §185 Rd-Nr. 57.

④ MünchKomm-Schram §185RdNr. 63:"Konvaleszenz kraft Haftung"。

6. 类推适用与准用

（1）1965年台上字第952号判例

第440条第1项所谓支付租金之催告，属于意思通知之性质，其效力之发生，应准用关于意思表示之规定（见1952年台上字第490号判例），而第95条第1项规定："非对话而为意思表示者，其意思表示以通知达到相对人时发生效力。"所谓达到，系仅使相对人已居可了解之地位即为已足，并非须使相对人取得占有。故通知已送达于相对人之居住所或营业所者，即为达到，不必交付相对人本人或其代理人，亦不问相对人之阅读与否，该通知即可发生为意思表示之效力。

（2）分析讨论

本件判例涉及民法理论两个重要的基本概念，即意思表示与意思通知。意思表示者，指表意人将其内心期望发生一定私法上效果之意思，表示于外部之行为。意思表示系法律行为的要素，但意思表示不等于法律行为。法律行为既有由一个意思表示所构成的，如法定代理人对限制行为能力人所为契约之承认（第79条）；也有由两个意思表示所构成的，如因要约与承诺的合致。意思通知，非民法的用语，属所谓准法律行为之一种，乃表示一定期望之行为。如对法定代理人的催告（第80条），其效力的发生，系基于法律之规定。关于意思表示何时发生效力，第95条第1项设有规定，惟于催告则无明文。衡诸法律规范目的，系属法律漏洞，应类推适用第95条第1项规定填补之。本件判例同此结论，但所谓"准用"应系指类推适用而言。[①] 其明辨"准用"与类推适用的，如1974年台上字第2139号判例谓："第451条之规定，乃出租人表示反对续租之意思，有阻却继续契约之效力，此与第263条所定，当事人依法律之规定终止契约之情形，具有同一之法律理由，自应类推适用。故承租物为数人所共同出租者，表示此项意思时，应准用第258条第2项规定，由出租人全体为之。本件系争土地为上诉人等4人所共有，而由上诉人等4人共同出租与被上诉人使用，则其依第451条为反对续租之意思表示，自应由上诉人全体为之。"此见解可资参照。

[①] 1985年台上字第2014号判决略谓："代表与代理固不相同，惟关于公司机关之代表行为，解释上可准用关于代理之规定，故无代表权人代表公司所为之法律行为，若经公司承认，即对于公司发生效力（参照第170条第1项规定）。"其所谓"准用"关于代理之规定，亦应称为类推适用。

准用系法律明文授权将法定案例类型之规定适用于另一类型之上,有称之为授权式的类推适用。① 民法准用性条文甚多,有称"径准用"(第103条),有称"依关于……之规定"(如第197条第2项)、"比照"(第89条)或"亦同"(第184条第1项后段)。准用的内容可分为两类:① 法律原因的准用(Rechtsgrundverweisung),包括构成要件的准用及法律效果的准用。② 法律效果准用(Rechtsfolgeverweisung)。属于前者如第816条规定因第811条至第815条规定"丧失权利而受损害者,得依关于不当得利之规定,请求偿金"②。属于后者如第184条第1项后段,第261条规定:"当事人因契约解除而生之相互义务,准用第266条至第267条之规定。"

7. 个别类推与总体类推

(1) 1995年台上字第2934号判决③

非财产上之损害赔偿请求权,因与被害人之人身攸关,具有专属性,不适于让与或继承。第195条第2项规定,身体、健康、名誉、自由被侵害而发生之非财产上损害赔偿请求权不得让与或继承,仅属例示规定。第194条规定之非财产上损害赔偿请求权,亦应作同一解释。惟第195条第2项但书规定"以金额赔偿之请求权已依契约承诺,或已起诉者,不在此限。"基于同一理由,此项但书规定,于第194条之情形,亦有其适用。

(2) 分析讨论

第194条规定:"不法侵害他人至死者,被害人之父、母、子、女及配偶,虽非财产上之损害,亦得请求赔偿相当之金额。"关于此项慰抚金请求权得否让与或继承,民法未设规定,究应如何处理,不无疑问。上开判决旨在处理此项问题,分三点说明之:

第一,第194条未设相当于第195条第2项规定,"最高法院"不采反面推论(Umkehrschluß),认为慰抚金请求权得为让与或继承,而将第195条第2项解释适用于第194条,其结论实值赞同。

第二,关于第195条第2项之解释适用于第194条,"最高法院"分为两部分:① 第195条第2项本文(不得让与或继承)系基于同一解释。② 第195条第2项但书,则系基于同一理由之适用。关于此项见解,应

---

① 参见黄茂荣:《法学方法与现代民法》,第322页;Larenz, Methodenlehre der Rechtswissenschaft, S. 260f.
② 拙著:《民法物权》,北京大学出版社2009年版,第207页。
③ 参见《法令月刊》第47卷第6期,第46页。

注意的是,第 195 条第 2 项系规定不法侵害他人之身体、健康、名誉或自由之情形,无论如何扩张其文义,皆难认为对第 194 条的情形系属同一解释。若谓同一理由,则属类推适用的问题。

第三,就方法论言,首应认为第 194 条系对此项慰抚金请求权得否让与或继承,未设明文,衡诸第 195 条第 2 项、第 979 条第 2 项、第 999 条第 3 项及第 105 条第 2 项规定,系属违反规范计划的法律漏洞,应类推适用上开规定,以为补充。此种类推适用属于所谓的总体类推,因与被害人之人格攸关,具有专属性,不适于让与或继承,但因契约承认或起诉应予除外之一般法律原则,于第 194 条之情形,基于同一法律理由,应类推适用之。

8. 平等原则、同一法律理由与类推适用

(1) 判例及决议

1960 年台上字第 1927 号判例:"结婚与收养子女同为发生身份关系之行为,关于结婚无效及撤销违法结婚之规定,在收养无效及撤销违法收养时,亦有同一之法律理由,自应类推适用,故收养八亲等以内之旁系血亲为养子女,而辈分不相当(包括辈分相同)者,于结婚依第 983 条第 1 项第 2 款及第 988 条第 2 款之规定,既应认为无效,则此种违反伦理观念之收养,自亦无收养可言。"

1960 年台上字第 182 号判例:"'动员时期军人'及其家属在应召前承租耕地之田地或房屋,在'服役期间'如无其他耕作或收益之田地与房屋时,出租人不得收回。关于建筑房屋承租之基地,在'军人服役期间',如任出租人请求拆迁,其有损于'军人'尤甚,自应类推适用,不许出租人收回基地,以贯彻法律保护'军人'及其家属生活之本旨。"

1979 年台上字第 777 号判例:"建筑房屋基地之承租人,以承租人积欠租金额达 2 年以上为原因,终止租赁契约,仍应依第 440 条第 1 项规定,定相当期限催告承租人支付租金,必承租人于其限内不为支付者,始得终止租赁契约,非谓一有承租人欠租达 2 年以上之事实,出租人即得随时终止租赁契约,对于地上权人之保护,不宜较土地承租人为薄,故土地所有人以地上权人积欠地租达 2 年之总额为原因,依第 836 条第 1 项规定,撤销其地上权,仍应类推适用第 440 条第 1 项之规定,践行定期催告程序。"

1979 年 3 月 21 日、1979 年度第三次民事庭庭推总会决议之(二):"院长"交议:第 224 条,是否可类推适用于第 217 条关于被害人与有过失之规定,亦即在适用第 217 条之场合,损害赔偿权利人之代理人或使用人之过失,是否可视同损害赔偿权利人之过失,适用过失相抵之法则?有甲、乙两说。甲说:第 224 条可类推适用于第 217 条被害人与有过失之规定,亦即在适用第 217 条之场合,损害赔偿权利人之代理人或使用人之过失,可视同损害赔偿权利人之过失,适用过失相抵之法则。乙说:侵权行为之被害人之法定代理人不能类推适用,其余同甲说。以上两说,应以何说为当?决议:采甲说。

(2)分析讨论

类推适用的前提在于法无明文规定,而类推适用的依据系"相类似案件,应为相同之处理"的平等原则(参照 1990 年度第二次民事庭会议决议)。易言之,即就特定事项,法律已设有规定时,于其他类似事项,亦应适用之,以贯彻正义的理念。问题在于如何决定事项的类似性。显然的,此非形式逻辑思维活动,而是一种法律上的判断。实务上为判断作为类推适用基础的类似性,曾提出所谓的同一法律理由(参照 1960 年台上字第 1927 号判例)、利益衡量或同一的利益状态(参照 1960 年台上字第 182 号判例)及规范意旨(参照 1979 年台上字第 777 号判例)。此三者用语虽有不同,其内涵则属相同。每一个法律规定皆有其立法意旨,对其规范对象作一定的利益衡量,此即"最高法院"所谓的法律理由(ratio legis),得据以类推适用者,乃法律理由之"同一"。1933 年上字第 748 号判例谓:"有同一或类似之法律理由时,应认同一或类似之法律效果为法理上所当然。"此见解可资参照。

关于基于同一法律理由而为之类推适用,得再就买卖法上一则著名的案例说明之。"出卖人故意告知标的物事实上不存在的优点致买受人信而买之时,其法律效果如何,法无明文规定。惟查第 360 条后段规定,出卖人故意不告知买受人物之瑕疵者,买受人得不解除契约或请求减少价金,而请求不履行之损害赔偿。"其法律理由(规范目的或利益上之衡量)系出卖人有意利用买受人对买卖标的物的错误认知,此对出卖人故意告知物事实上不存在优点的情形,亦属相同,故基于同一法律理由,应类推适用之。又如现行"民法"对法人(或无权利能力社团)姓名权的保护,并无明文,惟第 19 条规定:"姓名权受侵害时,得请求法院除去其侵害,并得请求损害赔偿。"立法理由谓:"姓名权者,因区别人已而存人格权之一也。故姓名使用权受他人侵害时,得请求损害之摒除,更为完全保护其人格计,凡因侵害而受有损害者,并得请求赔偿",此对侵害法人(或无权利能力社团)之姓名权的情形言,在法律评价或判断上亦属相同,故基于同一法律理由,应类推适用之。①

关于同一法律理由的类推适用,在方法论上,最具启示性的是前曾再三提及的1990年度第二次民事庭会议决议之(二)关于邻地通行权的类推适用,值得再为引证说明:

第一,对第787条规定(适用)及第833条、第851条、第914条准用情形外之其他土地利用人之邻地通行权,法无明文规定。

第二,创设邻地通行权,旨在发挥袋地之利用价值,使地尽其利,增进社会经济之公益目的。依此立法意旨,基于同一法律理由,应认民法对其他土地利用人间相互通行邻地之必要,并非有意不予规定,应属法律漏洞。

第三,依相类似案件应为相同处理之法理,第787条规定,依同一法律理由,对其他邻地利用权人相互间,自应类推适用之。如前所述,第787条于地上权人、永佃权人与典权人间应予类推适用。有争论的是对基于租赁或使用借贷契约而使用土地之人,应否类推适用,其问题的关键在于第787条的法律理由应否扩张及于用益物权人以外其他使用之人,此产生法律上不同的判断,前已论及,敬请参照。兹为便于观察,谨将上开决议的推理过程,图示如下:

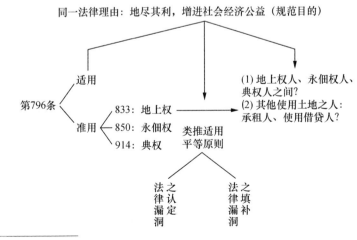

---

① 参见拙著:《民法总则》,北京大学出版社2009年版,第111页。

值得提出讨论的是,1979年度第三次民事庭庭推总会决议谓:"第224条可类推适用于第217条被害人与有过失之规定,亦即在适用第217条之场合,损害赔偿权利人之代理人或使用人之过失,可视同损害赔偿权利人之过失,适用过失相抵之法则。"此涉及第217条及第224条的类推适用。

第217条规定:"损害之发生或扩大,被害人与有过失者,法院得减轻赔偿金额,或免除之。重大之损害原因,为债务人所不及知,而被害人不预促其注意或怠于避免或减少损害者,为与有过失。"本条虽系规定受害人与加害人间共同过失,而以双方原因力之强弱与过失之轻重以定损害赔偿范围,惟含有以原因力强弱及过失轻重分配责任的一般原则,于连带侵权行为人间的内部求偿关系,应类推适用之。例如,甲与乙驾车相撞致丙重伤,甲与乙应对丙负共同侵权行为损害赔偿责任(第185条),甲与乙相互间则应依过失轻重分担义务。此项原则于雇用人与受雇人间连带赔偿责任之内部求偿关系,亦应为类推适用。①

《德国民法》第254条(相当于第217条第2项后段)规定:"民法第278条规定(相当于第224条)准用之。"如何准用,亦发生争论。通说认为此项准用指法律原因而言,故须有债之关系,无债之关系时,应类推适用《德国民法》第831条(相当于第188条)。少数学者则认为不必有债之关系为必要,惟无论采取何说,均强调于债之关系外,未成年人不承担法定代理人的与有过失。②

上开1979年度决议系认为被害人与加害人间纵无债之关系,第224条仍应类推适用,而未成年人亦须承担法定代理人的与有过失。此项见解忽略了第224条的规范意旨,未考虑到未成年人并不能选任监督法定代理人及民法保护未成年人的基本原则。与1990年第二次民事庭会议关于邻地通行权类推适用的决议加以比较,本件决议的重要性尤有过之,但理由构成尚属简略,未能详细探究第224条立法意旨及得为类推适用的同一法律理由。

---

① 参见拙著:《连带侵权债务人内部求偿关系与过失相抵原则之适用》,载《民法学说与判例研究》(第一册),北京大学出版社2009年版,第46页。

② 参见Fikentscher, Schuldrecht, 8. Aufl., 1991, §574; Larenz, Schuldrecht Ⅰ, 14. Aufl. S. 545; BGHZ 1, 248; 3, 49; 9, 316. 拙著:《第三人与有过失》,载《民法学说与判例研究》(第一册),北京大学出版社2009年版,第58页。

(四) 本件判决之分析

在1994年台上字第2701号判决一案,被上诉人建筑房屋逾越疆界,占有上诉人土地,上诉人不知其逾越疆界,而未提出异议,无第796条的适用。上诉人依第767条规定请求拆屋返地,"最高法院"依权利滥用原则禁止之。此项判决创造了"上诉人得否向被上诉人请求以相当价额购买越界部分土地"的问题。应认定的是,有无法律漏洞及如何加以填补。

查第796条规定:"土地所有人建筑房屋逾越疆界者,邻地所有人如知其越界而不即提出异议,不得请求移去或变更其建筑物。但得请求土地所有人,以相当之价额,购买越界部分之土地,如有损害,并得请求损害赔偿。"立法理由谓:"谨按土地所有人建筑房屋,遇有逾越疆界之时,邻地所有人如知其越界,应即提出异议,阻止动工兴修。若不即时提出异议,俟该建筑完成后,始请求移去或变更其建筑物,则土地所有人未免损失过巨,姑无论邻地所有人是否存心破坏,有意为难,而于社会经济,亦必大受影响,故为法所不许。然邻地所有人事后即丧失其请求权,亦未免失之过酷,故许邻地所有人对于越界之土地,得以相当之价格请求土地所有人购买,如有损害,并得请求赔偿,以示限制,而昭公允。此项平衡当事人利益,避免失之过酷,而昭公允的立法意旨,在本件判决具有两个机能:(1) 基于同一法律理由,依"类似者应为相同处理"的平等原则,应认定"最高法院"的判决创造了一个法律漏洞。(2) 基于同一法律理由及平等原则,此项法律漏洞应类推适用第796条规定填补之。"最高法院"基本上亦同此结论,可资赞同。

在比较法上值得参照的是德国的判例学说。《德国民法》第912条规定:"Ⅰ. 土地所有人非因故意或重大过失,建筑房屋逾越者,邻地所有人应容许之,但邻地所有人于逾越疆界前,或逾越疆界后,即时提出异议者,不在此限。Ⅱ. 邻地所有人得受地租之支付,以补偿损害。地租之数额,以逾越疆界时为计算之标准。"又依《德国民法》第915条规定:"地租收取权利人,得随时请求地租支付义务人受让建筑土地之部分之所有权,而补偿其相当于越界建筑时该部分土地价值之金额。地租收取权人行使此项权利时,双方之权利义务,依照买卖之规定。在所有权未移转前,地租仍应继续支付。"①须提出的是,德国实务上亦发生邻地所有人得依《德国民法》第 1004 条②请求拆屋返地时应否受有限制的问题。

《德国民法》第 226 条规定:"权利之行使,不得专以损害他人为目的。"因其要件甚严,故未发展出利益衡量权利社会化的原则。德国最高法院系以《德国民法》第 251 条第 2 项"恢复原状须费过巨者,赔偿义务人得以金钱赔偿债权人"规定所蕴涵的"比例原则"(Verhältnismäßigkeit)及诚信原则为依据③,禁止土地所有人行使其原得依《德国民法》第 1004 条规定行使之妨害除去请求权。④ 在此情形,德国最高法院亦肯定《德国民法》第 912 条第 2 项等相关规定的类推适用。⑤ 其结论亦同于 1994 年台上字第 2701 号判决所采类推适用第 796 条的见解。

六、结　　论

1994 年台上字第 2701 号判决具有两个意义。第一个意义是在实体法上一方面依据利益滥用原则,禁止土地所有人请求邻地所有人拆除越界建筑的房屋;他方面并肯定土地所有人得请求邻地所有人以相当价额购买越界部分的土地。第二个意义是在法学方法论上的启示性,即判决理由所谓:"按第 796 条规定,邻地所有人知悉土地所有人越界建屋而不提出异议者虽不得请求土地所有人移去或变更建物,但得请求土地所有人以相当之价额购买越界部分之土地。被上诉人虽非知情而不异议,与该条文所定得请求购买越界土地之要件不符。但查知情而不异议,不得请求移去或变更建物者,尚且得请求土地所有人购买越界部分之地,举重以明轻,并依衡平原则,不知情而得请求移去或变更建物之邻地所有人,当然更得(类推适用该条之规定)不请求土地所有人移去或变更建物而

---

① 关于《德国民法》第 912 条以下规定的解释适用,参见 Soergel/J. F. Baur § 912f.
② 《德国民法》第 1004 条规定:"Ⅰ. 所有权非因侵夺占有或无权占有,而由于其他方法受妨害者,所有人得请求加害人除去其妨害。Ⅱ. 妨害有继续之虞者,所有人得提起不作为之诉。所有人有容许之义务者,无前项之请求权。"
③ 《德国民法》第 251 条规定:"不能恢复原状或恢复原状未足赔偿权人之损害时,赔偿义务人应以金钱赔偿债权人。恢复原状须费过巨者,赔偿义务人得以金钱赔偿债权人。"(本条相当于第 215 条)
④ BGHZ62, 388; Soergel/J. F. Baur § 911 Rz. 1.
⑤ BGH MDR 1974, 571; Soergel/J. F. Baur § 911 Rz. 1.

请求其以相当之价额购买越界部分之土地。"本文借题发挥作了冗长的旁论。归纳言之,谨提出两点简要的结论:

举重明轻、衡平原则及类推适用是三个不同的思考工具及论证方法,各具功能,三者不能并用。举重明轻系当然的解释。衡平原则乃个别化的正义,在求个案的妥当。类推适用则本于平等的法理,补法律之不备,具有造法的功能。

民法的成长,一方面在于实体法,另一方面则在方法论上的警觉、反省和突破。最近实务上类推适用案例的增多,充分显示社会快速变迁、法官造法机能的加强、法律思维的益臻成熟,以及法律教育的发展。德国著名法学家 Zitelmann 氏于《德国民法》实施后之第三年(1903),在其著名之柏林大学校长就职演说(Rektoratsrede)"论法律上之漏洞"(Lücken im Recht)中曾谓:"我们需要的人是能够宽广的、不拘泥文义的、合乎人道的,秉持充分的社会认识,去适用法律,并在适用之际,知道如何去补充法律,促进法律之发展。教育此辈法律人,实在是国家大部分希望之所寄。"

人格权、慰抚金与法院造法

一、问题的说明

台湾地区民事法律规定深受德国民法之影响,故比较的研究方法,甚为重要,数十年来亦著有相当的成绩。值得考虑补充的,尚有两点:一为以请求权为基础的实例演习,最能培养法律思考和处理案例的基本能力,系德国法学教育的重点,特值学习①;另一为重视判例比较研究。

上述所言之比较研究,传统上多采取所谓的法条比较,偏重分析各立法例的异同。例如,比较法国民法、德国民法、日本民法及台湾地区关于侵权行为的一般规定。此种比较仅属基础研究,必须进一步落实到法律的解释适用,尤其是判例(广义、包括判决),探讨如何处理具体的法律问题。例如,第三人侵害债权时,在何种要件应负侵权行为损害赔偿责任。② 在判例的比较研究,常可发现各国(地区)民法条文规定不同,但解释适用的结果却属相同;或条文虽同,但结论互异。此涉及立法体系结构、法律文化和社会发展。人格权被侵害时,被害人关于非财产上的损害得否请求赔偿相当金额(慰抚金)③,是实务上的重要问题,值得与德国判例从事比较研究,探讨法院造法的途径。

---

① 参见拙著:《民法实例研习·基础理论》。
② 侵害他人债权,得构成侵权行为,问题在于其构成要件。侵权行为法无论采概括主义、列举主义或折中主义,多以加害人须有故意(或故意以悖于善良风俗方法)为要件。在台湾地区现行民法,即应适用第184条第1项后段。比较法上具有价值的参考资料,参见 Palmer, French Contract Interference, The American Journal of Comparative Law, Vol.40, Number, 2, p.297.
③ 关于非财产上损害的金钱赔偿,瑞士民法称为 Genugtungsgeld,台湾地区称为慰抚金。在德国一向称为 Schmerzensgeld(意译为痛苦金)。参见 Esser, Schuldrecht Ⅱ, Besonderer Teil, 7 Aufl. 1991, S.618. 最近亦有称为 Genugtuungsgeld,为行文方便,以下统称为慰抚金。

二、关于人格权与慰抚金

(一) 一般人格权的肯定及保护

第18条规定:"人格权受侵害时,得请求法院除去其侵害;有受侵害之虞时,得请求防止之。前项情形,以法律有特别规定者为限,得请求损害赔偿或慰抚金。"此项规定系仿自《瑞士民法》第28条。人格权系指所谓的一般人格权。人格系人之所以为人的尊严和价值。人格权是一种母权,也是一种发展中的概念。立法者将若干人格利益,具体化为个别人格权(如生命、身体、健康、自由、名誉、姓名)。① 判例学说亦创设新的个别人格权,除肖像权和贞操权外,最重要的是隐私权。

第184条第1项前段规定:"因故意或过失不法侵害他人之权利者,负损害赔偿责任。"所谓权利包括一般人格权;所谓损害赔偿包括财产上损害与非财产上损害。就此点而言,第184条第1项前段规定,系第18条第2项所称的特别规定。

(二) 慰抚金请求权

1. 以法律有特别规定者为限

第18条第2项规定,人格权受侵害时,须法律有特别规定,始得请求损害赔偿或慰抚金。第184条第1项前段所称人格权包括一般人格权,已如上述。故一般人格权受侵害时,关于财产上损害得请求恢复原状,其不能请求恢复原状或恢复原状显有困难者,得请求金钱赔偿(第213条以下)。关于非财产上损害(精神或肉体痛苦),亦得请求恢复原状(如美容整形),但仅于有法律特别规定的情形,始得请求相当金钱的赔偿(慰抚金)。所谓特别规定,主要指第194条之规定:"不法侵害他人致死者,被害人之父、母、子、女及配偶,虽非财产上之损害,亦得请求赔偿相当之金额",以及第195条第1项之规定:"不法侵害他人之身体、健康、名誉或自由者,被害人虽非财产上之损害,亦得请求赔偿相当之金额。其名誉被侵

---

① 参见施启扬:《从个别人格权到一般人格权》,载《台大法学论丛》第4卷第1期;拙著:《民法总则》,北京大学出版社2009年版,第70页。

害者,并得请求为恢复名誉之适当处分"(并请参阅第978条、第979条、第999条、第1056条)。

2. 实务上的突破

台湾地区现行"民法"对人格权被侵害时的慰抚金请求权加以限制,其主要理由系认为非财产损害难以金钱估算,宜加限制以避免人格商业化。如今价值观念业已改变,为强化保护人格权,如何扩大慰抚金请求权,乃成为法律上重要课题。实务上有三个基本案例类型,即:干扰婚姻关系(与有配偶者通奸);侵害隐私权(幽会录影);绑架未遂。分述如下:

(1) 第184条第1项后段的适用:干扰婚姻关系和侵害隐私权

甲与有配偶之乙通奸,乙的配偶丙得否就其所受非财产上损害(精神痛苦)请求慰抚金,其主要问题在于寻找请求权基础。对于此在法学方法论上殊具趣味的问题[1],分三点简要言之:① "最高法院"早期判例否定夫权的概念,认为与有配偶者通奸,不构成侵害他方配偶的夫权,但依社会通念,如明知为有夫之妇而与之通奸,系以悖于善良风俗的方法加损害于他人,应依第184条第1项后段就非财产上损害负赔偿责任。[2] ② 对与有配偶者通奸是否构成侵害他方配偶的名誉发生争议,但曾肯定其系侵害他人家室不受干扰的自由。[3] ③ 最近判例肯定通奸系侵害他方配偶之权利(夫妻共同生活圆满安全及幸福之权利),但仍以第184条第1项后段作为请求非财产损害金钱赔偿的依据。[4]

司法业务研究会第一期曾提出如下的法律问题:甲男与乙男素有嫌隙,探悉乙男与丙女感情颇笃,某夜瞥见乙丙,二人相偕进入某旅店房间,竟秘密将二人之幽会情节,予以录影后,频对丙女透露上情。丙女不堪其扰,精神痛苦不已,请求甲男赔偿其非财产上损失,有无理由?讨论意见甲说(否定说):甲男将乙丙幽会情节录影带仅对丙女透露,并未对外散布,尚难谓已侵害丙女之名誉。虽其行为不免侵及丙女隐私权,而隐私权亦属人格权之一种,依第18条规定,人格权受侵害时以法律有特别规定者为限,得请求损害赔偿,而台湾地区现行"民法"并无隐私权受侵害时

---

[1] 参见拙著:《干扰婚姻关系与非财产上损害赔偿》,载《民法学说与判例研究》(第二册),北京大学出版社2009年版,第201页。
[2] 1952年台上字第278号判例。
[3] 1971年台上字第80号判决;1965年台上字第2883号判决。
[4] 1966年台上字第2053号判例;1971年台上字第498号判决。

得请求非财产权损害赔偿之规定,故丙之请求并无理由。乙说(肯定说):甲之行为系故意以违背善良风俗之方法加损害于丙,为侵害丙女之人格利益,故丙得依第184条第1项后段规定,请求其赔偿非财产上损失。丙说(肯定说):甲将乙丙幽会情节录影,频向丙女透露,难免使丙女精神上感到极大之痛苦与恐惧,实已侵害到丙女之自由,丙女自得依第195条请求甲男赔偿其非财产上之损害。研讨结论多数采丙说。第一厅研究意见认为:"按民法虽未就秘密权(亦称隐私权)设有特别规定,惟秘密权亦属人格权之一种。秘密权旨在保护个人之私生活为其内容,侵害秘密权,固常伴随名誉权亦并受侵害,惟前者重在私生活之不欲人知;后者重在社会评价之低落,两者仍有区别。本题甲男之行为系故意以悖于善良风俗之方法加损害于丙女,丙女依第184条第1项后段规定,请求甲男赔偿其非财产上损失,应予准许。"

(2)第195条自由的扩张解释:绑架未遂

在1992年台上字第2462号判决一案①,被上诉人甲、乙、己及庚等4人进入上诉人开设之理发院,并欲强行掳走上诉人,以勒索200万元,上诉人主张,被上诉人之目的,虽经警察及时赶到而未得逞,但上诉人之身心已受损害,请求该4名被上诉人连带赔偿精神慰抚金100万元。原第二审之台湾省高等法院台中分院则谓:"惟查上诉人自称:由于伊机智,骗称伊不在,并暗中报警,警察及时赶到,终未被掳走。则上诉人之身体、自由显未受侵害,与第195条第1项前段规定之情形尚有未合,不得请求给付慰抚金",因而废弃第一审法院所为命被上诉人等4人连带给付上诉人20万元慰抚金之判决,并改判驳回上诉人此部分之诉。

上诉人不服原审上述判决,提起本件第三审上诉。"最高法院"认此部分之上诉为有理由,乃废弃原判决关于驳回上诉人请求被上诉人甲、乙、己及庚等4人连带给付20万元部分,并发回原审更审,其理由为:"惟查所谓侵害他人之自由,并不以剥夺他人之行动或限制其行动自由为限,即以强暴、胁迫之方法,影响他人之意思决定,或对其身心加以威胁,使生危害,亦包括在内。本件上诉人主张被上诉人等4人伙同施某(诉外人)

---

① 关于本件判决的评释,参见詹森林:《自由权之侵害与非财产上损害之赔偿——1992年台上字第2462号民事判决之研究》(上)(下),载《万国法律》1993年5月1日(第69期),第3页;1993年6月1日(第70期),第9页。

于凌晨3时许,手持枪支,前往伊所经营之理发院准备绑架上诉人,经伊报警,警察及时赶到而未得逞。所称倘非虚妄,能否谓被上诉人等之行为,未使上诉人身心受到威胁而不生危害,不无研究余地。原审徒以上诉人因机智报警而认为被上诉人等对上诉人之自由未加侵害,自嫌速断。原判决关于驳回上诉人请求被上诉人甲、乙、己、庚连带给付慰抚金之部分,不无可议。"

综据上述,可知实务上致力于突破民法关于非财产损害赔偿的限制,其所采的方法为扩大第195条自由的概念,尤其是适用第184条第1项后段规定。

三、德国法上的人格权与慰抚金

(一) 以宪法为依据创设一般人格权

德国民法未规定一般人格权,《德国民法》第823条第1项"因故意或过失,不法侵害他人之生命、身体、健康、自由、所有权及其他之权利者,对于他人因此所生的损害,负赔偿责任"之规定,仅明定个别人格利益,尚不包括名誉在内。所谓"其他权利",依立法者的意思,系指与所有权相当的绝对权而言。① 一般人格权系在第二次世界大战之后,由德国联邦法院(Bundesgerichtshof,简称BGH)与德国宪法法院(Bundesverfassungsgericht,简称BverfG)协力所创设,以德国基本法(宪法)为依据。② 兹举联邦法院与联邦宪法法院判决各一则加以说明。

1. BGHZ 13.334(读者投书案件)③:一般人格权的肯定

在本件判决,被告D出版公司在其发行的周刊杂志撰文批评曾在纳粹政府担任要职的Dr. H开立银行之事。Dr. H委请M律师致函D出版公司,要求更正。D出版公司以读者投书处理M律师的函件,并删除若干关键文字。M律师认为D出版公司侵害其人格权,诉请法院判决D出版公司在该周刊杂志读者投书栏刊登更正启事,表示该信系律师函件,而

---

① Fabricius, Zur Dogmatik des 'Sonstigen Rechts' gemäß §823 Abs. 1 BGB: AcP 160 (1961), 273; Kötz, Deliktsrecht, 4. Aufl. 1988, S.24.
② Canaris, Grundrechte und Privatrecht, AcP 184(1984), 201.
③ 此为德国联邦法院肯定一般人格权的第一个判决。参见 Coing, JZ154, 698.

非读者投书。

联邦法院判决原告胜诉,在其判决理由强调《德国基本法》第 1 条明定人格尊严应受尊重。人格自由发展是一种私权,在不侵害他人权利、不违反宪法秩序或伦理的范畴内,是一种应受宪法保护的基本人权。思想或意见源自人格,是否发表,如何发表以传达于公众,将受舆论的评价,涉及作者的人格,应由作者自己决定。擅自发表他人私有资料,固属侵害个人应受保护的秘密范畴,发表他人同意的文件,擅自添加或减少其内容,或以不当的方式为之时,亦属对人格权的侵害。原告执行律师业务,受当事人委托,致函更正,被告以读者投书刊登,并删减其内容,系侵害他人的人格权,应负恢复原状义务。

2. BVerfG 35.302(犯罪纪录片案件)①:一般人格权与言论自由

在本件,声请人曾参与抢劫德国某地弹药库,导致警卫数人死亡,其后被捕,被判处徒刑,正在服刑中。德国某电视公司认为此项犯罪案件具有社会教育意义,特拍成纪录片,探讨作案的过程、罪犯的背景,包括特别强调声请人的同性恋倾向。此纪录片显示声请人的相貌,数度提到其姓名。声请人即将刑满获释,要求禁止电视公司播放。地方法院和高等法院皆驳回此项禁播的请求,其主要理由为声请人已成为公众人物。德国联邦宪法法院废弃此项判决,以《联邦基本法》第 2 条第 1 项与第 1 条第 2 项作为依据,命令电视公司停止播放。在其长达数页的判决中,德国联邦宪法法院再三强调人的尊严是宪法体系的核心,人格权为宪法的基石,是一种基本权利。言论自由亦属宪法所保障,某种言论是否侵害人格权,应衡量人格权被侵害的严重性及播放犯罪纪录影集所要达成的目的,就个案审慎地加以衡量。在本案,犯罪事实发生于 20 年前,声请人行将获释,重入社会,开始新的生活,其不受干扰的权利应优先于言论自由而受保护。

(二) 慰抚金请求权

1.《德国民法》第 252 条的限制规定

《德国民法》第 252 条规定:"关于非财产损害,仅于法律明定之情形得请求金钱赔偿。"法律明定的情形主要指《德国民法》第 847 条第 1 项

---

① 关于本件判决的评释,参见 Hermann/Duesberg, JZ 1973, 261。

之规定:"侵害身体或健康,或侵夺自由者,被害人对非财产上之损害,亦得请求赔偿相当之金钱。此项请求权不得让与或继承,但已依契约承认或已起诉者,不在此限。"[1]联邦法院在前开所谓读者投书案中(BGHZ 13, 334)以宪法为依据,肯定一般人格权,并以恢复原状为损害赔偿的方法。此项判决为学说所赞同,较少争论。真正的困难在于一般人格权受侵害时,如何突破《德国民法》第253条限制的规定,使被害人亦得请求慰抚金。

2. 实务上的突破

(1)《德国民法》第847条关于自由规定的类推适用:BGHZ 26, 349(骑士案件)[2]

在本件判决,原告系一业余骑士,被告以其照片作为某种增加性能力药物的广告,联邦法院重申 BHGZ 13, 334 的判决意旨,强调人格尊严的神圣性和人格自由发展的重要性,并明白肯定人格权应该解释为系《德国民法》第823条第1项所称的其他权利而受保护。被告擅自使用他人肖像应构成对人格权的侵害,问题在于被害人得否依《德国民法》第847条关于侵害他人自由的规定请求慰抚金。联邦法院表示本条所谓自由,通说认为系指身体活动自由而言,如胁迫他人为某种行为。在德国基本法施行前学说上有认为所谓自由应解释为包括意思自由,但未被接受。德国基本法明定人格应受尊重,精神自由亦应受保护。人格权被侵害时,不赋予非财产上损害的金钱赔偿,将使人格的保护成为具文,不切实际,诚难忍受。为此,《德国民法》第847条规定应类推适用于精神自由受侵害的情形,被害人亦得请求非财产上损害的金钱赔偿。

(2) 以《德国基本法》第1条和第2条为请求慰抚金的依据:BGHZ 35, 363(人参案件)[3]

在本件判决,原告系某大学国际法和宗教法教授,自韩国带回人参供其同事 H 教授研究。H 教授发表研究成果,感谢原告的协助。某通俗科学杂志报道原告系欧洲有名的人参专家;被告制造药物,在广告中引述原告为人参专家,肯定人参具有增强性能力的作用。原告以人格权被侵害

---

[1] 由此规定可知,德国民法限制较严,不包括名誉在内,请与第195条规定加以比较。
[2] 此为德国联邦法院肯定一般人格权被侵害时得请求慰抚金的第一个判决。对此判决的评论,参见 Larenz, JZ 1958, 571; Coing, JZ 1958, 588.
[3] 关于本件判决的评释,参见 Rötelmann, NJW 1962, 736; H. Hubmann, VersR 1962, 350, 562.

为理由,请求慰抚金。

原告三审皆获胜诉。联邦法院认为《德国民法》第253条规定,非财产上损害以有法律规定者为限,始得请求慰抚金,乃基于当时的法律思潮和社会情形。德国基本法明定人格应受尊重,现行民法规定对人格权的保护未臻周全,不符合宪法价值体系。人格权被侵害,主要是发生非财产上损害,不以相当金钱赔偿之,放弃了保护人格权最有效的手段。惟一般人格权被侵害与身体健康被侵害究有不同,慰抚金的请求应加限制,须以加害人具有重大过失,而被害人遭受严重侵害为要件。《瑞士债务法》第49条亦采此原则。① 在本案,原告为法学教授,在广告中被引述为研究增加性能力之人参专家,加害人之过失实属重大,被害人所受侵害非属轻微,原告得请求以相当金钱赔偿其所受非财产上损害。

(3) 由法院创造慰抚金请求权的合宪性:BVerfG 34,269(伊朗废后案件)②

德国联邦法院以宪法为依据创造一般人格权,并使被害人得请求慰抚金。此项法院造法是否合宪,引起了争论。本件判决被告系有名的出版社,在其周刊杂志刊载虚构的伊朗废后苏菲亚访问记。被害人苏菲亚公主主张人格权受侵害,诉请1.5万马克慰抚金的损害赔偿。联邦法院判决原告胜诉,认为此项不实报道个人隐私,构成对人格权的侵害,刊登更正启示尚不足恢复原状,应以相当金钱慰抚被害人精神上的痛苦。被告提出宪法抗告,主张此项判决违宪,其主要理由有三:① 违背权力分立原则;② 侵害言论自由和新闻自由;③ 慰抚金的请求以重大侵害人格权为要件,犹如刑事裁判,由法院创设,违背罪刑法定主义。

德国宪法法院认为此项宪法抗告不能成立。判决理由长达数页,颇具可读性,可归纳为三点:

① 德国基本法明定人格应受尊重,在私法上承认一般人格权,补充现行民法的不足,系为实践宪法基本人权的价值体系,与宪法秩序尚无违背。

② 言论自由或新闻自由,所以受宪法保护,系因其为公众提供资讯,

---

① 《瑞士债务法》第49条第1项规定,人格关系被侵害时,于加害人有过失时被害人得请求损害赔偿;侵害及过失特别重大时,得请求给付相当金钱作为慰抚金。
② 对此判决的评释,参见 Knieper, ZRP 1974, 137; Köbler, JZ 1973.

形成舆论。为满足读者肤浅的娱乐,而虚构访问,乃涉及个人私事,无关公益。就此点而言,隐私的保护应优先于新闻报道。联邦法院的判决多以新闻报业为对象,但其他无关新闻报业的案件,亦属不少,不能认为侵害人格权应以金钱赔偿非财产上损害,系针对新闻报业而造法。其构成要件甚为严格,不致影响言论自由和新闻自由。

③《德国基本法》第 20 条第 3 项规定,司法应受法律(Gesetz)和法(Recht)的拘束,立法目的在排除狭隘的法律实证主义。法的存在系以宪法秩序为内容,具有补充实体法不备的功能。司法的任务在于发现寓存于宪法秩序的基本价值理念,以合理的论据依实践的理性和根植于社会正义的理念,促进法律进步。关于此点,基本上并无争论,在劳动法方面,立法落后,司法造法特为显著,以适应社会变迁的需要。现行《德国民法》制定于 70 年前,法律观念和社会情况已有重大变迁,德国落后其他西方国家法律甚多。对非财产损害予以相当数额的金钱赔偿是保护人格权有效的手段。台湾地区现行"民法"将慰抚金请求权限定若干情形自有其时代背景,如今法律意识、价值观念业已改变,保护人格权的立法迟未定案,由法院判决补现行规定的不足,确有必要。以有效的手段保护宪法体系中的基本价值,并未整个排除《德国民法》第 253 条规定,仅在补充列举规定,并未恣意造法,不构成对言论自由或新闻自由的侵害,从宪法秩序言,应无可议。

四、法院造法的比较

(一) 社会背景与法律发展

台湾地区现行"民法"明定一般人格权,关于慰抚金请求权限定于若干个别人格权。德国民法未设一般人格权,关于慰抚金请求权亦限定于若干个别人格权,其范围较狭,不包括名誉在内。为加强人格权的保护,两者皆从事法院造法。在台湾地区,一方面扩大第 195 条所定自由的概念(绑架未遂事件);一方面以第 184 条第 1 项后段为请求慰抚金的规范基础,就"最高法院"判例,仅限于干扰婚姻关系的通奸案件,而侵害隐私权得请求慰抚金,系第一厅的研究意见,尚无相关判例或判决。在德国,则以宪法(基本法)为依据创设一般人格权,并以宪法作为请求慰抚金的规范基础,凡因故意或过失严重侵害他人之人格权者,被害人皆得请求慰抚金,案例丰富,学者论著甚多,足供参考。①

据上所述,可知德国关于人格权的保护在立法上较落后,但判例法迎头赶上而超越之,充分显现法院造法的活力,可见立法周全固属重要,判例更不容忽视。德国法院积极造法保护人格权有其时代背景和法学思潮。纳粹当政,残害人权,战后西德宪法特别强调人格为宪法秩序的基础,司法亦以实践寓于宪法的基本价值为任务,肯定慰抚金请求权系保护人格权的重要手段。

在台湾地区,由于受到宪政改革的影响,"宪法"亦渐受重视。在一则合作社职员签订结婚即辞职的契约书的法律问题,第一厅研究意见认为,男女受雇农会之初,如因农会之要求,必须预立于任职中结婚即辞职之辞职书,则该辞职书之订立,可认为具有"附合契约"之性质,非当然具有其所约定之效力,仍应就约定之内容为具体衡量,以定其效力之有无。次查人民无分男女,在法律上一律平等,为"宪法"第 7 条所明定,又人民之工作权及其他自由、权利亦受"宪法"所保障("宪法"第 15 条、第 22 条);雇主要求女性受雇人预立于任职中结婚即辞职之辞职书,不仅破坏保障男女平等之原则,并且限制人民之工作权及有关结婚之基本自由及权利,该结婚即辞职之约定,可认为违背公序良俗,依第 72 条之规定,应属无效。此项研究意见肯定"宪法"关于基本人权规定对私法上契约的间接效力,实值赞同。

值得特别提出的是,大法官会议最近两则解释明白肯定人格系"宪法"保障的权利。释字第 399 号解释谓:"姓名权为人格权之一种,人之姓名为其人格之表现,故如何命名为人民之自由,应为'宪法'第 22 条所保障。姓名条例第 6 条第 1 项第 6 款规定命名文字字义粗俗不雅或有特殊原因经主管机关认定者,得申请改名。是有无申请改名之特殊原因,由主管机关于受理个别案件时,就具体事实认定之。姓名文字与读音会意有不可分之关系,读音会意不雅,自属上开法条所称得申请改名之特殊原因之一。"1976 年 4 月 19 日台内户字第 682266 号函释:"'姓名不雅,不能以读音会意扩大解释',与上开意旨不符,有违'宪法'保障人格权之本

---

① Bürggemeier, Deliktstrecht, 1986, S. 148;Larenz/Canaris, Schuldrechts Ⅱ/2, 13. Aufl. 1994,§80(S.489)。

旨,应不予援用。"又释字第 400 号解释谓:"'宪法'第 15 条关于人民财产权应予保障之规定,旨在确保个人依财产之存续状态行使其自由使用、收益及处分之权能,并免于遭受公权力或第三人之侵害,俾能实现个人自由、发展人格及维护尊严",将人格权与人格尊严提升到"宪法"的层次,对人格权的保护和发展,具有深远重大的意义。

(二)"自由"的适用或类推适用

台湾地区现行"民法"和《德国民法》皆规定"自由"被侵害时,被害人得请求慰抚金。德国通说对于《德国民法》第 847 条规定"剥夺自由"(Freiheitenziehung)一向采狭义解释;认为系指身体活动自由而言①,联邦法院一度将之类推适用于"精神或意思自由"(BGHZ 26,349),但随即放弃之。台湾地区学说一向对第 195 条规定的自由,采广义解释,认为包括精神自由或意思自由在内②,实务上在干扰婚姻案件和幽会录影案件,曾认定系侵害他人自由,但终不采之。值得注意的是,在绑架案件,1992 年台上字第 2462 号判例认为:"所谓侵害他人之自由,并不以剥夺他人之行动或限制其行动自由为限,即以强暴、胁迫之方法,影响他人之意思决定,或对身心加以威胁,使生命危害亦包括在内。"依其对自由的见解,甲企图破门强奸乙女,被及时阻止;或甲驾车故意撞乙,乙及时闪避;甲胁迫乙,若不说明某工程标底价,将予杀害,被害人乙就其身心受到威胁,使生危害,似得请求相当金钱赔偿。如此扩大解释自由,已相当接近免于恐惧的自由,已达民法上自由概念的极限,应特别审慎,避免滥用,假自由被侵害之名而请求慰抚金。

(三)故意以悖于善良风俗方法加损害于他人

第 184 条第 1 项后段规定故意以悖于善良风俗方法加损害于他人者,应负赔偿责任。本段规定系仿自《德国民法》第 826 条,其文义完全相同,惟在德国判例学说从未有人主张,以《德国民法》第 826 条作为慰抚金的请求权基础。台湾实务上则一向以第 184 条第 1 项后段作为请求慰抚

---

① RGZ,100,214;Esser,S. 545;Bürggemeier,S. 146;较深入的说明,参见 Leinemann,Der Begriff der Freiheit nach § 823 Abs. I. BGB,1969.

② 参见孙森焱:《民法债编总论》,第 169 页。

金的规范基础。关于此项法律适用,应说明者有两点:

首先,就现行规定解释言,第 184 条第 1 项后段显然非属于得请求慰抚金的特别规定。第 184 条第 1 项前段规定:"故意或过失不法侵害他人权利者,应负损害赔偿责任。"前段系保护权利,以故意或过失为要件;后段所保护的,包括其他财产上损失(纯粹经济损失),其范围较广,故明定以故意悖于善良风俗方法为要件,以资限制。二者的区别在于保护的客体及其构成要件,而非在于其得否请求慰抚金。权利被侵害时,不能请求慰抚金,权利以外的利益被侵害时反而得请求慰抚金,显然不合法律逻辑,不合现行民法上的价值判断。①

其次,就造法的观点言,"最高法院"为突破现行民法对慰抚金请求权限制的努力,实值赞佩。惟适用第 184 条第 1 项后段,有两点值得检讨:一为以"故意悖于善良风俗"为要件,固有适当限制的作用,但过于严格,因故意或重大过失不法侵害他人人格权者,被害人仍不得请求慰抚金,对人格权的保护仍有不周;二为保护范围过广,后段规定所保护的既不限于人格利益,被害人就其财产权(如古董、传家之宝)所受侵害是否亦得请求以相当金钱赔偿其非财产上损害(精神痛苦),不无疑问。就现行法言,应采否定说,适用同一规定,如此割裂区别,应非妥当。由此可知,以第 184 条第 1 项后段作为请求慰抚金的规范基础,在方法论上确有商榷余地。

(四) 以宪法作为请求权基础

德国联邦法院以宪法为依据创造一般人格权,并径以宪法作为请求慰抚金的基础,前已再三提及。对吾人而言,此确为惊人之举,但若进一步了解《德国基本法》关于基本人权的规定,第二次世界大战后德国宪法观念的改变,宪法基本人权规定第三人效力理论的建立以及战后德国社会的发展,此项判决实有其法律和社会基础。但就法学方法论言,此项判决仍遭受批评,因其违反《德国民法》第 253 条规定,直接以宪法作为私法请求权基础,亦值商榷。②

---

① 参见邱聪智:《第 184 条第 1 项后段规范功能之再探讨——1966 年台上字第 2053 号判例之疑义及启示》,载《民法研究》(一),1986 年,第 391 页以下论述甚详,足供参考。

② 参见 Rohlf, Der grundrechtliche Schutz der Privatsphäre-Zugleich ein Beitrag zur Dogmatik des Art. 2 Abs. 1 GG, 1980.

(五) 判例与学说的协力

人格权保护的强化是台湾地区和德国所共同面临的问题，都须造法突破数十年前所制定法律的限制，无论采取何种解决途径，在法学方法论上皆有可资商榷之处，此为法院造法的困扰，实难避免。为促进法律的进步和发展，需要判例与学说的协力。申言之，在判例方面，理由构成应力求透明，推论须符合事理，利益衡量和价值判断应予公开。在学说方面，应积极提供理论基础。在德国，由于判例与学说的努力，人格权被侵害时，被害人得就非财产上损害请求相当金额的赔偿，已产生法的确信，具有习惯法的效力。① 台湾地区实务上以第184条第1项后段规定作为人格权被侵害时得请求慰抚金的法律基础，实非妥适，有重新检讨的余地。

五、结论：以立法修正补法院造法之不足

本文旨在借着人格权、慰抚金及法院造法的问题，提出比较法研究的若干基本问题。归纳言之，应说明者有五点：

（1）台湾地区的法学，尤其是民法学是建立在比较法的基础上，比较法的研究应落实到判例。在人格权和慰抚金这个重大问题上，我们看到台湾地区和德国法院的造法活动、判决风格、解决问题的途径，尤其是如何为达成法律政策目的和法律技术的平衡而努力。此种对具体问题的功能进行比较研究，不但有助于了解不同的法律文化和社会状况，而且可提供于探寻法律发展的方向。

（2）私法宪法化是德国法的一项重大发展②，并以人格权的保护为重点，使人的尊严成为法律秩序的基本价值。在台湾地区，"民法"亦开

---

① Larenz, Methodenlehre der Rechtswissenschaft, 6. Aufl. 1991. S. 409. 关于法官造法与习惯法的基本问题，参见 Esser, Richterrecht, Gerichtsgebrauch und Gewohnheitsrecht in: Festschrift für Fritz von Fritz von Hippel, 1967. 关于法官造法的界限，参见 Wank, Grenze richterlicher Rechtsforbildung, 1978.

② 对所谓"私法的宪法化"(The constitutionalization of private law), B. S Markesinis 在其 A Comparative Introduction to the German Law of Torts(Third Edition, 1994)一书第27页以下从比较法观点作有简要说明，足供参考。

始与"宪法"接轨,将人格的保护提升到"宪法"层次,对整个法律的发展,具有重大意义。

(3) 德国民法关于人格权的保护,在立法上落后于台湾地区,但借着法院造法,超越甚多,充分显现造法的动力和功能,而此实赖判例学说的协力。在台湾地区,法院造法的机能犹待加强,学说的协力仍有不足。兹再举一例说明之。关于诚实信用原则,《德国民法》(第242条)与台湾地区现行"民法"(第219条)同规定于债编通则,明定:"行使债权与履行债务应依诚实信用方法。"《德国民法》施行后(1900年)不久,判例学说即肯定诚实信用原则为帝王条款,应突破其实体法上的体系限制,而适用于全部民法(及其他法律领域),并用于控制不合理的一般交易条款。反之,在台湾地区,"最高法院"曾认为诚实信用原则仅适用于债之关系,而其所规范者仅为债权债务的履行①,因此必须经过二次立法修正。一为于"民法总则"增订第148条第2项规定:"行使权利,履行义务,应依诚实信用方法",一为于"消费者保护法"第12条第1项规定:"定型化契约中之条款违反诚信原则,对消费者显失公平者,无效。"②如此始可达到德国判例所创造的法律状态,但由于非为活的法律的成长,规范机能犹待发挥。

(4) 为强化保护人格权,必须突破现行"民法"对慰抚金请求权的限制,在法院造法上可采的途径系以"宪法"保护人格权及人格尊严的基本价值为基础,类推适用第195条规定,认为因故意或过失不法侵害他人人格利益,其情形严重者,被害人得请求相当金额的赔偿。此种法院造法方式较诸适用第184条第1项后段为妥适,因其更能纳入现行民法的体系,建立一般的法律原则。

(5) "最高法院"以第184条第1项后段规定作为请求非财产损害赔偿的请求权基础,长达数十年,不可能期待其会改变此项"几近习惯法"的判例,故仅能借助立法修正作根本的改变。1995年12月提出的债编部分修正草案,将第195条规定修正为:"不法侵害他人之身体、健康、名誉、自由、信用、隐私、贞操,或不法侵害其他人格法益而情节重大者,被害

---

① 参见1972年台上字第314号判决;参见拙著:《诚信原则仅适用于债之关系?》,载《民法学说与判例研究》(第一册),北京大学出版社2009年版,第149页。
② 参见"消费者保护法"第12条以下规定;詹森林:《定型化约款之基本概念及其效力之规范——消费者保护法第12条之分析》,载《法学丛刊》第158期,第42页。

人虽非财产上之损害,亦得请求赔偿相当之金额。其名誉被侵害者,并得请求恢复名誉之适当处分。前项请求权,不得让与或继承。但以金额赔偿之请求权已依契约承诺,或已起诉者,不在此限。前两项规定,于不法侵害他人基于父母或配偶关系之身份法益而情节重大者,准用之。"立法理由谓:"① 第 1 项系为配合第 18 条规定而设,原规定采列举主义,惟人格权为抽象法律概念,其内容与范围,每随时间、地区及社会情况之变迁有所不同,立法上自不宜限制过严,否则受害者将无法获得非财产上之损害赔偿,有失情法之平。反之,如过于宽泛,则易启人民好讼之风,亦非社会之福,现行条文第 1 项列举规定人格权之范围,仅为身体、健康、名誉、自由四权,揆诸现代法律思潮,似嫌过窄,爰斟酌本民族传统之道德观念,扩张其范围,及于信用、隐私、贞操等之侵害,且增设'不法侵害其他人格法益而情节重大'等语,俾免挂漏并杜浮滥,而修正本条第 1 项之规定。② 第 2 项未修正。③ 身份法益与人格法益同属非财产法益。本条第 1 项仅规定被害人得请求人格法益被侵害时非财产上之损害赔偿。至于身份法益被损害,可否请求非财产上之损害赔偿? 则付阙如,有欠周延,宜予增订。惟对身份法益之保障亦不宜太过宽泛。鉴于父母或配偶与本人之关系最为亲密,基于此种亲密关系所生之身份法益被侵害时,其所受精神上之痛苦最深,故明定'不法侵害他人基于父母或配偶关系之身份法益而情节重大者',始受保障。例如未成年子女被人掳掠时,父母监护权被侵害所受精神上之痛苦。又如配偶之一方被强奸,他方身份法益被侵害所致精神上之痛苦等是,爰增设第 3 项准用规定,以期周延。"

上开修正草案第 195 条第 1 项规定基本上系参考德国经由法官造法所形成的法律状态,增列信用、隐私、贞操等个别人格权,尤其是设概括规定(其他人格法益),强化了对人格权的保护,实值赞同。① 须注意的是,修正草案第 195 条第 3 项则系针对实务见解而修正。所谓"不法侵害他人基于父母关系之身份法益",主要指父母之监护权,其目的在于废除 1961 年台上字第 1114 号判例②,使未成年子女被人诱奸时,其父母亦得

---

① 德国法务部亦正从事德国民法债编修正,但未将人格权的保护与慰抚金列入修正事项。
② 1961 年台上字第 1114 号判例谓:"受精神之损害得请求赔偿者,法律皆有特别规定,如第 18 条、第 19 条、第 194 条、第 195 条、第 979 条、第 990 条等是。未成年人子女被人诱奸,其父母除能证明因此受有实质损害,可依第 216 条规定请求赔偿外,其以监督全部侵害为词,请求慰抚金,于法究无有据。"

请求给付慰抚金。所谓"不法侵害他人基于配偶之身份法益",其目的在于舍弃"最高法院"以第 184 条第 1 项后段为请求慰抚金基础的传统见解,而创设新的规范基础,使被害人得向干扰婚姻者请求损害赔偿。修正草案第 195 条的另一个值得注意的重点在于区别人格法益(人格权)与身份法益(身份权)。人格权被侵害时,被害人得请求慰抚金,第 18 条原设有规定。身份权被侵害时,被害人得请求慰抚金,则属民法所新创。例如,甲绑架乙之未成年子女丙时,丙得以人格法益受侵害、乙则得以身份法益受侵害,依新修正草案第 195 条第 3 项规定向甲请求慰抚金;甲强奸乙之妻丙时,丙得以人格法益受侵害、乙得以身份法益受侵害①,依修正草案规定向甲请求慰抚金。此项关于身份法益修正规定之立法政策,妥当与否,暂置不论,解释适用之际,如何决定其保护范畴,有待研究。如甲杀伤乙之幼女丙导致残废时,乙得否以甲侵害其对未成年子女保护及教养之权利(第 1084 条第 2 项)而请求慰抚金?甲教唆乙女不与其夫丙尽同居义务(第 1001 条)时,丙得否向甲请求慰抚金?由慰抚金请求权的扩大,惩罚性赔偿金的增设("消费者保护法"第 51 条)②,可知台湾地区损害赔偿制度正随着社会变迁而发展,实值注意。

---

① 实务上有一则法律问题:某甲之妻某乙,观剧后步行返家途中,某丙强行将其推入停放路旁车辆,载往郊外僻静之处使之不能抗拒予以奸污,某甲亦请求赔偿其非财产损害,法院应如何处理?研究意见:按强奸行为甚于通奸,本件某丙如明知乙为有夫之妇而加以强奸,不得谓非有以违背善良风俗之方法加损害于他人之故意,某甲就其因此所受非财产上之损害,依第 184 条第 1 项后段规定,请求丙赔偿,自属有理。

② 参见杨靖仪:《惩罚性赔偿金之研究》,台大法律学研究所 1995 年度硕士论文。

契约上的不作为义务

一、问题的提出

契约上的给付,通常是以"作为"为内容,例如出卖人应交付其物并移转其所有权,买受人应支付价金并受领标的物(第348条、第367条);受雇人应服劳务,雇用人应支付报酬(第482条)。契约以"不作为"为标的者,例如约定夜间不弹奏乐器,不为债权的让与,不泄露营业秘密,实务上则以竞业禁止的约定,最为常见。民法关于契约上给付的规定系以义务为出发点,如何适用于不作为义务,实值研究。①

兹举"不为建筑"之例,加以说明。甲有某山坡地,面对观音山,远眺关渡平原。甲欲在该处兴建别墅,乃与邻地所有人乙约定,乙在100年内不为建筑以妨害甲的眺望,甲每年给付金钱若干。在此契约,有几个问题值得提出讨论:不作为义务与作为义务有何不同?乙得否主张不为建筑的期间过长,违反公序良俗无效?乙于订约后将该地让与第三人时,其法律关系如何?甲建造别墅后,"政府"在乙地所在地区域实施禁建时,甲得否拒付约定的对价?乙违约建筑时,甲得主张何种权利?甲得否将对乙的不作为债权让与第三人?订约后半年,发现契约不成立、无效或被撤销时,乙就其不为建筑,如何向甲主张不当得利?要言之,不作为义务涉及下列基本问题:

(1) 不作为义务的概念;

---

① 参见 Helmnt Kohler, Vertragliche Unterlassungspflichten, AcP 190, 497. 关于德国民法上不作为义务的基本理论,参见 Heinrich Lehmann, Die Unterlassungspflicht im Bürgerlichen Recht, 1906(台大法学院图书馆收藏有此古典著作); Larenz, Schuldrecht Ⅰ, 14. Aufl. 1987, S. 7, 12, 141, 215。

(2) 不作为义务的发生和类型;
(3) 不作为义务的履行;
(4) 不作为义务的不履行;
(5) 不作为之债的移转;
(6) 因不作为给付而生的不当得利。

二、不作为义务的意义

第 199 条规定:"债权人基于债之关系,得向债务人请求给付。给付不以有财产价格者为限。不作为亦得为给付。"由此规定可知,契约上的给付,得为作为,亦得为不作为,均不以有财产价格为必要。作为给付又称积极给付,不作为给付又称消极给付。①

所谓作为,系指有所为而言,例如,交付某物并移转其所有权、服劳务、处理事务等。不作为,系指有所不为而言,即不从事一定行为,包括忍受他人行为或某种状态,例如,不为建筑、不为营业竞争、不排泄废水以及承租人容忍出租人为租赁物之修缮(第 429 条第 2 项)。为履行不作为给付义务,债务人须为一定作为的,亦时有之,例如雇主与受雇人约定离职后不得泄露营业秘密时,在解释上得认为受雇人于离职时应交付其职务上所保管的相关资料文件。结合作为与不作为,构成债之标的时,称为混合给付②,如承租房屋约定不留宿女客。

某种行为,究为作为或不作为,在某种意义上是定义的问题。③ 例如,松山王氏宗亲兴建祖厝,为使分配的房屋,不流入外人,得约定:"祖厝内分配房屋,不得出售于王氏宗亲以外之人";亦得约定:"祖厝内分配房屋,于出售时应出售于王氏宗亲"。无论采取何种约定,其内容并无不同,具有互换性。但区别契约上的作为义务与不作为义务仍具意义,理由有三:

(1) 第 199 条规定作此区别。

---

① 参见洪文澜:《民法债编通则释义》,第 170 页;孙森焱:《民法债编总论》,第 262 页;郑玉波:《民法债编总论》,第 201 页;邱聪智:《民法债编通则》,第 176 页。
② 此种将作为与不作为混合而为债之标的,学说上称为混合给付。参见洪文澜:前揭书,第 170 页。
③ 参见 Rodig, Rechtstheorie, 1972, S. lff.; Helmnt Kohler, AcP 190, 499.

(2) 强制执行法关于行为及不行为请求权之执行设有不同规定。
(3) 有助于了解现行民法关于给付的规定对不作为义务的适用。

三、不作为义务的发生和类型

(一) 不作为义务的发生

1. 契约原则

不作为义务的发生,有基于法律规定,其主要的如人格权侵害防止请求权(第18条第1项),出租人的容忍义务(第429条第2项),所有权妨害防止请求权(第767条),土地所有人不得设置屋檐或其他工作物,使雨水直注于相邻之不动产(第777条)。"公平交易法"亦设有规定(该法第18条以下)。① 本文所要讨论的是基于契约而发生的不作为义务。不作为义务的发生除法律有特别规定外,须基于契约,是为契约原则。② 当事人所约定是否为不作为给付义务,其内容如何,应经由契约解释加以认定。

2. 契约自由及其限制

契约上的内容,无论是作为义务或不作为义务,均不得违反强行规定;不得悖于公共秩序或善良风俗,否则其契约无效(第71条、第72条)。不作为义务多属限制他人的自由,是否悖于公序良俗,实值注意。中华民族向有"卖产先尽宗亲"的习惯,因于经济之流通、地方发达,均有障碍,违反公序良俗,不能予以法之效力。③ 至于宗亲间关于不得卖产于他人的契约,因仅具债权效力,于经济流通、地方发达,尚无障碍,应属有效。不作为期间,原则上不受限制。不作为义务的约定在何种情形违反公序良俗,实务上有两则案例,深具启示性,可供参照,分述如下:

(1) 任职期间不得结婚

在台湾地区,私人企业与受雇人约定结婚时即须辞职的,仍然有之。实际上此乃受雇人雇佣期间不为结婚的约定,其效力如何,发生争议。第一厅研究意见认为:"人民无分男女,在法律上一律平等,为'宪法'第7

---

① 参见黄茂荣:《公平交易法理论与实务》,1993年,第295页以下。
② 关于契约原则,参见拙著:《民法债编总论》第1册,第5页。
③ 参见1942年上字第191号判例。

条所明定。又人民之工作权及其他自由、权利亦受'宪法'所保障('宪法'第 15 条、第 22 条);雇主要求女性受雇人预立于任职中结婚即辞职之辞职书,不仅破坏'宪法'保障男女平等之原则,并且限制人民之工作权及有关结婚之基本自由及权利,该结婚即辞职之约定,可认为违背公序良俗,依第 72 条之规定,应属无效。"

此项研究意见系采"宪法"间接规范效力说,透过现行"民法"关于公序良俗的概括条款,实践了"宪法"对基本人权的保障。公共秩序或善良风俗在于维护社会的一般利益和道德秩序,"宪法"上关于基本人权的价值判断,应作为公序良俗具体化的重要因素。在此具体化的过程中,除个别基本人权外,尚须就整个"宪法"秩序作全盘的观察,并斟酌法律行为的性质、目的、动机等,探求公序良俗的内容,合理决定私法自治的界限。

(2) 竞业禁止

关于不作为给付,实务上最为常见的是竞业禁止。在 1992 年台上字第 989 号判决一案①,上诉人自 1986 年 5 月 13 日起任职于被上诉人公司技术资讯组,签订聘用合约书,约定上诉人离职后 2 年内不得从事与被上诉人公司营业项目相同或类似之行业,否则应赔偿被上诉人相当于其离职当月全月份薪金 24 倍之金额。嗣上诉人于 1990 年 3 月 31 日自被上诉人公司离职后,立即前往产制与被上诉人产品雷同之 B 公司服务。

原审认为:"公序良俗应适应时代观念之进步,并就各情况,求其具体的妥当。第 72 条所谓'法律行为有悖公共秩序或善良风俗者',乃指法律行为本身违反社会一般利益及一般道德观念而言。查系争聘用合约书约定'上诉人于离职后,2 年内不得从事与被上诉人营业项目相同或类似之行业,否则被上诉人察觉,上诉人得赔偿被上诉人,赔偿金额为离职当月全月份薪金之 24 倍,上诉人不得提出异议,但如经被上诉人同意者,另行处理',仅限制上诉人于离职后 2 年内不得从事与被上诉人营业项目相同或类似之行业,并非永远不得为之。且所限制者,亦仅为与被上诉人营业项目相同或类似之行业,并非所有之行为,自难谓系剥夺上诉人之工作权及生存权,或违反社会之一般利益及一般道德观念,应无违背公共秩序或善良风俗之可言。而该竞业禁止之约定,其目的除保护营业秘密外,亦在防止员工任意跳槽至竞争性之公司,造成被上诉人公司之不利或伤

---

① 参见黄茂荣主编:《民法裁判百选》,月旦出版社,1993 年,第 33 页。

害,难谓其约定保护之客体不存在。再两造系约定上诉人不得'从事'与被上诉人营业项目相同或类似之行业,并非约定不得'直接经营'。故凡上诉人所从事之工作,与被上诉人之营业项目相同或类似者,均在禁止之列,至上诉人系直接经营或受雇他人,皆非所问。"

"最高法院"维持原审判决,认为按"宪法"第15条规定,人民之生存权、工作权及财产权应予保障,主要乃宣示对于人民应有之保障。且人民之工作权亦非不得限制之绝对权利,此观"宪法"第23条之规定自明。被上诉人为防止其离职员工泄露其智慧财产权、营业秘密等,并防止恶性之同业竞争,乃于其员工进入公司任职之初,与之签订聘用合约书,约定于离职后2年内不得从事与被上诉人营业项目相同或类似之行业,否则须给付一定之违约金。该项竞业禁止之约定,仅有2年之适用期限,且出于任职员工之同意而签订,既与"宪法"保障人民工作权精神不相违背,亦不违反其他强制规定,且与公共秩序、善良风俗无关,原审认核约定并非无效,核无不当。

在此判决,原审与"最高法院"的见解皆值赞同。以"宪法"基本人权为思考的出发点是法学上的进步,但究采直接效力说或间接效力说,未臻明确。契约自由系私法自治的基本原则,是否违反公序良俗,应采比例原则,斟酌禁止的营业期间、限制的营业项目及保护的客体等,探求其目的与手段的平衡,审慎地加以认定。①

3. 利益第三人契约

利益第三人契约通常系以作为为内容,例如,甲向乙购买汽车作为丙的生日贺礼,约定第三人丙对债务人乙有直接请求给付(作为)的权利(第269条)。不作为给付应得为利益第三人契约之标的,例如甲与乙约定,乙不拆除其具有古迹价值的旧厝,而使某财团法人古迹保护金基金会丙对乙有直接请求给付(不作为)的权利。

---

① 关于比例原则在民法的适用,最近在德国判例学说上受到重视。参见 Canaris, Grundrechtswirkungen und Verhältnismäßigkeitsprinzip in der richterlichen Anwendung und Fortbildung des Privatrechts, JuS 1989, 161; Canaris, Grundrechte und Privatrecht, AcP 184, 201; Medicus, Der Grundsatz der Verhältnismäßigkeit im Privatrecht, AcP 192, 36. 中文最近资料,参见苏永钦:《宪法权利的民法效力》,载《当代公法理论:翁岳生教授六秩诞辰祝寿论文集》,1993年,第159页。

(二) 不作为义务的类型

1. 不作为给付义务

契约上的给付义务可分为主给付义务与从给付义务。主给付义务指契约当事人所约定，自始确定，并据以决定契约类型的义务。台湾地区现行"民法"债编分则所规定的各种契约，皆以作为给付为内容，例如，买卖契约，出卖人负交付其物并移转其所有权的给付义务（第348条），买受人负支付价金并受领标的物的给付义务（第367条）。所谓从给付义务，指主给付义务外，债权人可独立诉请履行，以满足其给付利益的义务，例如名犬的出卖人负交付血统证明书的义务。①

台湾地区现行"民法"并未规定以"不作为"为给付内容的契约，此类契约得由当事人创设，属于无名契约（非典型契约），其较常见的，例如，约定不将祖产让与外姓；不在己地建筑；不从事营业竞争；不参加某件艺术品的拍卖；不参加某股东会的投票等。至于不作为的从给付义务，其发生原因亦多基于当事人的约定，例如，医院与受雇的医生约定不得夜间在外开业；承租房屋，约定不得留宿女客。

2. 附随义务

附随义务，指为履行给付义务或保护当事人人身或财产利益，于契约发展过程基于诚信原则而生的义务。附随义务有为作为义务，例如说明义务、通知义务等。不作为的附随义务，例如受雇人的保密义务、不为竞业义务等。债务人因可归责的事由，违反附随义务，致债权人受损害时，成立不完全给付，应依债务不履行规定负损害赔偿责任。兹举德国法上一则案例以供参考。在BGHZ16, 77一案②，有甲、乙两位医生分别在A、B两城开业，约定互相交换业务。甲于迁往B城后数月，又回到A城，在原诊所附近重新开业。乙提起不作为之诉。德国联邦法院判决原告胜诉，认为医院业务与往来之病患具有密切关系，当事人订立业务交换契约，系以他方当事人在相当期间不致回到原地近处重新开业为前提，设当事人对此未为约定，系属契约漏洞，应依契约目的及诚信原则并参酌交易

---

① 关于债之关系上的给付义务和附属义务，参见拙著：《民法债编总论》第1册，第25页以下。
② BGHZ系Bundesgerichtshof in Zivilsachen的简称，指德国联邦法院民事判例集（第16集，第77页）。

惯例加以填补,故乙之请求为有理由。

关于契约上作为或不作为义务,最近实务上有一则案例,具有启示性。在 1993 年台上字第 2707 号判决一案,被上诉人遗失银行存折,未向上诉人(银行)办理挂失止付,复将取款密码外泄第三人致被冒领。"最高法院"判决理由略谓,被上诉人(存款户)不得将密码泄露于第三人知悉而泄露,是为违反不作为义务,如有过失,则其过失行为与黄淑玲(冒领之人)之故意行为相结合而侵害上诉人之权利,即不能谓非不法。关于此项判决理由,应说明者有二:

(1) 本件系以侵权行为法为依据,惟其请求权基础不甚明确,判决系以第 184 条为相关法条,但就判决内容观之,似又认为系属共同侵权行为(第 185 条)。有待进一步研究者有三点:① 存款户泄露密码,致第三人冒领存款,究系侵害银行何种"权利"? ② 就主观归责言,是否限于以"故意"泄露密码于第三人或"明知"第三人将自己之密码公开泄露,而因"过失"未予变更的情形,存款户"过失"泄露密码,或过失不知第三人将自己密码公开泄露而未予变更时,得否成立侵权行为? ③ 第 185 条所谓"数人共同不法侵害他人之权利者,连带负担赔偿责任"。依"司法院"例变字第 1 号,苟各行为人之过失行为,均为其所生损害之共同,即所为行为关联共同,亦可成立共同侵权行为。本件情形是否为行为关联共同? 甲过失掉落乙委托保管的保险库密码,丙拾获该密码而盗取保险库内的珠宝时,得否认为甲系侵害乙的所有权,与丙成立共同侵权行为?

(2) 从契约责任而言,被上诉人(存款户)与上诉人(银行)有契约关系存在,负有不得将密码泄露第三人之不作为义务或于密码泄露时通知义务(作为义务)。其因可归责之事由违反此等义务,致第三人冒领存款,使银行受有损害时,应依不完全给付之债务不履行负损害赔偿责任。

3. 因作为义务反面而发生不作为义务

为便于讨论此一具有启示性的重要问题,先提出两例加以说明:甲向乙购买其地时,甲得向乙请求交付其地,并移转其所有权;丙雇用丁,在其歌厅驻唱时,丙得向丁请求服劳务。然则,在上开两例,甲得否主张乙负有不得将该地所有权让与第三人的义务;丙得否主张丁负有不得在他处演唱的义务;易言之,债务人负有某种作为的给付义务时,是否因此负有不妨碍该项作为给付履行的不作为义务？对此问题,应采否定说,理由有四①：

（1）契约当事人约定某种作为义务时,其给付标的为该作为义务,而非不作为义务。债务人依约固不得从事与其作为义务不相容的行为,但不能因此而谓作为义务的反面亦为给付义务的内容。买受人得请求出卖人交付其物并移转其所有权,雇主得请求受雇人为其服劳务。债务人未尽其给付义务时,债权人得请求损害赔偿,但不享有排他的权利,可以诉请债务人不得将该物所有权让与第三人,或为第三人提供劳务。

（2）债权并非绝对权,物之所有人不因订立买卖契约而丧失对给付客体的处分权。歌星亦不因订有雇佣契约而丧失得对他人提供劳务的权利。债务人的行为害及债权人时,债权人得以假扣押或假处分保全其债权。债权人得要求债务人对其履行义务,但无要求其不得向他人履行债务的权利。

（3）现行民法允许成立同一债务内容的数个契约,不论订约先后,效力皆同(债权平等原则),不能认为订约在前的债权人得请求债务人不得对订约在后的债权人为清偿。

（4）基于契约自由的原则,当事人得约定与作为给付义务并行的不作为给付义务。例如,买卖契约,当事人得约定出卖人不将标的物出售与第三人；在雇佣契约中,当事人得约定受雇人不同时受雇于第三人。

四、不作为义务的履行

（一）不作为债权的相对性

契约上的债权具有相对性,无论是作为债权或不作为债权,均仅能向相对人请求给付,而不得对第三人主张之。甲与乙约定,乙不在其地建筑,其后乙将该地的所有权让与第三人丙时,丙非契约当事人,甲对丙无不作为给付请求权,丙在该地建筑时,甲对丙亦无救济之道。为使土地受让人负有不为建筑的义务,得就土地设定以不作为为内容的地役权,使其

---

① 以下说明请参照德国法院两个相关判决：RGZ 72，393〔德国帝国法院(Reichsgericht)民事判例集第72卷,第393页〕；OLG Frankfurt JZ 1985，337，338. 相关说明,参见 Helmnt Kohler，AcP 190，504.

具有对抗第三人的效力。①

(二) 不作为债务的清偿

第309条第1项规定:"依债务本旨,向债权人或其他有受领权人为清偿,经其受领者,债之关系消灭。"本项规定对作为债务与不作为债务,均得适用。清偿的性质,系民法学上的重要争论问题,有法律行为说、非法律行为说及折中说。学者多采非法律行为说,认为清偿与给付行为系属两事:给付行为有为事实行为,有为法律行为;清偿则为给付行为达成之目的,给付行为因符合债务本旨,债务之内容获得实现,债权因获得满足而消灭,在债务人方面,无须另有清偿之意思表示,在债权人方面亦不必另有受领之意思表示。② 就不作为债务而言,只要有不作为的事实,即构成清偿,债务人有无清偿意思,在所不问。③ 例如,甲与乙约定,乙一个月夜间不弹奏钢琴,以免影响甲的子女准备联考,只要乙有不弹奏钢琴的事实,即属履行债务,乙纵因病住院不能弹奏钢琴,亦得请求约定的报酬。甲与乙约定,乙在若干期限,不在某地建筑,以免妨害甲之眺望,只要乙有不为建筑的事实,即属履行债务,乙不为建筑的原因,对于清偿效果的发生不生影响。

(三) 不作为义务的强制执行

作为义务与不作为义务区别的一项重要实益,在于"强制执行法"关于行为(作为)及不行为(不作为)请求权之执行设有不同规定。关于行为(作为)义务的执行,执行法院得以债务人之费用,命第三人代为履行。债务人的行为非他人所能代为履行者,债权人于债务人不为履行时,执行法院得定债务履行之期限及逾期不履行应赔偿损害之数额,向债务人宣示或处或并处债务人于1 000元以下之过怠金(参见"强制执行法"第127条、第128条)。

关于不行为(不作为)的执行,"强制执行法"第129条规定:"执行名

---

① 关于债权相对性的基本问题,参见拙著:《民法债编总论》第1册,第17页;最近德国法上的重要文献,参见 Horts/Eberhard Henke, Die sog. Relativität des Schuldverhältnisses, 1989.
② 参见孙森焱:《民法债编总论》,第750页。
③ 参见史尚宽:《债编总论》,第226页;Gernhuber, Die Erfüllung und Ihre Surrogate, 1983, S. 122ff.

义系命债务人容忍他人之行为或禁止债务人为一定之行为者,债务人不履行时,执行法院得拘提管收之,或处以1 000元以下怠金;必要时,并得因债权人之声请,以债务人之费用,除去其行为之结果。前项不行为债务,执行完毕后,债务人复行违反时,执行法院得依声请续为执行。第一项管收,准用第24条至第26条之规定。"关于本条之适用,应说明者有三点[①]:

(1) 本条所适用的不作为债务,其发生的原因不限于契约,亦包括基于法律规定而发生者。

(2) 不作为债务的内容,无论是一次的(如不参加某物之拍卖)、反复的(如每周日不弹奏钢琴)、继续的(如不为建筑、不为竞业、不排泄废水),均所不问。但主要适用于反复的或继续的不作为。对于一次的不作为义务,一旦不履行,即失其存在目的而归于无用,事后无除去其行为结果的实益,通常多请求债务不履行的损害赔偿。

(3) 本条规定的执行方法有拘提管收、处过怠金,或除去债务人行为之结果。拘提管收及处过怠金,仅得择一或先后为之。除去行为之结果,则得与该两者之一同时为之。实施何种执行方法,视个案而定,就不为建筑之例而言,除去债务人行为之结果,最具实益。执行完毕后,债务人复行违反时,执行法院得依声请续为执行。

五、不作为义务不履行

民法关于债务不履行的规定,系以作为给付义务作为规范基础,前已提及。如何适用于不作为义务,分给付不能、给付迟延和不完全给付加以说明。

(一) 给付不能

1. 自始不能

(1) 客观不能

第246条第1项本文规定:"以不能之给付为契约标的者,其契约为无效。"此之所谓给付不能,系指自始客观不能而言。在作为义务,实务上

[①] 以下说明,参见杨与龄:《强制执行法》,第663页;陈荣宗:《强制执行法》,第606页。

以无自耕能力而购买农地,最为常见。① 在不作为义务,例如,约定不参加某艺术品的拍卖,而该拍卖于订约之际,业已提早举行时,其不为竞标契约无效。

(2) 主观不能

以主观不能之给付为契约标的者,其契约有效。在作为义务,以出卖他人之物最为典型。② 在不作为义务,例如,甲系乙职业棒球队的球员,与乙职业棒球队签约订明不参加丙职业棒球队,实际上甲早已与丙签约。此种情形类似于一物数卖,甲与乙间的契约仍属有效,甲选择对丙当事人履行债务时,应对乙负债务不履行责任。

2. 嗣后不能

第 226 条第 1 项规定:"因可归责于债务人事由,致给付不能者,债务人得请求损害赔偿。"本条所谓给付不能包括客观不能与主观不能。兹分一时不作为给付义务与继续性不作为给付义务两种情形加以说明:

(1) 一时(一次)的不作为给付义务

所谓一时的不作为给付义务,指债之内容因一次不为给付,即可实现,例如不参加某件古董的拍卖,不参加某股东会的投票,不参加某演唱会等。诸此情形,债务人一旦违反其不作为义务(如参加拍卖、投票或演唱),即构成给付不能,应负债务不履行责任。

(2) 继续性不作为给付义务

所谓继续性不作为给付义务,指契约的内容,非一次的不作为即可完结,而是继续的实现,总给付的内容系于应为给付时间的长度,例如不排泄废水、不为营业竞争等。诸此情形,债务人的违反行为,就整个给付而言,构成部分给付不能,债权人得依债务不履行规定请求损害赔偿。债务人的违反行为足以破坏契约上的信赖关系时,债权人得终止契约。③

3. 契约解释与诚信原则

不作为给付义务是否构成给付不能,涉及契约的解释。兹再就不为建筑之例加以说明:甲与乙约定,乙不在其地建筑,甲支付报酬若干,乙违

---

① 参见拙著:《民法总则》,北京大学出版社 2009 年版,第 226 页。
② 参见拙著:《出卖他人之物与无权处分》,载《民法学说与判例研究》(第四册),北京大学出版社 2009 年版,第 96 页。
③ 参见盛钰:《继续性债之关系》,台大法律学研究所 1990 年度硕士论文;拙著:《民法债编总论》第 1 册,第 108 页。

约时,应为一定数额的损害赔偿。订约后不久,"政府"依法公告乙所在区域禁建时,甲得否主张不为建筑的义务因不可归责于双方当事人事由致给付不能,故不必支付约定的报酬？乙得否主张纵为建筑,亦不负损害赔偿责任？本文认为在适用给付不能的规定之前,须先经由解释,探求当事人真意。视其情形,若得认定契约当事人已预知禁建的可能,而仍订立契约,以强化不作为义务,确保债务人不为建筑时,则应认为甲仍有支付约定报酬的义务,乙违反约定而为建筑时,须负损害赔偿责任。①

值得注意的是下列案例:乙化学工厂与甲养殖场约定,乙不得排放未经处理的污水于某河流,甲支付一定的对价。其后发现污水处理费用庞大,非乙所能负担,而当事人于订约时不知此事。在此情形债务人乙为履行给付义务,势必超过其忍受限度而构成所谓经济上的不能。为调和当事人利益,似应适用基于诚实信用原则而建立的"法律行为基础"的理论,使乙减少排放污水的数量,甲支付相当的对价。②

(二) 给付迟延

1. 债务人给付迟延

不作为义务,通常不发生债务人给付迟延问题。例如,不为建筑一例,债务人未为建筑时,系依债之本旨履行债务,一旦建筑,即构成给付不能；在不为竞业之例,债务人未从事竞业行为,亦系依债之本旨履行债务,一旦从事竞业行为,即构成给付不能,应负债务不履行责任。惟须提出的是,概念上似不排除不作为义务之得构成给付迟延。例如,甲化学工厂与乙环保研究机构约定某日不排放废水于某河流,以供乙取样进行化验。设甲于该日排放废水,致乙不能取样时,依契约的解释,探求当事人的真意及契约目的,视其情节似得认为甲构成给付迟延,仍负履行义务。③

2. 债权人受领迟延

债权人对债务人提出之给付,拒绝受领或不能受领者,负迟延责任(第234条以下规定)。在作为义务,例如出卖人于约定日期送交订购的

---

① 参见 Helmnt Kohler, AcP 190, 520.
② 参见 Helmnt Kohler, AcP 184, 521. 关于法律行为基础理论(Wegfall der Geschäftsgrundlage),关于德国法参见 Larenz, Geschäftsgrundlage und Vertragserfüllung. 3. Aufl. 1963. 中文资料参见彭凤至：《情事变更之研究》,1986年,五南出版社。
③ 参见 Helmnt Kohler, AcP 190, 523.

物品,买受人因事外出不能受领时,构成受领迟延。在不作为义务,其给付通常无受领之必要。例如,约定不参加某艺术品拍卖之例,债务人未参加拍卖时,即依债之本旨履行契约,不发生债权人受领迟延的问题。但不作为给付之履行需要债权人协力的,亦属有之,故在概念上似不排除不作为给付的受领迟延。在上开不排放废水以供取样化验之例,设甲于约定日期不排放废水,而乙未能前来取样时,似得经由契约解释,认为乙系受领迟延,仍得请求甲为给付,但应负担甲提出给付的费用。①

(三) 不完全给付

关于不完全给付,"民法"是否设有规定,向有争论。"最高法院"在最近一则重要决议认为对此债务不履行的类型,"民法"未设规定,应类推适用关于给付不能及给付迟延的规定,负债务不履行责任。②

在作为义务,其构成不完全给付的主要情形有二:(1) 给付义务不良履行,如出卖人交付于买受人的机器具有缺陷,发生爆炸,致毁损买受人的厂房;(2) 违反附随义务,如健身器材的出卖人未告知必要的使用方法及注意事项,使买受人身体受伤。在不作为义务,亦可发生上开两种类型的不完全给付。就给付义务不良履行而言,如约定不排放未经处理的污水,而其排放的污水虽经处理,但未达标准;就违反附随义务而言,如受雇人泄露其所保管的业务、财务或研究发展上的机密。

六、不作为之债的移转

债之移转指债之主体的变更,而不失其同一性。"民法"的规定如何

---

① 参见 Helmnt Kohler, AcP 190, 523.
② 参见 1988 年第七次民事庭会议决议:"出卖人就其交付之买卖标的物有应负担保责任之瑕疵,而其瑕疵系于契约成立后始发生,且因可归责于出卖人之事由所致者,则出卖人除负物之瑕疵担保责任外,同时构成不完全给付之债务不履行责任。买受人如主张:一、出卖人应负物之瑕疵担保责任,依第 360 条规定请求不履行之损害赔偿;或依第 364 条规定请求另行交付无瑕疵之物,则在出卖人为各该给付以前,买受人非不得使同时履行抗辩权。二、出卖人应负不完全给付之债务不履行责任者,买受人得类推适用第 226 条第 2 项规定请求损害赔偿;或类推适用给付迟延之法则,请求补正或赔偿损害,并有第 264 条规定之适用。又种类之债在特定时,即存有瑕疵者,出卖人除应负之瑕疵担保责任外,并应负不完全给付之债务不履行责任,并此说明。"关于此件重要决议的评释,参见拙著:《物之瑕疵担保责任、不完全给付与同时履行抗辩》,载《民法学说与判例研究》(第六册),北京大学出版社 2009 年版,第 87 页。

适用于不作为给付义务,分债权让与和债务承担两种情形加以说明。

(一) 债权让与

第294条第1项本文规定:"债权人得将债权让与第三人",明示债权得自由让与的原则。作为债权得为让与,例如出卖人得将其价金债权让与第三人。① 不作为债权亦具让与性,例如,A地所有人甲与B地所有人乙约定,乙不在其地建筑时,甲得将其对乙的不作为债权让与A地的受让人或其他第三人。

第294条第1项但书规定下列债权不得让与:① 依债权之性质,不得让与者;② 依当事人之特约不得让与者;③ 债权禁止扣押者。所谓依债权之性质不能让与,指债权如变更其主体,即失却债之同一性或不能达成契约目的。在作为债权,如绘画人像;在不作为债权,如不刊登隐私。二者皆不得让与。须特别提出的是,竞业禁止的约定,因涉及当事人间的信赖关系,亦属性质上不具让与性。惟企业移转时,此项不作为债权则得随同移转之。② 所谓依当事人之特约不得移转,乃本于契约自由原则,于作为债权与不作为债权均有适用余地,但不得以之对抗善意第三人(第294条第2项)。

(二) 债务承担

债务承担,指以移转债务为标的之契约。其方式有二:一为成立于债权人与第三人之间;一为成立于债务人与第三人之间。前者于契约成立时,其债务因而移转,债务人即行变更;后者则非经债权人承认不生效力(第301条)。作为或不作为债务均得由第三人承担。在作为义务,如买受人支付价金的义务。在不作为义务,如甲与乙约定,乙不在其地建筑,此项不为建筑的义务亦得由第三人(乙地买受人)加以承担。

---

① 参见1993年台上字第519号判决:"按债权之让与,不过变更债权之主体,该债权之性质不因此而有所变更,并不以债务人之同意为必要,仅需经让与人或受让人通知债务人,对于债务人即生效力,此观第297条规定自明。由双务契约而生之一方当事人之债权除具有第294条第1项但书规定之情事外,尚非不得由该当事人所负债务分离而为让与。故买受人由买卖契约而生之请求移转财产权之债权,其性质既非不得让与,除具有第294条第1项但书第2款第3款规定之情事外,自得单独为让与,仅债务人即出卖人于受让与通知时所得对抗让与人,即买受人之事由,皆得以之对抗受让人而已。"《法令月刊》第44卷第9期,第32页。

② 参见孙森焱:《民法债编总论》,第698页。

七、不作为给付的不当得利

无法律上原因而受利益,致他人受损害者,应负返还其利益的义务(第179条)。不当得利分为给付不当得利和非给付不当得利(尤其是侵害他人权益的不当得利)两个基本类型。① 给付不当得利,指受领他方的给付,欠缺给付目的,而应负返还义务。此项给付为得作为或不作为,其应检讨的有两个基本问题:一为所受的利益,一为返还的客体。

(一)所受的利益

第179条所谓受利益,系指依一定事由而取得之个别具体的利益,而非就受领人整个财产抽象加以计算。在非给付不当得利,其最典型的案例类型,系使用他人之物。例如占用他人房屋或土地。在此情形,其所受利益为占有使用本身,而非节省的租金。1962年台上字第1450号判决谓:"承租耕地上之农舍,由出租人无偿供给承租人使用者,于租赁关系消灭时,承租人有返还之义务,不待于出租人之终止借贷及请求返还而始发生,故如不返还,则其占有使用,即成为无法律上原因,若构成不当得利时,依第179条应自受利益之时返还其利益,而非自出租人请求返还之时始行起算。"该判决基本上同此见解,可资赞同。②

关于给付不当得利,在作为给付,例如甲以5万元向乙购买大英百科全书,甲所受利益为乙所移转的百科全书所有权,不能认为甲因须支付价金,故就整个财产而言,并未受有利益。在买卖契约成立时,其所以不成立不当得利,不是因为当事人未受利益,而是受利益具有法律上原因。在雇佣或租赁契约中,雇用人或承租人所受的利益,为受雇人所提供之劳务或出租人所交付租赁物之占有使用,于雇佣或租赁契约不成立、无效或被撤销时,其应返还者,为他人之劳务或物之占有使用。③ 准此判断标准以言,在不作为给付,其受领的利益,乃不作为本身。例如,甲与乙约定,乙不在其地建筑(或不排放废水、不为营业竞争、不弹奏钢琴),甲支付对价

---

① 参见拙著:《不当得利》,北京大学出版社2009年版,第11页。
② 较详细的论述及对判例学说的检讨,参见拙著:《不当得利》,北京大学出版社2009年版,第33页。
③ 参见拙著:《不当得利》,北京大学出版社2009年版,第44页。

若干,倘其后发现契约不成立、无效或被撤销时,甲所受的利益,为乙的给付,即不为建筑(或不排放废水、不为营业竞争、不弹奏钢琴)本身。

(二) 返还的客体

第 181 条规定:"不当得利受领人,除返还其所受之利益外,如本于该利益更有所取得者,并应返还。但依其利益之性质或其他情形不能返还者,应偿还其价额。"无法律原因所受的利益为不作为给付时,依其性质不能返还。至其偿还价额,应斟酌约定的对价、市场比较价额等因素决定。例如,当事人约定不为建筑,而支付一定对价时,通常可参考此项对价而定其价额。在不为营业竞争的情形,通常亦可依其约定的对价,无约定对价时,则可斟酌一方因他方未为营业竞争而受的利益及他方因未为营业而受的损失等相关因素,决定其应偿还的价额。① 值得注意的是,不弹奏钢琴以免妨害次日考试、租赁房屋不留宿女客等不作为给付,因不具财产价额,不必偿还。又不作为给付通常不发生所受利益不存在问题(第 182 条),无待详论。

八、结　　论

契约上的义务,除作为义务外,尚包括不作为义务。关于契约上的不作为义务,实务上案例亦常有之,教科书论述较少,有待补充。本文旨在就不作为义务的概念、发生原因、类型、履行、不履行、移转和不当得利等解释适用上的基本问题,试作简要的说明,抛砖引玉,期能有更深入、精细的研究。②

---

① 参见 Helmnt Kohler, AcP 190, 533.
② 学界最近对不作为请求权的讨论,参见陈石狮:《不作为请求之特定》,载《民诉法之研讨》(三),三民书局,第 39 页以下;陈石狮:《不作为请求之保全》,载《民诉法之研讨》(四),第 65 页以下,并请参见讨论会的发言记录。

私卖共有物、无权处分与"最高法院"

一、问题的提出

买卖契约是否为处分行为？这个问题涉及民法最基本的法律概念和思考方式，数十年来一直困扰着"最高法院"，迄至今日犹未获得完全解决。在出卖他人之物的案例类型，"最高法院"已逐渐肯定买卖契约非属无权处分，不必得买卖标的物所有人的承认，所有人亦不能因承认而成为该买卖契约的当事人。但是，在共有人中之一人或数人未经全体共有人同意出卖共有物的案例类型（以下简称私卖共有物），最近一则判决再度表示此项买卖契约在缔约当事人间非不受其拘束，对其他共有人效力未定，苟事后已经其他共有人之承认或出卖共有物之共有人嗣后取得共有物之全部权利，其买卖契约仍自始有效。此项一再被提出的法律见解的思考推理似有瑕疵，混淆了若干民法基本概念和"契约法"的基本原则，应该重新反省检讨，不宜让其继续存在。[1]

---

[1] 对于此类显然不妥的判决，英国判例学说有时强烈地表示应该"放入棺材，钉上钉子"。例如，在英国法上，曾发生未成年子女应否承担父亲之过失的争议，原采肯定说，其后认为将父亲之罪恶加诸子女身上为野蛮的规则而废弃之，在1933年 Oliver v. Birmingham, etc, Omnibus Co. Ltd 一案判决强调应将此项规则钉入棺材："……drove the last nail in its coffin"。参见 Winfield and Jolowicz on Tort, Tenth edition, 1975, p.112（本书系英国侵权行为法的经典著作，经常增订，请参见新版）。值得附带提出的是，台湾地区类推适用第224条，认为未成年子女应承担父母的过失（1979年第三次民事庭庭推总会决议）。此项见解应非妥适，仍有商榷余地。参见拙著：《第三人与有过失》，载《民法学说与判例研究》（第一册），北京大学出版社2009年版，第58页。

二、1989年台上字第2170号判决

本件上诉人主张:坐落桃园县龙潭乡龙潭段115号、115之1号、92号土地及115号地上房屋(建号129号),原为诉外人黄锦妹所有,由其继承人黄永金于1951年12月21日将其中前后两端土地及房屋,出卖与伊父钟阿石,价金已如数付清。黄锦妹之继承人为黄永金及被上诉人成黄长妹二人,嗣黄永金亦于1965年7月20日死亡,而由被上诉人黄足妹、黄信弘继承。伊则继承钟阿石(1979年11月9日死亡)买受之权利。兹被上诉人就上述土地已于1985年11月19日办妥继承登记,伊自得依买卖、继承之法律关系请求被上诉人办理所有权移转登记等情,求为命:(1)被上诉人黄足妹、黄信弘应将坐落桃园县龙潭乡龙潭段115号0.0081公顷如原判决附图所示A部分土地应有部分依次为1/3、2/3,及其地上建物即建号129号土角造房屋0.0075公顷移转登记与伊。(2)被上诉人成黄长妹、黄足妹、黄信弘应将同所115之1号建0.0005公顷应有部分各1/3移转登记与伊。(3)被上诉人成黄长妹、黄信弘应将同所92号旱0.0117公顷如附图所示A部分土地应有部分依次为1/3、2/3移转登记与伊之判决。被上诉人则以:上诉人主张之买卖契约非真实,且黄永金处分上述之共同共有物时,未得其他共有人之同意,不生效力,纵使买卖契约系真实,其所有权移转登记请求权亦已消灭等语,资为抗辩。

原审维持第一审所为上诉人败诉之判决,驳回上诉人之第二审上诉,无非以:系争房地系黄锦妹于1950年5月9日死亡时所遗财产,应由黄永金、成黄长妹及黄茶妹(即林陈茶妹)三人共同继承,黄永金于1951年12月21日将系争房地之前后两端,成黄长妹于1968年6月4日将系争房地之中段出售与上诉人之父钟阿石,且黄茶妹死亡(1984年6月22日死亡),其继承人全部抛弃继承,固属事实。惟黄永金、成黄长妹出卖系争共同共有房地,未经共有人黄茶妹之同意,其处分行为应属无效,上诉人自不得依此无效之买卖契约请求办理所有权移转登记等词,为其判断之基础。

"最高法院"认为:"按共同共有人之一人或数人,未经全体共有人之同意,出卖共同共有物,其买卖契约,在缔约当事人间非不受其拘束,其对其他共同共有人,亦非绝对无效(仅在其他共有人承认其买卖与否未确定

前,效力未定而已),苟事后已经其他共有人之承认或出卖共同共有物之共有人嗣后取得共同共有物之全部权利,其买卖仍自始有效(第118条规定参照)。查系争房地在原所有权人黄锦妹于1950年5月9日死亡后,应由其长子黄永金(被上诉人黄足妹、黄信弘之被继承人)、长女黄茶妹及养女成黄长妹三人共同继承。黄永金、成黄长妹未经黄茶妹之同意,先后将彼等占用部分之系争房地出售与上诉人之父钟阿石,固对黄茶妹不生效力,惟依上开说明,其买卖行为如经黄茶妹或其继承人事后之承认,自难谓不生效力。查黄永金、成黄长妹早于1951年、1968年间即将系争房地出售与上诉人父女管理,当时黄茶妹何以不表示异议,及黄茶妹死亡时,其继承人全体何以又抛弃继承〔按被上诉人在第一审提出之答辩状所附继承系统表在黄茶妹姓名下书有"抛弃'字,又被上诉人在原审提出之答辩状亦谓黄茶妹之继承人全体全部抛弃继承,见一审卷第23页、上更(二)卷第30页〕,是否表示已承认黄永金、成黄长妹前开买卖行为。乃原审未详予调查审认,遽为上诉人不利之判断,尚欠允当,不足以昭折服。上诉论旨,执以指摘原判决违法,声明废弃,非无理由。"

三、基本概念

(一) 负担行为(债权行为)与处分行为

1989年台上字第2170号判决提到两个关键性的法律概念:一为买卖契约,一为处分行为。[①] 在此应先予说明。

众所周知,买卖契约是债权行为(债权契约)。债权行为又称负担行为,即当事人因债权行为的作成而负有给付义务。就买卖契约言,出卖人负交付其物并移转其所有权的义务(第348条);买受人负受领其物、支付价金之义务(第367条)。

所谓处分行为,指依此法律行为的作成而使某种权利发生得丧变更。其发生得丧的权利为物权时,称为物权行为,如所有权的移转、抵押权的设定(第758条);其发生得丧变动的权利为债权或其他权利时,称为准物

[①] 关于侵权行为与处分行为此两个概念较详细的讨论,参见梅仲协:《民法要义》,第66页;拙著:《民法总则》,北京大学出版社2009年版,第172页。

权行为,例如债权让与(参照第294条)。

兹举一例综合加以说明。甲出卖某地给乙,价金若干,而甲又将其价金债权赠与丙。在此情形,有两个债权契约(负担行为):一为土地的买卖(第345条),一为价金的赠与(第4028条)。其后甲依让与合意将该地所有权办理登记移转于乙(第758条),并将对乙的价金债权让与丙(第249条),而乙对丙支付价金(第761条)时,作成三个处分行为:一为甲与乙间土地所有权的移转(物权行为);一为甲与丙间债权让与(准物权行为);一为乙与丙间支付价金的物权行为。事关法律基本概念,为期明了,图示如下:

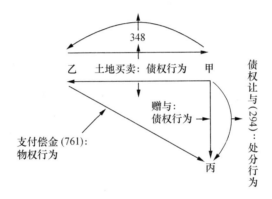

(二) 第118条所称处分的意义

第118条规定:"无权利人就权利标的物所为之处分,经有权利人之承认,始生效力。无权利人就权利标的物为处分后,取得其权利者,其处分自始有效。但权利人或第三人已取得之利益,不因此而受影响。前项情形,若数处分相抵触时,以其最初之处分为有效。"本条处分,其意义如何,究指何而言?

在现行"民法","处分"的用语,有广狭不同的意义。最广义的兼指事实行为和法律行为(参照第765条),其次指法律行为(参照第84条)。最狭义的则单指处分行为而言。第118条所谓处分系属最狭义的,单指处分行为,不包括债权行为。① 分三点言之:

---

① 参见郑玉波:《民法总则》,第333页;施启扬:《民法总则》,第327页;拙著:《民法总则》,北京大学出版社2009年版。

（1）第118条采自《德国民法》第185条的立法例，所谓处分，德国民法称为Verfügung，指处分行为而言。

（2）处分行为直接引起某种权利的得丧变更，故处分者须有处分权能（处分权），否则效力未定。买卖、赠与等债权行为仅发生给付义务，不以出卖人或赠与人有处分权为必要。

（3）若认为买卖契约是处分行为，则出卖他人之物将成为无权处分，效力未定，不发生买卖契约上的法律效果，显然不足保护买受人利益，严重妨碍交易活动。

（三）出卖他人之物不是无权处分

买卖契约是债权行为，第118条所称的处分为处分行为，两者完全不同。出卖他人之物非属无权处分，其买卖契约有效。此项基本法律原则，实务上迭生误会，最近逐渐获得澄清。①

1980年台上字第3037号判决曾谓："查第118条第1项规定权利人得承认无权利人就权利标的物所为之处分，不以物权行为及准物权行为为限，亦包括债权行为（参看1950年台上字第105号判例）。再就该条规定之精神而言，无权利人事前经权利人允许所为之处分，亦为有效。从而曾本与黄钦订立的协议书，是否为承认及允许黄钦处分该不动产，应予认定。原审竟以上开法条不包括债权行为而不为认定，即判决上诉人败诉。上诉论旨，声明废弃原判决，为有理由。"②

本件判决系以1950年台上字第105号判例为依据。在本件判例，上诉人之母崔梁氏于1942年立契出卖于被上诉人之广州市河南永祥坊第10号房屋1间，原属于上诉人自行购置之产，以及崔梁氏已于1945年7

---

① 参见拙著：《出卖他人之物与无权处分》，载《民法学说与判例研究》（第四册），北京大学出版社2009年版，第96页；《出租他人之物、负担行为与无权处分》，载《民法学说与判例研究》（第五册），北京大学出版社2009年版，第52页。

② 采同样见解的，尚有1980年台上字第558号判决："张女出卖系争土地之行为因为未经上诉人之同意或授权，属无权处分，惟上诉人既自认伊于1964年至1972年间与其胞姊张女共同生活，其间虽出海捕鱼，但每两年返家一次，于1972年即知系争土地为被上诉人占有耕作，所有权状亦在被上诉人手中，则上诉人应即提出异议并主张自己之权利，方合情理，乃竟置之不问，并助被上诉人插秧，不足认其有默示之承认。抑有进者，1972年8月间，被上诉人之岳母向台湾地区土地银行成功办事处抵押借款时，上诉人予以同意而在设定抵押权之文件上签章，且系争土地自1964年以后，其田赋即由被上诉人缴纳，愈见上诉人对张女处分其所有之系争土地，已予默示承认，依第118条第1项规定，张女之处分行为对于上诉人即难谓不生效力。"

月间在上诉人提起本件诉讼之前死亡,均为不争之事实。"最高法院"认为:"是此项房屋纵使如上诉人之所主张,系因上诉人往加拿大经商,仅交由崔梁氏保管,自行收益以资养赡,并未授与处分权限,但上诉人既为崔梁氏之概括继承人,对于崔梁氏之债务原负无限责任,以第 118 条第 2 项之规定类推解释,应认崔梁氏就该房屋与被上诉人订立买卖契约为有效,仍负有使被上诉人取得该房屋所有权之义务,自不得借口崔梁氏无权处分,请求确认该房屋所有权仍属于己,并命被上诉人恢复原状。原审为驳回上诉人之诉之判决虽未以此为理由,而结果要无不合。上诉论旨犹执其主张之前开情词为声明不服之论据,不能谓为有理由。"据此判决理由观之,似认为崔梁氏擅自出卖其子房屋之行为(买卖契约),属第 118 条第 1 项所称之无权"处分",在类推适用同条第 2 项规定前,尚不发生效力。

上开判例和判决,认为买卖契约是处分行为,出卖他人之物是无权处分,效力未定。此项法律见解显有未妥。值得提出的是,最近若干判决业已发现此项错误,并加以更正,例如 1984 年台上字第 90 号判决谓:"按物之出卖人,负交付其物于买受人,并使其取得该物所有权之义务,为第 348 条第 1 项所规定,而出卖人对于出卖之标的物,不以有处分权为必要。讼争房屋纵为某建设股份有限公司与诉外人谢妇所合建,该公司亦不能据以解免出卖人之义务,此项买卖契约之权利义务,仅存在于出卖人与买受人之间,被上诉人引之为共同被告,其当事人之适格自无欠缺。"①此见解可资赞同。

四、"最高法院"判决的检讨

(一) 基本法律关系

为帮助了解 1989 年台上字第 2170 号判决所涉及的基本法律关系,

---

① 其他判决,如 1980 年台上字第 397 号判决谓:"买卖契约为债权契约,契约当事人之出卖并不以所有人为限。上诉人辩称,被上诉人并非上述土地及房屋所有人,无权出卖该土地及房屋,两造所订买卖契约依法无效等语,显无可采。"其对买卖契约与处分行为区别最为明确的是 1982 年台上字第 3617 号判决谓:"买卖契约与移转所有权之契约不同,出卖人对出卖之标的物,不以有处分权为必要。本件上诉人之母将讼争土地出卖与被上诉人之父,其移转所有权之处分行为,纵令未经上诉人及林某等同意不能发生效力,惟其买卖契约则非无效。"此项判决理由实值赞同!

拟先就出卖共有的动产,加以说明。

1. 第三人出卖他人共有的动产

甲乙共有某画,寄托丙处,丙擅行将该画出售于丁(出卖他人之物),并依让与合意交付之(第761条)。在此情形,买卖契约有效,让与该画所有权的无权处分行为,则属效力未定,须经甲乙的承认始生效力,但丁为善意时,得取得其所有权(第801条、第948条)。

2. 共有人中之一人出卖共有物

甲乙共有某画,由乙保管,乙擅以自己名义将该画出售于丙(私卖共有物),并依让与合意交付之。在此情形,乙与丙间的买卖契约有效,让与该画所有权的处分行为,则为无权处分,效力未定,须经甲的承认始生效力。但丙为善意时,得取得其所有权。

在上开两种情形,其基本法律关系均属相同,即买卖契约在缔约当事人间均属有效,与标的物所有人(或其他共有人)无涉。其效力未定者,系处分行为,得因所有人(或其他共有人)的承认而发生效力。此项承认系针对处分行为,使标的物所有权的移转发生效力,其他共有人不因其承认,而成为契约当事人。

1989年台上字第2170号判决的系争客体是不动产。在不动产,所有权的移转须经办理登记(第758条)。设甲乙共有某地,乙未得甲同意,擅以自己名义将该地出售于丙,仅涉及买卖契约,通常尚不发生处分行为效力的问题。所争论的系买卖契约的效力。①

(二) 买卖契约无效

在本件判决,原审认为:"惟黄永金、成黄长妹出卖系争共同共有房地,未经共有人黄茶妹之同意,其处分行为应属无效,上诉人自不得依此无效之买卖契约请求办理所有权移转登记。"须说明的是,其他共有人非买卖契约当事人,上诉人不得向其请求办理所有权移转登记,系属当然。但若谓买受人不得向出卖人请求办理所有权移转登记,则难赞同。现行"民法"施行六十余年,高等法院仍然认为买卖契约系属处分行为,私卖

---

① 此项问题尚涉及第819条第2项"共有物之处分、变更及设定负担,应得共有人全体之同意"规定的解释适用。参见拙著:《三论"出卖他人之物与无权处分"》,载《民法学说与判例研究》(第五册),北京大学出版社2009年版,第30页。

共有物者,其买卖契约又属无效,出卖人不负履行(或债务不履行)的责任,实在令人感到遗憾、困惑和忧虑。

(三) 买卖契约效力未定

在本件判决,法院一方面认为其买卖契约在缔约当事人间非不受拘束,他方面又认为苟其后已经其他共有人之承认,或出卖共同共有物之共有人嗣后取得共同共有物之全部权利,"其买卖仍自始有效"。所谓"其买卖",究指何言,不甚明确。若系指缔约当事人间的买卖契约本身,则"最高法院"似采"买卖契约本身效力未定说"。如果采此见解,亦足叫人惊异①,因其显然亦认为此项买卖契约亦属无权处分,与原审有同样的误会。

(四) 其买卖契约,在缔约当事人间非不受其拘束,对其他共有人效力未定

在本件判决,法院认为:"按共同共有人之一人或数人,未经全体共有人之同意,出卖共同共有物,其买卖契约,在缔约当事人间非不受其拘束,即对其他共同共有人,亦非绝对无效(仅在其他共有人承认其买卖与否未确定前效力未定而已)。苟事后已经其他共有人之承认或出卖共同共有物之共有人嗣后取得共同共有物之全部权利,其买卖契约仍自始有效(第118条规定参照)。"

此项判决理由,难值赞同,先行图示如下,再分五点加以说明:

---

① 德国学者对法院(包括最高法院)的判决常使用"此项见解令人诧异"(Überraschung)的用语。美国学者对法院判决的批评亦使用严格的措辞。著名的法律经济分析法学家 Richard Posner 在评论 Union Oil Co. v. Oppen(501. F. 2d. 588, 9th Cir. 1974)一案时曾谓:"Judge Sneed's effort to articulate his reasoning in economic term was disastrous"。参见 Posner, Tort Law: Cases and Economic Analysis, 1982, p.464. 法院应受尊重,但判决事关法律发展及人民权益,学说负有协力及批评的义务。

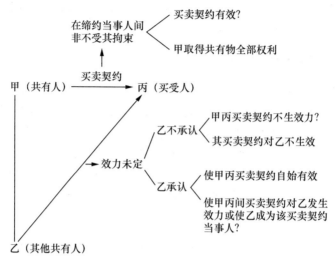

1. 违反契约法的基本原则

法院认为私卖共有物的买卖契约,在缔约当事人间非不受其拘束,但为对其他共有人效力未定,而买卖契约外之第三人(其他共有人)的承认又可使买卖契约自始有效。此项见解的推理和思考,令人困惑,分两点加以探讨:

(1) 所谓其买卖契约在缔约当事人间非不受其拘束,若认为系指买卖契约在缔约当事人间有效,则所谓事后已经其他共有人之承认,"其买卖仍自始有效",又作何解? 二者有何不同?

(2) 所谓"其买卖对其他共有人,亦非绝对无效(仅在其他共有人承认买卖与否未确定前,效力未定而已)",亦难索解。究竟是指该买卖契约本身效力未定,抑或该买卖契约本身在当事人间有效,但对其他共有人效力未定?

如采前说,认为买卖契约本身效力未定,须因其他共有人之承认始生效力,则犯了此项买卖契约系无权处分的误会,前已论及。

如采后说,亦有疑问。法院采取此种其买卖在缔约当事人间有效、而对第三人效力未定的法律见解,到底是为了什么? 其目的何在? 难道是为了使其他共有人因承认而成为该买卖契约的当事人? 如果采此见解,则难苟同。此项见解违反了契约法的基本原则。契约仅能在缔约当事人间发生效力,与第三人无关,纵使买卖标的物为第三人所有(或共有),亦属如此。第三人不能因其单方的意思表示(承认)而使自己成为他人契约的当事人,乃契约法的基本原理。依余所信,自有契约制度以来,尚没有采取此种见解的。①

2. 不符合当事人间的利益衡量

从当事人利益衡量而言,法院的见解亦难赞同:

(1) 对出卖人而言,共有人中之一人或数人,未得其他共有人同意出卖共有物时,其买卖契约本属有效,出卖人应负给付义务,其他共有人为使出卖人履行此项给付义务,只要同意作成移转标的物所有权的处分行为,办理移转登记即可。法院所采的法律见解,不但不能解决出卖人履行契约的问题,而且徒增困扰,究其原因乃是未能充分认识到债权行为和处分行为的区别及其区别实益。

(2) 对其他共有人而言,或有认为所以采取所谓的效力未定说,旨在保护其他共有人,使其能够因承认而成为该买卖契约当事人,享有契约上的权利。此点颇难赞同,因其违反第三人不能因其单方意思表示而成为他人契约当事人的基本原则。如前所述,其他共有人得同意作成处分行为,而移转标的物所有权,并与出卖人谈判,决定如何分配出卖共有物的价金,以维护其权益。

(3) 对买受人而言,或有认为所以采取"对其他共有人效力未定说",在于保护买受人,使其得因其他共有人之承认而取得标的物所有权。此项见解,亦值商榷。为使买受人取得标的物所有权,须共有人同意作成处分行为,始可办理所有权移转登记,采取"其他共有人承认他人买卖契约"的手段,违反契约法的基本原理,混淆了债权行为与处分行为的区别,手段与目的显不相当。

3. 混淆了买卖契约效力与契约的履行

法院判决谓:"苟出卖共同共有物之共有人嗣后取得共同共有物之全部权利,其买卖仍自始有效。"此项判决理由充分显示其仍然受困于"买卖契约系无权处分"的错误观念。何也?在出卖共同共有物之共有人与买受人之间,其买卖契约本来就有效,所谓"出卖共同共有物之共有人嗣

---

① 关于涉他契约,参见史尚宽:《债法总论》,第584页。关于契约制度本身的发展,参见Gilmore, The Death of Contract, 1974;内田贵:《契约的再生》(弘文堂,平成2年)。对照此两书读之,有助于加深对契约的了解。

后取得共同共有物之全部权利,其买卖仍自始有效",诚无必要,真意何在,仍待探求。出卖共同共有物之共有人嗣后取得共有物之全部权利,不是使买卖仍自始有效,而是使出卖人能够履行本来自始有效的买卖契约。①

4. 法律体系内的矛盾:出卖他人之物与私卖共有物无区别的必要

在出卖他人之物的情形,法院曾几度认为系属无权处分,其买卖契约须经买卖标的物所有人承认,始生效力。值得庆幸的是,它业已放弃此项见解,肯定出卖他人之物,非属无权处分,其买卖契约有效。在私卖共有物的情形,法院仍然一方面认为其买卖契约在缔约当事人间非不受其拘束,他方面又强调已经其他共有人的承认时,其买卖契约仍自始有效。在法律逻辑和价值判断上,"出卖他人之物"与"私卖共有物"似无区别的必要。甲擅行出售乙之所有物于丙,其买卖有效,不能认为在缔约当事人间非不受其约束,而对物之所有人效力未定。为何在甲擅行出售其与乙共有之物于丙之情形,却可如此认为?理由何在?法院负有说明义务。在利益衡量上两者并无不同,强为区别,显失平衡,造成法律体系内在矛盾。②

5. 失其原则性(unprincipled)之实务见解的发展

1989年台上字第2170号判决是长期实务上见解的产物,回顾"最高法院"法律见解的发展史,深具意义:

(1) 1929年上字第676号判例谓:"共有财产非经共有人全体之同意,不得由共有人之一人或数人自由处分,若无共有人之同意而与他人缔结买卖财产之契约者,则该契约自不得认为有效。"本判例似认为私卖共有物系属"处分"。所谓该契约自不得认为有效,究系指无效或效力未

---

① 1982年台上字第5051号判决谓:"买卖并非处分行为,故共同共有人中之人,未得其他共同共有人之同意,出卖共同共有物,应认为仅对其他共同共有人不生效力,而在缔约当事人间非不受其拘束。苟被上诉人林某签立之同意书,果为买卖,纵出卖之标的为共同共有土地,而因未得其他共同共有人之同意,对其他共同共有人不生效力。惟在其与上诉人间既非不受拘束,而如原审认定之事实,该土地其后又已因分割而由被上诉人林某单独取得,则上诉人请求林某就该土地办理所有权移转登记,当非不应准许。"本件判决的结论,可资赞同。判决理由虽提到买卖契约仅对其他共同共有人不生效力,但未更进一步推论得经其他共同共有人的承认,而使买卖契约自始有效。

② Canaris, Systemdenken und Systembegriff in der Jurisprudenz 2. Aufl. 1983; Larenz, Methodenlehre der Rechtswissenschaft, 6. Aufl. 1991, S. 437f.

定,未甚明确。

(2) 1981年台上字第1536号判决谓:"共同共有人之一人或数人,以共同共有物所有权之移转为买卖契约之标的,其移转所有权之处分行为,虽因未经其他共同共有人之承认,不能发生效力,但其关于买卖债权契约则非无效。"本件判决区别私卖共有物的买卖契约(债权契约)与移转所有权的处分行为,思路清楚,概念正确,实值赞同。

(3) 1982年台上字第5051号判决谓:"买卖并非处分行为,故共同共有人中之一人,未得其他共同共有人之同意,出卖共同共有物,应认为仅对其他共同共有人不生效力,而在缔约当事人间非不受其拘束。苟被上诉人林碧郎签立之同意书,果为买卖,纵出卖之标的为共同共有土地,而因未得其他共同共有人之同意,对其他共同共有人不生效力。惟在其与上诉人间既非不受拘束,而如原审认定之事实,该土地其后又已因分割而由被上诉人林碧郎单独取得,则上诉人请求林碧郎就该土地办理所有权移转登记,当非不应准许。"本件判决明确认为买卖并非处分行为,实值赞同。所谓"在缔约当事人间非不受其拘束",似指在缔约当事人间,买卖契约有效成立。所谓"出卖之标的物为共同共有土地,而因未得其他共有人之同意,对其他共同共有人不生效力",究指何而言,不甚明白。可能有两种解释:一为该买卖契约与其他共同共有人无关,不发生任何效力;一为该买卖契约对其他共同共有人效力未定,但得因其承认而生效力。

(4) 1982年台上字第5268号判决谓:"买卖契约之成立,不以出卖人对于买卖标的物享有所有权为要件,设共有人之一就其不得单独处分之共有物私自出卖,仅该买卖契约对于他共有人不生效力而已,非谓该买卖契约当然无效。"本件判决所谓"仅该买卖契约对于他共有人不生效力"、"非谓买卖契约当然无效",其真意如何,不得而知。

(5) 1983年台上字第679号判决谓:"买卖契约之成立,非以出卖人对于标的物有所有权为要件,设共有人未得他共有人之同意,擅自出卖共有物,其买卖契约并非无效,仅对于共有人不生效力而已,且得因他共有人之事后承认而溯及既往发生效力。"本件判决主要重点在于认为擅自出卖共有物之买卖得因其他共有人之事后承认而溯及既往发生效力。其法律见解,实有疑问。

综据上述,可得两点结论:

(1) "最高法院"基本上已倾向于认为私卖共有物的买卖契约非处

分行为,肯定买卖契约在缔约当事人间之效力。此点实值赞同。

(2) 关于此项买卖契约对其他共有人关系,则有戏剧性的发展,由"不生效力"演变为"且得因他共有人之事后承认而溯及既往发生效力",再进而演变为1989年台上字第2170号的判决,将一个买卖契约的效力割裂为两个部分,对缔约当事人有效,对其他共有人效力未定,且得经其承认使买卖契约自始有效,制造了一个"买卖契约法"上的怪物。

(五) 本文见解

买卖契约在缔约当事人间有效,与其他共有人不生关系。本文认为,共有人中之一人或数人出卖共有物,其买卖契约有效,其他共有人与此买卖契约不生任何关系,不能认为此项买卖契约对其他共有人效力未定。其他共有人不能因承认而使该买卖契约自始有效,亦不因此使自己成为契约当事人。为使出卖人能够履行买卖契约上的给付义务,其他共有人得同意作成移转买卖标的物所有权的"处分行为",至于买卖价金的分配,乃共有人间的内部关系,应依法律或协议定之,自不待言。

五、结　　论

1989年台上字第2170号判决沉淀了"最高法院"数十年来对债权行为与处分行为的误会,混淆了民法基本概念,违反了契约法最基本原则,以不够严谨的思考和推理创造了所谓在缔约当事人间非不受其拘束、对其他共有人效力未定的买卖契约。追根究底,一切问题在于未能完全明辨债权行为与处分行为的区别,未能完全扬弃第118条所谓处分包括债权行为的误会。

在评释关于"出卖他人之物"和"私卖共有物"的若干判例判决之余,不禁想到三个问题:

(1) 买卖契约是债权行为,不是处分行为,出卖他人之物(或私卖共有物)不是无权处分。法院似应考虑变更相关判例,郑重宣示放弃传统见解,澄清误会。判例变更制度的功能有待检讨。[①]

[①] 迄至目前仅有一则关于第185条的判例变更〔(1979)院参台字第0578号令例变字第一号〕,判例变更制度形同虚设。

(2) 关于出卖他人之物(或私卖共有物),法院若干判例判决互相矛盾,对不同的当事人造成不同的法律效果,影响人民权益至巨,此种现象存在甚久。"最高法院"为法律审,其统一法律见解,促进法律有秩序发展的功能,仍须加强。

(3) 关于买卖契约和处分行为的区别,学说早有定论。"最高法院"的法律见解与学说发展尚有一段距离,判例与学说的协力,应值重视。

出卖之物数量不足、物之瑕疵、自始部分不能与不当得利

一、问题的说明

买卖是法律生活中最重要的契约,物之瑕疵担保责任系买卖契约的核心制度,民法就其构成要件及法律效果设有详细规定(第354条以下),以平衡当事人利益。对出卖人而言,在于尽快了结因物之瑕疵而生的争议;对买受人而言,在于使其获得与价金等值的财产权。出卖之物数量不足,时常有之,例如出卖若干坪的房屋或土地,交付后发现坪数短少,因而发生两个问题:(1)在何种情形,物的数量关系不足得成立物之瑕疵。(2)买受人就面积不足所溢付的价金,得否依不当得利规定请求返还。[①]

上开两个问题涉及买卖契约物之瑕疵担保制度及不当得利的规范功能,在理论及实务上均具意义。"最高法院"著有一则判例、三则判决,深具启示性,实值研究。

二、出卖之物数量不足与物之瑕疵

(一) 1984年台上字第1173号判例

在本案,上诉人主张:伊于1981年3月13日向被上诉人购买坐落台北市衡阳路120号西门龙门百货中心1楼14室店位,约定营业面积6.32

---

① 关于此项问题,前曾撰文论述,今再参照新的判例判决加以补充检讨,参见拙著:《物之瑕疵与不当得利》,载《民法学说与判例研究》(第三册),北京大学出版社2009年版,第85页。

坪,公共面积 1.08 坪,共 7.40 坪,全部价金新台币(下同)798 万元。讵被上诉人交付房屋,室内实际面积仅 3.576 坪,短少 2.744 坪。以原约定平均每坪 107.8378 万元计算,应减少价金 295.9069 万元。查伊购买店面,目的在营业,故注重营业面积。而大楼公共面积,依买卖契约约定,各户不得占用。骑楼属公共面积,被上诉人于 1982 年 2 月间,径将骑楼应有部分移转登记与伊,用抵营业面积,从而伊之实际营业面积短少近半,房屋价值大为减少,被上诉人所交付之物,显有瑕疵,伊自得请求减少价金等情,求为确认被上诉人对伊 295.9069 万元价金请求权不存在之判决。被上诉人则以:骑楼为私有面积,非公共设施,伊出售店面时,在价目表备注栏内,曾注明 1 楼沿街部分之营业面积,包括骑楼在内等语,资为抗辩。

原审将第一审所为如上诉人声明之判决废弃,改判驳回其诉,系以:上诉人就其主张之事实,固提出西门龙门百货中心买卖契约书及建筑改良物所有权状各一件为证。惟查上诉人依第 354 条第 1 项、第 359 条规定,主张被上诉人所交付之物有瑕疵,而请求减少价金,并就减少价金之数额,请求确认被上诉人之请求权不存在。按买受人依上开规定请示减少价金者,须以物有瑕疵为前提。兹被上诉人所交付之店位,除室内面积不足外,已交付部分,既经上诉人收领,自难谓该部分有何物之瑕疵。上诉人谓已交付部分之价值,显有减少,并未举证证实其说。被上诉人交付之室内面积,虽有不足,但系债务不完全履行问题。上诉人请求减少价金,并确认被上诉人就该部分之价金请求权不存在,尚非有据,为其判断之基础。

"最高法院"谓:"所谓物之瑕疵,指存在于物之缺点而言。凡依通常交易观念,或依当事人之意思,认为物应具之价值、效用或品质,而不具备者,即为物有瑕疵,且不以物质上应具备者为限。若出卖特定物其所含数量短少,足使物之价值、效用或品质有所欠缺者,亦属之。本件上诉人向被上诉人购买系争店位,依两造所订买卖契约书第 1 条约定,其营业面积为 6.32 坪,公共面积为 1.08 坪。原审复认定被上诉人所交付之室内面积不足。此项数量上之短少,是否不影响买卖店位之价值及其效用,原审未予审认,遽谓此项室内面积之不足,仅属被上诉人应负债务不完全履行问题,而非物之瑕疵问题,因而为上诉人不利之认定,依上说明,自属于法不合。上诉论旨,指摘原判决不当,求予废弃,非无理由。"

(二) 分析讨论

本件判例包括三个重点：一为物之瑕疵的概念；二为数量不足在何种情形构成物之瑕疵；三为物之瑕疵与债务不履行的适用关系。分述如下：

1. 物之瑕疵的概念

第354条规定："物之出卖人，对于买受人应担保其物依第373条之规定危险移转于买受人时，无灭失或减少其价值之瑕疵，亦无灭失或减少其通常效用，或契约预定效用之瑕疵。但减少之程度，无关紧要者，不得视为瑕疵。出卖人并应担保其物于危险移转时，具有其保证之品质。"此为民法关于物之瑕疵担保责任的基本规定。①

何谓物之瑕疵，如何判断，有主观说、客观说及主观—客观说三种见解。主观说（Subjekive Theorie）认为物之瑕疵应依买卖契约当事人所定之目的及内容认定之，凡物的实际状态（Iszustand）与契约所定或通常应有状态（Sollzustand）不符而灭失或减少物之价值者，为具有瑕疵。客观说（Objektive Theorie）认为物是否具有瑕疵应就客观而定之通常状态认定之。主观—客观说（Subjektive-Objektive Theorie）则认为物之瑕疵应依当事人特别约定的使用目的（主观的瑕疵概念），并在当事人意思范畴内就该物依其一般具有的客观特征（客观的瑕疵概念）加以判断。②

在本件判例，"最高法院"谓："所谓物之瑕疵，指存在于物之缺点而言，凡依通常交易观念，或依当事人之意思，认为物应具之价值、效用或品质，而不具备者，即为物有瑕疵。"所谓依通常交易观念，似指客观说，所谓依当事人之意思则指主观说，综合观之，似采主观—客观说。本文认为原

---

① 参见史尚宽：《债法各论》，第23页；郑玉波：《民法债编各论》上册，第40页；黄茂荣：《买卖法》，第292页；邱聪智：《债法各论》，第110页；林诚二：《瑕疵担保责任与错误》，载《中兴法学》（1981年）第20期；詹森林：《危险负担移转前，出卖人物之瑕疵担保责任及买受人拒绝受领标的物之权利》，载《台大法学论丛》第22卷第1期（1993年），第438页。

② 关于物之瑕疵的概念的理论，参见 Esser, Schuldrecht Ⅱ, Besonderer Teil, 7. Aufl. 1991, S. 66; Fikentscher, Schuldrecht, 8. Aufl. 1992, 424; Larenz, Schuldrecht, Ⅱ, Halbband Ⅰ, Besonderer Teil, 13. Aufl. 1986, S. 36f.

则上应采主观说,而辅以客观说。准此以言,生鱼片不新鲜、建地遭禁建①、农地受镉污染、装书纸箱厚度不足等,均得成立物之瑕疵。

2. 量之瑕疵

物之数量不足通常不成立物之瑕疵,例如卖某书10册,交付9册;卖米10斤,交付9.5斤。物因数量不足在何种情形得成立物之瑕疵?"最高法院"谓:"……物之瑕疵,且不以物质上应具备者为限,若出卖特定物其所含数量足使物之价值或品质有所欠缺者,亦属之。"此项见解,实值赞同。依此判断标准,店位面积不足、某套古版名著缺少1册、某组古董茶具缺少1件、10尺桌布缺少半尺时,其量的瑕疵均构成物之瑕疵。②

3. 物之瑕疵与债务不完全履行

在本件,原审认被上诉人交付之室内面积,虽有不足,但系债务不完全履行问题。"最高法院"则明确表示室内面积不足非仅属被上诉人是否债务不完全履行问题,且为物之瑕疵问题。在此情形,应认为民法关于物之瑕疵担保责任,系属特别规定,排除债务不完全履行(部分债务不履行,Teil-Nichterfüllung)的规定(第226条以下)而优先适用之。③ 在本件判例,"最高法院"似采相同观点,应值赞同。

三、物之瑕疵、目的不达与不当得利

(一) 1980年台上字第677号判决

1. 判决理由

本件原审维持第一审驳回上诉人返还不当得利请求之判决,无非以上诉人于1972年12月7日向被上诉人订购坐落在台北市大安区坡心段

---

① 参见1960年台上字第376号判例:"上诉人出卖与被上诉人之土地,登记之地目,既为建筑用地,依第354条第1项之规定,自负有担保其物依第373条危险移转于买受人时,无灭失或减少其价值之瑕疵,或减少其通常效用或契约预定效用之瑕疵。兹系争建地在交付前,既属于运河码头用地,依照都市计算不得为任何建筑,则不惟其通常效用有所减少,抑且减低经济上之价值,从而被上诉人以此项瑕疵为原因,对上诉人解除买卖契约,而请求返还定金及附加之利息,自为第359条、第259条第1款、第2款之所许。"

② 关于量的不足(Quantitätsmangel)及物之瑕疵(Sachmangel),参见史尚宽:《债法各论》,第23页;Ermann/Weitnaur, Handkommener zum BGB, 7. Aufl. 1991, §458 Vorbemerk. Rz. 8-11.

③ 参见史尚宽:《债法各论》,第46页。此为德国的通说,关于理论上的争论,参见 Larenz, Schuldrecht Ⅱ, S. 66f.; Palandt/Putzo, Bürgerliches Gesetzbuch, 50. Aufl. 1991, §459.

第350-1号地上白宫大厦5楼F号房屋一户之买卖契约,始终有效存在,被上诉人基于买卖契约受领价金之给付,并非无法律上之原因而受利益,上诉人亦无受损害之可言,上诉人主张被上诉人所交付之房屋有坪数不足之情形,要属买卖标的物瑕疵担保问题,被上诉人纵有超收价金新台币2.5038万元情事,上诉人仍不得依不当得利之规定请求返还本利为其判决之基础。

按第179条规定所谓无法律上之原因而受利益,就受损害人之给付情形而言,对给付原因之欠缺,目的之不能达到,亦属给付原因欠缺形态之一种,即给付原因初固有效存在,然因其他障碍不能达到目的者,本件被上诉人就其出卖之房屋,应负瑕疵担保责任,但上诉人主张,被上诉人交付之房屋坪数短少,而有溢收价金之情形,如果属实,被上诉人对于溢收之房屋价金,是否不能成立不当得利,尚有疑问,又上诉人之不当得利返还请求权与其瑕疵担保请求权如有并存竞合之情形,上诉人择一请求似非法所不许。原审未予审酌,遽为不利于上诉人之判决,尚不足以昭折服,上诉意旨求为废弃原判决,应认为有理由。

2. 分析检讨

在本件判决,"最高法院"肯定交付的房屋坪数不足系物之瑕疵,买受人得主张瑕疵担保请求权(减少价金或解除契约)。又其尚承认买受人得主张与此项瑕疵担保请求权竞合的"不当得利请求权",并强调买受人择一请求。

关于不当得利请求权,"最高法院"谓:"第179条规定所谓无法律上之原因而受利益,就受损害人之给付情形而言,对于给付原因之欠缺,目的之不能达到,亦属给付原因欠缺形态之一种,即给付原因初固有效存在,然因其他障碍不能达到目的者是。"此项见解,原则上固属正确,惟在"交付房屋坪数短少而有溢收价金"的情形,则无适用余地。出卖人所受价金的利益,系基于买卖契约,此亦为出卖人给付价金的原因。此项原因自始有效存在,无所谓给付目的不达情事。"最高法院"所谓目的不达,系指交付房屋坪数短少,买受人溢付价金,致"房屋"与"价金"的等价关系失其均衡。必须强调的是,此项"等价失衡",非属不当得利法上之"给付目的不达",而为交易目的未获实现,属物之瑕疵担保制度的规范范畴。现行"民法"对物之瑕疵担保责任的要件及效果详设规定,其权利因6个月不行使而消灭(第365条)。若买卖标的物与价金的对价失其均衡,均可成立不当得利,其时效期间为15年,得任由买受人择一行使,则物之瑕疵担保制度将尽失其规范功能,殆无存在的意义。①

(二) 1988年台上字第165号判决

如前所述,1980年台上字第677号判决确有商榷余地,值得注意的是,"最高法院"已改变其法律见解,1988年台上字第165号判决谓:"不当得利,须以无法律上原因而受利益,致他人受损害为成立要件。此观第179条规定即明。因给付而受利益者,倘该给付系依有效成立之债权契约而为之,其受利益即具有法律上之原因,尚不生不当得利问题。本件被上诉人主张,被上诉人向上诉人之被继承人蔡好购买土地664.29坪,依买卖契约给付总价款418,598元,土地已办毕登记并交付于被上诉人,足见蔡好系依双方有效成立之买卖契约受领出售土地之价款,依上说明,自系具有法律上之原因,无不当得利可言。蔡好交付及登记于被上诉人之土地,纵不足约定面积,亦系蔡好应否依买卖契约负责及如何负责问题。就所受领面积不足部分之价款(所谓溢付款),要与无法律上原因而受利益之情形有别。"此项法律观点,可资赞同,自不待言。

四、自始部分不能、物之瑕疵与不当得利

1995年台上字第443号判决

1. 判决理由

出卖之物面积短少时,不得以"给付目的不达"而创设不当得利请求权,已如上述。最近"最高法院"改以"自始部分不能"为理由,认为买受人仍得依不当得利请求出卖人返还就土地面积不足而溢收的价金。

在1995年台上字第443号判决一案,被上诉人主张:两造于1992年1月2日订立买卖契约,上诉人将所有坐落高雄县湖内乡海埔段1235之47号土地,面积0.0835公顷,出售与被上诉人,每坪新台币(下同)3.4万元,总价856.8万元,双方业经付清价款及办理所有权移转登记完毕。嗣

---

① 参见拙著:《物之瑕疵与不当得利》,载《民法学说与判例研究》(第三册),北京大学出版社2009年版,第85页。

系争土地辗转出售诉外人李渊霸、涂林金桃，经涂林金桃申请地政机关测量鉴界结果，实际面积仅 0.0800 公顷，短少 35 平方公尺（折合 10.59 坪），并经地政机关更正完毕，为此，涂某乃诉请判决李渊霸偿还溢收价款胜诉确定，李某如数返还后，转向被上诉人请求，被上诉人如数返还后，以邮局存证信函催告上诉人解决，均未置理，爰依不当得利之法律关系，求为命上诉人返还 36.01 万元及法定迟延利息之判决（原审判决驳回被上诉人逾 36.006 万元本息部分之请求确定）。

上诉人则以：两造买卖系争土地以整笔土地计算总价，非以坪数计算价款，自无不当得利可言，且被上诉人订约后，未依第 356 条规定，从速检查系争土地面积，事隔 1 年 10 个月，始通知上诉人有面积不足之情事，依法应视为承认所受领之物，自不得请求返还不足面积之价款等语，资为抗辩。

原审以：被上诉人主张之事实，业据其提出不动产买卖契约书、土地登记簿誊本、1993 年诉字第 923 号判决正本、邮局存证信函及回执各一件为证（第一审卷，第 5—20 页），且系争土地经地政机关复丈结果，实际面积为 0.0800 公顷，与所有权状土地登记簿誊本记载之面积 0.0835 公顷，减少 0.0035 公顷（图簿不符），并将面积更正为 0.0800 公顷等情，亦有上开土地登记簿誊本可按，并经证人即高雄县路竹乡地政事务所测量员郑碧育证明无讹，复有该所 1992 年 12 月 31 日路地字第 8645 号函附卷足稽（第一审卷，第 42 页），是系争土地实际面积为 0.0800 公顷，与两造订立之买卖契约所载 0.0835 公顷，减少 35 平方公尺之事实，堪以认定。按物之出卖人，对于买受人应担保其物依第 373 条之规定危险移转于买受人时，无灭失或减少其价值之瑕疵，亦无灭失或减少其通常效用，或契约预定效用之瑕疵，第 354 条第 1 项定有明文。而出卖之特定物所含数量减少，足使物之价值、效用或品质有欠缺者，亦属物之瑕疵（1984 年台上字第 1173 号判例参照），又出卖土地如系按面积计算其价金，而非整笔论价者，其土地面积自始不足，则其不足部分，为不能给付，出卖人就自始不足而不能给付部分所受领之价金，依关于不当得利之规定，应负返还责任。查两造订立之买卖契约第 2 条载明："买卖总价款，认定为新台币 856.8 万元（每坪 3.4 万元）……"其不动产标示栏记载"买卖金额依 252 坪计算"等语，有上开买卖契约可按（第一审卷，第 5—7 页），准此以观，两造系争土地之买卖系以每坪 3.4 万元计算价金，并非整笔论价，又系争土地实际面积为 0.0800 公顷,其减少面积,非经地政机关依专门技术复丈,仅依通常程序,无法发现,是上诉人主张被上诉人未依通常程序检查并通知其减少面积之瑕疵,依法视为承认其受领之物,不足采。系争土地实际面积为 0.0800 公顷,与两造买卖契约所载 0.0835 公顷不符,不足 35 平方公尺。而两造订立之买卖契约系以坪计算价金,非整笔论价,且被上诉人亦返还该不足面积之价金与其后手李渊霸、涂林金桃等人。从而,被上诉人据此主张依不当得利之法律关系请求上诉人返还不足面积之价款,应予准许。然查其不足面积 35 平方公尺,折合 10.59 坪(四舍五入),以每坪 3.4 万元计算,金额为 36.006 万元,是被上诉人请求上诉人给付 36.006 万元,及自起诉状缮本送达翌日(1994 年 2 月 15 日)起,至清偿日止,按年息 5% 计算之利息部分为有理由。因将第一审所为此部分上诉人胜诉之判决废弃,改判如被上诉人之所声明。

"最高法院"谓:"查上诉人出卖土地,以面积计价,且本件土地实际面积较买卖面积短少 10.59 坪,为原审合法确定之事实,因短少面积超收之价金自属无法律上之原因而收受,被上诉人自得依不当得利之规定请求上诉人返还。原审就此部分为上诉人败诉之判决,经核于法洵无违误。上诉论旨,仍执前词,就原审采证认事,适用法律之职权行使,指摘原判决违背法令,求予废弃,非有理由。至原审赘述本件买卖标的物有数量上瑕疵部分,于判决之结果不生影响,并此叙明。"

2. 分析检讨

(1) 自始部分不能与不当得利请求权

在本件,"最高法院"略谓:"出卖土地,以面积计算,且本件土地实际面积较买卖面积短少 10.59 坪,因缺少面积超收之价金自属无法律上之原因而收受,被上诉人自得依不当得利之规定请求上诉人返还",立论简洁,尚有补充说明的必要。

第 179 条前段规定:"无法律上之原因而受利益,致他人受损害者,应返还其利益。"本件属给付不当得利[①],就其构成要件分析之:(1) 出卖人因买受人支付价金而受有利益。(2) 出卖人受有价金的利益,系基于买受人之给付,致买受人受损害。(3) 问题在于法律上原因,也就是给付目的,此涉及第 246 条的适用。

---

① 参见拙著:《不当得利》,北京大学出版社 2009 年版,第 22 页。

第246条第1项本文规定:"以不能之给付为契约标的者,其契约无效。"此之所谓不能之给付,指自始不能、客观不能而言①,如出卖之物于订约时业已灭失,法律禁止买卖标的物所有权的移转等。在此情形,买卖契约既属无效,买受人自始欠缺给付义务,其支付价金无法律上之原因,应成立不当得利。此于自始部分客观不能亦有适用余地。② 例如,甲出卖A牛及B马给乙,于订约时,A牛业已死亡;丙向乙购买10张稀有变形邮票,其中一张于订约时业已灭失。在此等情形,就该部分给付不能,买卖契约一部无效(参见第111条),出卖人受领价金欠缺给付原因,应依不当得利规定负返还义务。

如上所述,关于自始部分不能虽亦有第246条及第179条的适用,惟须进一步检讨的是,在以面积计价时,部分不能得否成立物之瑕疵;若为肯定,不当得利请求权与物之瑕疵担保责任得否并存竞合。

(2)自始部分不能不当得利请求权与物之瑕疵担保请求权的竞合

本件原审一方面参照1984年台上字第1173号判例,认为:"出卖之特定物所含数量减少,足使物之价值、效用或品质有欠缺者,亦属物之瑕疵",一方面又认为:"出卖土地如系按面积计算其价金,而非整笔论价者,倘其土地面积自始不足,则其不足部分,出卖人就自始不足而不能给付部分所受领之价金,依关于不当得利之规定,应负返还责任。"

原审似采竞合说,此项见解尚有推究余地。交付之物因面积短少而成立物之瑕疵时,应认为"民法"关于物之瑕疵担保规定具有特别法性质,排除关于自始不能的规定而优先适用。③ 依原审所采竞合说,买受人就物之瑕疵的担保请求权(减少价金或解除契约),或不当得利请求权得任择一行使,势将破坏物之瑕疵担保责任的制度性设计。

"最高法院"似亦察觉到原审见解具有疑义,乃一方面肯定自始部分不能的不当得利请求权,一方面又特别叙明原审关于本件买卖标的物有数量上瑕疵部分,系属"赘述"。所谓"赘述",未见"最高法院"说明,真意难以探知,可能有两种解释:一为数量上之瑕疵亦得成立物之瑕疵,惟在本件不必论及;二为出卖土地系按面积计算其价金时,根本不成立物之瑕

---

① 关于本条解释适用的争论,参见孙森焱:《论所谓自始主观不能》,载《当代法学名家论文集》,《法学丛刊》杂志印行,第315页以下。
② MünchKomm/Thode, 3. Aufl. 1993,§306 RdNr. 12.
③ MünchKomm/Thode, 3. Aufl. 1993,§306 RdNr. 9.

疵。前者似采竞合说，难以赞同，已如上述；后者是否可采，仍有研求余地。

（3）以"面积计价"或"整笔论价"作为判断物之瑕疵的标准

关于出卖土地面积短少时得否成立物之瑕疵，"最高法院"在本件似提出了一个新的判断标准，即"整笔论价"时，其面积短少得成立物之瑕疵；以"面积计价"时，仅属自始部分不能，无物之瑕疵的问题。若果采此见解，应说明者有三：

① 出卖之特定物数量减少得否构成物之瑕疵，应视其是否足以灭失或减少物之价值、效用或品质而定，衡诸第345条规定，乃属当然，1984年台上字第1173号判例亦采此见解。"整笔论价"或以"面积计价"乃价金的计算方式，非当然可径作为判断物之瑕疵的标准。出卖一定面积之土地，其面积短少致灭失或减少物之价值、效用或品质时，不论是"整笔论价"（土地面积若干，总价若干）或"面积计价"（土地面积若干，每坪若干），均应成立物之瑕疵。若谓前者应适用物之瑕疵担保责任，后者应成立不当得利请求权，产生重大不同的法律效果，有无实质正当理由，尚值研究。

② 就当事人利害而言，"最高法院"认为，以"面积计价"时，仅成立自始部分不能的不当得利，物的瑕疵系属"赘述"，就消灭时效而言，对买受人固属有利，但就救济内容而言，则颇不利。交付土地面积短少致减少土地的价值或效用时，为何要剥夺买受人得主张出卖人应负物之瑕疵担保责任而请求减少价金，尤其是解除契约的权利？在出卖人故意不告知面积短少或保证土地具有一定面积可作一定目的之使用时，买受人为何不得依第361条规定请求损害赔偿？

③ 物之瑕疵应依当事人意思即契约目的认定之（主观说），"面积计价"本身不是判断标准，仅是探求买卖当事人意思及契约目的之一项因素，应就个案参酌相关情事判断量之不足是否构成物之瑕疵，并在判决理由中叙明，自不待言。

五、以不当得利请求权规避物之瑕疵担保制度

(一) 不当得利之"不当"介入物之瑕疵担保制度

"最高法院"两度以不当得利请求权介入物之瑕疵担保责任制度。第一次系认为出卖房屋面积短少时,买受人溢付价金系给付目的不达的不当得利,得与物之瑕疵担保请求权并存竞合(1980年台上字第677号判决)。第二次系认为出卖土地面积短少,在按面积计价时,应成立自始部分不能,而发生不当得利请求权,无物之瑕疵担保责任的问题(1995年台上字第443号判决)。为便于观察,图示如下:

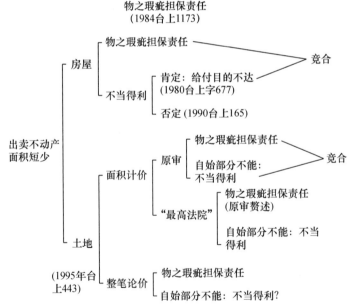

上开由"最高法院"所创设物之瑕疵担保责任及不当得利的体系,区别房屋或土地、面积计价或整笔论价而异其法律效果,似有重新检讨的必要。本文认为:

(1)出卖之特定物面积短少,足使物之价值、效用或品质灭失或减少时,应成立物之瑕疵,不因标的物为"房屋"或"土地"、计价方式为"按面

积计价"或"整笔论价",而有不同。

（2）"按面积计价"时,面积短少非当然不成立物之瑕疵,是否成立物之瑕疵,应依当事人意思及契约目的认定之。

（3）出卖之物面积短少,成立物之瑕疵时,就买受人溢付的价金,不成立"给付目的不达之不当得利"。对因面积短少而成立的自始部分不能,民法关于物之瑕疵担保责任的规定具特别法的性质,应优先适用。

（二）第365条的规避及修正

必须说明的是,"最高法院"所以数度创设不当得利请求权,当然有其理由,旨在保护买受人,其主要实益系不当得利请求权的时效期间长达15年,得以规避第356条所定的买受人检查义务（请参阅1995年台上字第443号判决）,尤其是第365条规定。

第365条规定:"买受人因物有瑕疵,而得解除契约或请求减少价金者,其解除权或请求权于物交付后6个月间不行使而消灭。前项规定于出卖人故意不告知瑕疵者,不适用之。"立法理由书谓:"买受人因瑕疵买卖契约之解除权,及减少价金之请求权,若出卖人并未与买受人特约,于特定期间内负担责任者,则于物之交付后,经6个月而不行使者,其权利因时效而消灭,所以除去不确定之状态也。但买受人明知有瑕疵而故意不告知者,则不适用消灭时效之规定,买受人仍得随时行使契约解除权,及减少价金请求权,以出卖人有悖于交易之诚实及信用也。"由此可知,依立法者的意思,6个月期间系属消灭时效。① 惟1933年上字第716号判例谓:"民法所定之消灭时效,仅以请求权为其客体,故就形成权所定之存续期间,并无时效消灭之性质。契约解除权为形成权之一种,第365条第1项所定6个月之解除权存续期间,自属无时效性质之法定期间"。最近学者多赞成此说,并认为出卖人故意不告知瑕疵者,应准用第125条之规定,经过15年期间不行使而消灭。② 除斥期间准用消灭时效期间,理论上容有未洽,显示整个制度有重新定位的必要,非本文重点,暂置不论。

应提出讨论的是,此项出卖人担保责任6个月存续期间是否合理,依"最高法院"判例所采的除斥期间说,无时效中断或时效不完成,对买受

---

① 参见梅仲协:《民法要义》,第225页。
② 参见史尚宽:《债法各论》,第42页;郑玉波:《民法债编各论》上册,第54页。

人尤为不利。《德国民法》第477条第1项规定："解除契约或减少价金之请求权,及基于欠缺所保证品质之损害赔偿请求权,除出卖人恶意不告知其瑕疵者外,在动产自交付后6个月间,在土地自交付后1年间不行使而罹于时效。时效之期间得以契约延长之。"此项规定较现行"民法"第365条有利于买受人,但仍受德国学者批评,实务亦多方设法规避,并有研究修正的建议。①

第365条规定,无论解释为时效期间或除斥期间,其6个月期间实属过短,商品种类繁杂,不动产测量不易,面积短少,是否具有瑕疵,实难发现。为保护买受人,债编修正草案将第365条第1项修正为："买受人因物有瑕疵,而得解除契约或请求减少价金者,其解除权或请求权,于买受人依第365条规定为通知后,6个月间不行使,或自物交付时起经过5年而消灭。前项关于6个月期间之规定,于出卖人故意不告知瑕疵者,不适用之。"②立法理由谓："① 由于现代科技发达,有许多建筑物、土地上之工作物或工业产品之瑕疵,不易于短期间内发现。原条文规定因物之瑕疵而生之契约解除权或减少价金请求权,于物交付后6个月间不行使而消灭,似嫌过短,且无法与第365条之规定配合。为更周密保障买受人权益,本条解除权或请求权发生消灭效果之期间之起算点,宜由买受人依第356条规定为通知时起算6个月,始为允当。又为使权利状态早日安定,爰参考瑞士债务法第219条第3项,增列'解除权或请求权自物之交付时经过5年不行使而消灭',第1项修正如上。② 出卖人故意悖于交易之诚实及信用而不告知物之瑕疵时,买受人应受保护,其解除权或请求权,不受前项关于通知后6个月期间之限制。惟如自物交付时起经过5年而未行使,仍为消灭。爰修正第2项。"此项修正规定原则上可资赞同,惟5年期间似嫌过长,难以尽速合理除去物之瑕疵担保责任的不确定状态,改为2年或3年,似更允当。

六、结　　论

不当得利与物之瑕疵担保责任的规范功能和适用关系,涉及个案公

---

① Walter, Kaufrecht(Handbuch des Schuldrechts, Band 6), 1987, S.237.
② 相关问题,参见邱聪智:《债法各论》上册,第137页。

平与制度保障。"最高法院"数度以不当得利请求权介入物之瑕疵担保责任,旨在保护买受人,固亦有据。惟物之瑕疵担保责任是买卖的核心制度,有其精心设计的构成要件及法律效果,以平衡双方当事人利益。不当得利虽源于衡平思想,亦有其明确的构成要件及法律效果,非在救济个案。[①] 以不当得利请求权介入物之瑕疵担保责任,在具体个案或许能满足主观的法律感情,但势将松动不当得利制度,弱化物的瑕疵责任体系,危及法律适用的安定,是否妥适,似有研究余地。

---

① 参见拙著:《不当得利》,北京大学出版社2009年版,第15页。

赠与的土地于移转登记前被征收时受赠人得否向赠与人请求交付地价补偿费？

一、问题的说明

民法上若干基本问题，在实务上经常发生疑义，造成解释适用上的困难。最值得注意的争议是，出卖他人之物是否为第118条所称的无权处分，此涉及债权行为与物权行为的区别，为民法的核心制度。经过法学上的论辩，终获共识，认为出卖他人之物为债权行为，第118条所称处分则为处分行为（包括物权行为和准物权行为），出卖他人之物的买卖契约应为有效，出卖人不能交付其物并移转其所有权时，应依债务不履行的规定，负损害赔偿责任。①

另一个困扰实务的法律问题是，出卖之土地于移转登记前被征收时，买受人得否向出卖人请求交付其受领的地价补偿费。经过十余年的讨论，在问题的争点渐获澄清之际，"最高法院"判决又产生两项疑义：一为买受人登记请求权罹于消灭时效时的法律关系；一为赠与之土地于移转登记前被征收时，受赠人得否向赠与人请求交付其受领的地价补偿费。此等案例显示台湾地区的社会变迁。买卖或赠与的土地未办理所有权移转登记的，仍属不少。近年来地价高涨，土地征收持续不断，征收补偿费归属与谁，关系至巨，实值研究。

---

① 参见拙著：《三论"出卖他人之物与无权处分"》，载《民法学说与判例研究》（第五册），北京大学出版社2009年版，第30页。

二、出卖的土地于移转所有权前被征收

出卖的土地于移转登记前被征收时,买受人得否请求出卖人交付其受领的地价补偿费,是实务上重要的问题。十多年来,"最高法院"一直在寻找一个请求权基础,可分为三个阶段:第一个阶段是以情事变更原则为依据。第二个阶段发生是否成立不当得利的争议。第三个阶段是适用第225条第2项规定。其发展过程在法学方法论上殊具启示性,分述如下。

(一) 1981年台上字第294号判决[①]:情事变更原则

1. 判决理由

在本件判决,"最高法院"认为出卖之土地,"已于1979年7月3日,经公告征收为道路用地,地价补偿费61.4759万元,亦由上诉人全部领取,为不争执之事实。按土地于买卖成立时,即应为所有权移转之登记,乃由于登记证件未能备齐,迄未登记,致为'政府'所征收,被上诉人基于情事变更之原则,改为请求上诉人将领取之地价补偿费给付与伊,作为补偿,于法亦非无据。"

2. 分析讨论

"最高法院"认为买受人得基于情事变更之原则请求出卖人交付地价补偿费,"亦非无据"。众所周知,情事变更原则是基于诚实信用而建立的一项重要制度。诚实信用原则为民法最高指导原则,在某种意义上,现行民法的规定(尤其是债编)是诚实信用原则之具体化。易言之,即立法者秉持诚实信用原则,斟酌各种典型案例作利益衡量及价值之判断,厘定构成要件及法律效果,形成个别规范。基此认识,吾人于处理民事案例时,应严谨遵守如下的原则:先以低层次之个别规范作为出发点,须穷尽其解释及类推适用上之能事仍不足以解决问题时,始得诉诸诚实信用此项帝王条款,吁请救济。准此以言,在本案首应检讨的是,有无其具体规

[①] 参见拙著:《出卖之土地于移转登记前被征收时,买受人向出卖人主张交付受领补偿费之请求权基础》,载《民法学说与判例研究》(第五册),北京大学出版社2009年版,第169页。

范,可资适用。"最高法院"逃避于概括条款,实难赞同①;土地征收是否构成情事变更,亦有疑问。②

(二) 1987年台上字第1241号判决③:不当得利请求权

1. 判决理由

在本件判决,原审判决认为地价补偿费系土地之代替利益,依第373条规定,应归被上诉人取得,上诉人虽有所有权土地,既经交付,即无权享有,自属不当得利。"最高法院"废弃原审判决,略谓:"查第373条前段规定买卖标的物之利益及危险,自交付时起,均由买受人承受负担,系指买卖标的物交付后,买受人对之有收益权;其因事变致标的物罹于灭失或毁损发生之不利益亦由买受人负担。此与标的物所有权之移转系属两事。本件被上诉人(黄隆盛等系继承黄水泉之买受人地位;黄谢宝凤系继承黄丁财之买受人地位)向上诉人买受系争359之14号土地,尚未经上诉人办理所有权转移登记,即于1985年12月4日经'政府'办理征收,将补偿地价发给上诉人,然该笔土地早于1970年9月1日即已交付杨吴宝等使用等情,为原审合法确定之事实,则上开土地之利益及危险,虽自1970年9月1日起即由被上诉人承受负担,但被上诉人自始未曾取得所有权,而上诉人所负移转所有权之债务已属给付不能,亦仅发生被上诉人如何依债务不履行之规定,主张其权利之问题。上诉人不履行债务时,其债务不能因此免除,自无利益可得,尚难谓被上诉人因上诉人之受利益致受损害? 抑有进者,上诉人系本于所有权而受领补偿地价,要非无法律上之原因可比,被上诉人依不当得利之法则请求上诉人将受领之补偿地价返还,殊非有理。"

2. 分析讨论

"最高法院"否定买受人得依不当得利规定向出卖人请求地价补偿

---

① 德国法学家 Hedemann 曾撰 Die Flucht in die Generalklauseln(《逃避于概括条款》,1993年)一书,提醒司法者应慎于适用诚实信用原则概括条款,否则将使法律思考松懈,法律体系软化。该书足供参考。

② 关于情事变更基本问题,参见史尚宽:《债法总论》,第426页;彭凤至:《情事变更原则》。

③ 参见拙著:《出售之土地被征收时之危险负担、不当得利及代偿请求权》,载《民法学说与判例研究》(第六册),北京大学出版社2009年版,第76页。

费,诚值赞同。第 373 条所称"利益",系指对于物之使用收益,不包括代替利益在内,此见解实属正确。惟须提出的是,"最高法院"认为出卖人未受有利益,故不成立不当得利。此项见解,似有斟酌余地。出卖之土地被征收,出卖人受领补偿费,受有利益,甚为显然。所谓"上诉人不履行债务等,其债务不能因此免除,自无利益可言",误认不当得利法上"受利益"之概念。受领人是否受有利益,应就其客体具体认定之,而不能就受领人的整个财产状态加以判断。① 准此以言,出卖人受领地价补偿费,受有利益,不因其应否负债务不履行责任而受影响。

出卖人因受领土地补偿费而受有利益,应无疑问。问题在于出卖人受有利益,是否"致"买受人受损害。关于此点,应采否定说。因出卖人在办毕登记前,仍为土地所有人,在权益归属上,土地征收补偿费本应归其取得,并未因此而"致"买受人受损害,故不成立不当得利。

(三)"最高法院"1991 年第四次民事庭会议决议②:第 225 条第 2 项之法理

1. 决议内容

在 1991 年 8 月 20 日第四次民事庭会议,民五庭提案:"出卖人将某笔土地,已收清价金,并交付买受人,惟未办理所有权移转登记,嗣该土地经依法征收,其地价补偿金由出卖人领取完毕,买受人得否依不当得利之法律关系请求出卖人返还。"上开提案,经讨论后,作成如下决议:"买受人向出卖人买受之某笔土地,在未办妥所有权移转登记前,经依法征收,其地价补偿金由出卖人领取完毕,纵土地早已交付,惟第 373 条所指之利益,系指物之收益而言,并不包括买卖标的物灭失或被征收之代替利益(损害赔偿或补偿金),且买受人自始并未取得所有权,而出卖人在办毕所有权移转登记前,仍为土地所有人,在权利归属上,其补偿金,尚不成立不当得利。买受人只能依第 225 条第 2 项之法理行使代偿请求权,请求出卖人交付其所受领之地价补偿金。"

2. 分析讨论

上开决议的结论,固值赞同,但所谓依第 225 条第 2 项的法理,似有

---

① 参见拙著:《不当得利》,北京大学出版社 2009 年版,第 147 页。
② 参见拙著:《土地征收补偿金交付请求权与第 225 条第 2 项规定之适用或类推适用》,载《民法学说与判例研究》(第七册),北京大学出版社 2009 年版,第 81 页。

澄清的必要。

据吾人所知,这是"最高法院"第一次以某种条文的法理作为请求权基础。第1条规定:"民事,法律所未规定者,依习惯。无习惯者,依法理。"所谓依"第225条第2项之法理",究系依法律抑或依法理,不无疑问。实则,就法学方法论言,此涉及第225条第2项规定的适用或类推适用,而其关键问题则在于所谓对第三人的损害赔偿请求权(或赔偿物)在解释上是否包括地价补偿请求权(或补偿费)在内? 如采肯定说,则适用第225条第2项规定。如采否定说,则第225条第2项规定依"同一的法律理由",对地价补偿费,应予类推适用。① 类推适用系基于相类似的、应为相同处理的法理。② "最高法院"决议所谓法理,乃指法律理由或规范目的而言。所谓依第225条第2项的法理(法律理由),实系第225条第2项的类推适用,而类推适用则系基于第1条的法理(平等原则)。③

(四) 1995年台上字第600号判决④:移转登记请求权罹于消灭时效时,出卖人无给付义务,故无第225条第2项的适用

1. 判决理由

在本案,上诉人向被上诉人购买土地,其移转登记请求权逾15年不行使,以罹于时效而消灭,经判决败诉确定。其后该地被征收为学校用

---

① 关于以"同一法律理由"作为类推适用的基础,1940年上字第1405号判例谓:"无权利人就权利标的物为处分后,因继承或其他原因取得其权利者,其处分为有效,'民法'第118条第2项定有明文。无权利人就权利标的物为处分后,权利人继承无权利人,其处分是否有效? 虽无明文规定,然在继承人就被继承人之债务负无限责任时,实具有同一之法律理由,自应由此类推解释,认其处分为有效。"此见解可供参考,本判例所谓类推解释宜称为类推适用。

② 参见1990年度第二次民事庭会议决议:"民法创设邻地通行权,原为发挥袋地之利用价值,使地尽其利,增进社会经济之公益目的,是以袋地无论由所有权人或其他利用权人使用,周围地之所有权人及其他利用权人均有容忍其通行之义务。第787条规定土地所有权人邻地通行权,依第833条、第850条、第940条之规定准用于地上权人、永佃权人或典权人间,即各该不动产物权人与土地所有权人间,不外本此立法意旨所为一部分例示性质之规定而已,要非表示于所有权以外其他土地利用权人间即无相互通行邻地之必要而有意予不规定。于其他土地利用权人相互间(包括承租人、使用借贷人在内),亦应援用'相类似案件应为相同之处理'之法理,为之补充,以求贯彻。"

③ 关于第1条的解释适用,参见拙著:《民法总则》,北京大学出版社2009年版,第35页以下。

④ 另一则有关消灭时效的判决,系1995年台上字第897号谓:"按侵权行为须以故意或过失不法侵害他人之权利为要件,而债务人于时效完成后,得拒绝给付,第144条第1项定有明文。则债务人于时效完成后将给付标的物售与他人,能否谓系不法侵害债权人契约上之权利,而构成侵权行为,尚非无疑。"关于本件判决,俟后再行评论。

地,上诉人诉请被上诉人让与其土地征收地价补偿费请求权。"最高法院"舍原审见解,否定此项请求,其判决理由略谓:"因给付不能所衍生之代偿请求权系以债务人给付不能为成立要件,而所谓给付不能乃以债权人得向债务人为请求,债务人有应其请求而为履行之义务为前提,故若债务人对债权人已无给付之义务,既不发生给付不能之问题,债权人自无由对债务人主张代偿请求权之余地。本件上诉人就系争土地已不得向被上诉人为移转所有权之请求,则该土地其后纵经征收,亦不发生被上诉人对上诉人给付不能之问题。从而上诉人依第 225 条第 2 项规定,请求被上诉人让与系争土地征收地价补偿费之领取权利,即非有据。次查系争土地虽于 1989 年 5 月 10 日经公告征收,但上诉人自始未取得所有权,被上诉人在办毕所有权移转登记前,仍为土地所有人,在权利归属上,其地价补偿费本应归被上诉人取得,故其本于土地所有人之地位领取地价补偿,自非无法律上原因,尚不成立不当得利。上诉人依不当得利之法律关系为请求,亦无可取。"

2. 分析讨论

在本件判决,"最高法院"否定上诉人之不当得利请求权,其理由同于本文见解,兹不赘述。关于第 225 条第 2 项的适用,所谓"因给付不能所衍生之代偿请求权,系以债务人给付不能为成立要件,而所谓给付不能乃以债权人得向债务人为请求,债务人有应其请求而为履行之义务为前提,故若债务人对债权人已无给付之义务,既不发生给付不能之问题,债权人自无由对债务人主张代偿请求权之余地",固值赞同,问题在于买受人(上诉人)的给付义务是否因移转登记请求权罹于时效而消灭,失其存在。"最高法院"系采肯定说。惟通说认为,因罹于时效,经判决确定而消灭者,系请求权,其债权或债务本身仍属存在,故出卖人对买受人为给付时,买受人系基于债权而受领,不成立不当得利。诚如洪逊欣教授所云:"极言之,义务人行使拒绝抗辩权后仍为履行之给付时,其给付亦不属于非债清偿。"①依此见解,债务人(出卖人)对债权人(买受人)之给付义务本身,既不因请求权罹于时效而消灭,于标的物被征收时,应构成给付不能,故债权人仍得对债务人主张代偿请求权。此项代偿请求权系基于原来之债的关系,应适用同一消灭时效期间,原给付请求权罹于时效时,

---

① 参见洪逊欣:《民法总则》(修订本),第 630 页,第 639 页(注 8)。

于代偿请求权亦适用之。①

三、赠与的土地于移转所有权前被征收

（一）1990年台上字第2204号判决

本件被上诉人主张：邱魏瑞系上诉人、邱光辉及已故邱育聪之先父，而邱育聪又为被上诉人邱陈琼云之亡夫及其余被上诉人之先父。原判决附表（以下简称：附表）所示8笔土地，系邱魏瑞生前出资购置，登记为上诉人名义所有。1976年5月2日，上诉人、邱育聪、邱光辉共同书立觉书，由上诉人声明上开8笔土地，于重划编为都市土地时，将各该笔土地所有权应有部分2/3，办理所有权移转登记与邱育聪、邱光辉各1/3，嗣上开土地早经编为都市土地，讵上诉人竟不依觉书之约定办理。而该8笔土地中编号第六、七、八号3笔，被公告征收，上诉人并已领取补偿费新台币（下同）93.8420万元。邱育聪已死亡，被上诉人系其继承人，依继承即上开觉书之赠与关系，上诉人应将附表编号第一、二、三、四、五号土地所有权应有部分1/3，移转登记与被上诉人共同共有，就附表编号第六、七、八号土地部分，给付被上诉人31.2806万元等情，求为命上诉人如数给付之判决（第一审判决：上诉人应将附表编号三之土地所有权应有部分5/36移转登记与被上诉人共同共有；上诉人应给付被上诉人28.6230万元；被上诉人其余之诉驳回。被上诉人就其败诉部分，未提起上诉）。

上诉人则以：上开觉书，系邱育聪生前书写后，持来要上诉人盖章。因邱育聪是兄长，上诉人未便拒绝，但因兄弟共有5人，乃于觉书之末附记条件，足认当时上诉人与邱育聪之意思表示并未一致，赠与契约尚未成立，纵认成立，则上诉人欲赠与邱育聪部分，亦仅上开土地的1/5而已等语，资为抗辩。

原审维持第一审所为上诉人部分败诉之判决，系以：被上诉人主张之

---

① 代偿请求权系基于原来债之关系，乃不能给付的代替（德国通说 MünchKomm/Wiedermann §281 Rz.40a），为原来债权之继续（史尚宽：《债法总论》，第376页），应适用原契约履行请求权的消灭期间（MünchKomm/Wiedermann §281 Rz.40a），惟关于其起算点，有认为应就原来债权定之（史尚宽：前揭书，第367页），亦有认为应自代偿请求权发生时起算（MünchKomm/Wiedermann §281 Rz.40a），尚无定论。参见孙森焱：《民法债编总论》，第370页。

上开事实,不但有其提出之觉书、土地登记簿誊本、户籍誊本等件为证,并经证人邱光辉在第一审及原审供证属实,即上诉人对该觉书及其上签署之真正,亦均不争执,自堪认为实在。经核觉书第 2 条记载:上开土地重划编为都市或港口或工业区后,如 5 兄弟仍不同意出售,上诉人愿将该地所有权 2/3 移转登记与邱育聪、邱光辉各 1/3,并同意于重划后即时办理等情甚明(见原审卷第 37 页)。上诉人当时纵系因基于兄弟伦常而签立该一觉书,但既非出于他人之胁迫或诈欺,仍无碍于该觉书之合法有效成立。

至觉书之末虽附记"右列土地,如将来 5 兄弟要求平均分配时,各人所登记的 1/3,必须同时交出由 5 人分配",核其文意,只在说明:依觉书移转登记各 1/3 后,如将来 5 兄弟要求平均分配时,各人应将依觉书受移转登记的 1/3 交出由 5 兄弟分配而已,并非不同意觉书所约定 1/3 的移转登记,况两造均未主张觉书以外之 2 兄弟曾要求由 5 兄弟平均分配上开土地。经核觉书之内容,属赠与契约性质,上诉人与邱光辉、邱育聪,对于该觉书之内容,既已意思表示一致,则赠与契约之一般效力应已发生,上诉人自应受其拘束,亦即上诉人有依觉书履行之义务,从而上诉人所为上开辩解,均无可采。又查附表编号之土地一笔,已经编为都市土地,并仍登记为上诉人所有,虽然上诉人主张已经公告征收,并提出清水镇公所之函文为证,但仅公告,尚未完成征收程序,且土地登记簿誊本上仍登记为上诉人所有,则被上诉人基于继承及履行契约之法律关系,请求上诉人将该土地所有权应有部分 5/12 中的 1/3,亦即 5/36,办理移转登记与被上诉人共同共有,应属正当。至附表编号第六、七、八号 3 笔土地,业经 1989 年 5 月间征收,上诉人并已领取扣除土地增值税后之补偿费 85.8692 万元,此亦有函文附于第一审卷可稽。被上诉人请求给付其中 1/3,依第 225 条第 2 项之规定,亦无不合,为其判断之基础。

惟查:(1)上诉人在原审提出上诉理由状陈称:第 1431 号土地(附表编号三)早经征收,已属给付不能,可函查即明,并提出清水镇公所函影本一份为证(见原审卷第 32、34 页)。经核清水镇公所函主旨为:"本镇为兴办第一期公共设施保留地(道路预定地)需用贵所有土地(详后列),订于 1 个月后报请征收,先请查照。"其发文日期为 1989 年 7 月 11 日。而上诉人提出上开上诉理由状之制作日期为 1990 年 5 月 7 日,其距清水镇公所上开公函之发文日期及主旨揭示 1 个月之期限,已约有 9 月之久。

是则附表编号三之土地(即1431号土地),原审于1990年6月19日行言词辩论时,是否尚未被征收完成,非无疑义?乃原审疏未详查审认,就该笔土地部分,遽为上诉人不利之判决,自欠允洽。(2)第409条规定:赠与人不履行前条第2项所定之赠与(立有字据之赠与,或为履行道德上之义务而为赠与)时,受赠人得请求交付赠与物或其价金。但不得请求利息或其他不履行之损害赔偿。原审既认定上开觉书属赠与性质之契约,而附表编号第六、七、八号3笔土地,又已因被征收而致上诉人给付不能,则上诉人领得该3笔土地之补偿费,究相当于第409条上段所指之价金,抑属其但书所称之损害赔偿之范围?原审并未说明其法律上意见。按如为价金似非属第225条第2项所指之赔偿物,如为损害赔偿,依上开规定,被上诉人能否请求给付,亦有斟酌余地。原审未注意及此,徒谓:被上诉人请求上诉人给付该3笔土地之补偿费,符合第225条第2项之规定,而为上诉人不利之判断,亦有可议。上诉人论旨,指摘原判决违背法令,求予废弃,非无理由。

(二) 问题争点及请求权基础的思考

1. 问题争点

本件判决涉及三个基本问题:

(1) 在买卖,买受人得依第225条第2项规定向出卖人请求交付地价补偿费。在赠与,受赠人为何不得向赠与人请求交付地价补偿费?其理由何在?

(2) 赠与系无偿契约,"民法"设有第407条、第408条及第409条规定,如何解释适用?

(3) 第225条与第409条之适用的关系?

2. 请求权基础的思考

民法在体制上采五编制,但结构上是以请求权为基础,民法实在就是一个请求权体系。① 所谓请求权基础,系指得支持一方当事人向他方有所主张的法律规范。"最高法院"多年来一直在找寻一个可以使买受人向出卖人主张交付地价补偿费的请求权基础,终于找到了第225条第2

---

① Schopp, Das Zivilrecht als Anspruchssystem JuS.1972, 538. "最高法院"民事裁判书汇编系以请求权而排列(如请求履行契约,请求返还不当得利,请求损害赔偿等),可资参照。

项。在赠与契约,"最高法院"一方面以第225条第2项规定为出发点,一方面又依第409条规定加以否定。本文拟以第225条第2项为请求权基础来分析检讨涉及的法律争点。请求权基础的思考方式使法律的适用有依据、有条理、有层次,推理过程能够复验,可以避免恣意或专断。[①] 为便于观察,将思考结构,先简列如下,再行论述:

请求权基础:第225条第2项
(1) 赠与人的给付义务
① 第407条与"最高法院"判例;
② 赠与人撤销赠与:第408条。
(2) 因不可归责于赠与人之事由致给付不能
① 给付不能;
② 归责事由。
(3) 对第三人的损害赔偿请求权(赔偿物)
① 损害赔偿的意义;
② 地价补偿费是否为损害赔偿。
(4) 适用范围
① 买卖;
② 赠与:第409条的规范目的,第225条与第409条的规范关系。
结论:受赠人得依第225条规定向赠与人请求交付地价补偿费。

(三) 赠与人的给付义务

1. 赠与契约成立与生效

第225条第2项规定的适用须具备三个要件:(1) 债务人有给付义务;(2) 此项给付因不可归责于债务人事由,致给付不能;(3) 债务人因此项给付不能对第三人有损害赔偿请求权(或受领赔偿物)。

在本件判决,首先要认定的是,赠与人(债务人)是否负有交付土地并移转其所有权之义务。此涉及第407条的解释适用。

第407条规定:"以非经登记不得移转之财产为赠与者,在未为移转登记前,其赠与不生效力。"土地为不动产,系非经登记不得移转之财产。契约上给付义务的发生,以契约有效成立为前提,赠与契约若不生效力,

---

① 关于请求权基础的思考方法,参见拙著:《民法实例研习·基本理论》。

赠与人不负给付义务。

值得注意的是,1951年台上字第1496号判例谓:"赠与契约之成立,以当事人以自己之财产为无偿给与于他方之意思表示,经他方允受为要件。此项成立要件,不因其赠与标的为动产或不动产而有差异。惟以动产为赠与标的者,其成立要件具备时,即生效力。以不动产为赠与标的者,除成立要件具备外,并须登记始生效力。此就第406条与第407条之各规定对照观之甚明。故第407条关于登记之规定,属于不动产赠与之特别生效要件,而非成立要件。其赠与契约,苟具备上开成立要件时,除其一般生效要件尚有欠缺外,赠与人应即受其契约之拘束,就赠与之不动产,负为补正移转物权移转登记之义务,受赠人自有此项请求权。"

"最高法院"判例所谓赠与契约的一般效力,在契约上实嫌无据①,惟数十年来采此见解,本件原审谓:"经核觉书之内容,属赠与契约的性质,上诉人与契约之一般效力应已发生,上诉人自应受其拘束,亦即上诉人有依觉书履行之义务",系采上开判例,认为赠与土地,未办理移转登记,依第407条规定,其赠与契约虽不生效力,赠与人仍负有移转登记之给付义务。

2. 赠与契约之撤销:第408条规定对不动产之适用

应再检讨的是,赠与人得否撤销赠与契约而免给付义务。"最高法院"谓:"第409条规定,赠与人不履行前条第2项所定(立有字据之赠与或为履行道德上义务而为赠与时,受赠人得请求交付赠与物或其价金)……"在本件,赠与标的物系不动产,故依上开判决理由,似认为第408条对不动产亦有适用余地。关于此点学说尚有争论。

第408条规定:"赠与物未交付前,赠与人得撤销其赠与,其一部已交付者,得就其未交付之部分撤销之。前项规定,于立有字据或为履行道德上之义务而为赠与者,不适用之。"本条规定,除动产外,是否适用于不动产,学说上有两种见解:

(1) 不适用于不动产(甲说)。梅仲协教授采此见解,认为第408条虽未载明动产或动产上之权利字句,但交付二字,通常均指动产而言,且比照第407条之规定以观,更属明显。② 此外,尚有两点理由可支持此项

---

① 参见拙著:《不动产赠与契约特别生效要件之补正义务》,载《民法学说与判例研究》(第一册),北京大学出版社2009年版,第240页。

② 参见梅仲协:《民法要义》,第266页。

见解:一是就法律逻辑而言,赠与之撤销,须以赠与有效成立为前提。在未为移转登记前,不动产赠与不生效力,无未交付前得撤销其赠与之问题。二是就立法目的言,动产赠与既因移转登记而生效力,所有权并已移转于受赠人,赠与人自不得主张未交付而撤销赠与,而免负交付的义务。

(2)对不动产、动产均得适用(乙说)。郑玉波教授采此见解,强调本条规定对不动产与动产均有适用余地,并认为第408条第1项与第407条之适用关系,计有四种情形:① 未为移转登记而赠与物亦未交付:因赠与尚未生效,不生撤销问题。② 已为移转登记,而赠与物亦已交付:因赠与业已生效,赠与物又已交付,不得撤销。③ 未为移转登记,但赠与物业已交付:此种情形,因赠与尚未生效,无法撤销,但既已交付,应解为事实上业已履行,赠与人有为移转登记,使该赠与发生效力之义务。④ 已为移转登记,但赠与物尚未交付:单就赠与物尚未交付之点观之,固得撤销,然既已移转登记,其效力自较已交付者犹强,举轻明重,自亦不得撤销。①

(3)比较前开甲乙两说,其主要争点在于赠与之不动产未为移转登记,但赠与物业已交付时,应如何处理。须注意的是,在"最高法院"创设所谓"赠与契约之一般效力"之后,纵采甲说,赠与人亦负有为移转登记、使该赠与发生效力之义务。依此"赠与契约之一般效力",无论不动产的赠与是否立有字据,是否为履行道德上之义务而为赠与,赠与人均负有补正移转登记的义务。其不为履行时,应依第409条规定负责。

如上所述,"最高法院"就第407条所创设的"赠与契约之一般效力",确非妥当,则第407条与第408条的关系并有争论,造成法律适用的不安全。为此,1995年12月提出的"民法"债编部分条文修正草案,特作三项修正:

(1)第406条规定:"称赠与者,谓当事人约定,一方以自己之财产无偿给予他方,他方允受之契约。"修正条文为:"赠与,因当事人一方以自己之财产为无偿给予他方之意思表示,经他方允受而生效力。"修正理由为:"现行条文'经他方允受而生效力'一语,易使人产生究为赠与之成立要件抑生效要件之疑义,为免争议,爰仿各种之债各节首揭条文例如第345条、第528条等之体例,作文字上之修正。"

(2)第407条规定:"以非经登记不得移转之财产为赠与者,在未为

---

① 参见郑玉波:《民法债编各论》,第156页。

移转登记前,其赠与不生效力。"修正草案将本条删除,其理由为:"赠与为债权契约,于依第153条规定成立时,即生效力。惟依原条文规定,以非经登记不得移转之财产权为赠与者,须经移转登记始生效力,致不动产物权移转之生效要件与债权契约之生效要件相同,而使赠与契约之履行与生效混为一事。为免疑义,爰将本条删除。"

(3)第408条规定:"赠与物为交付前,赠与人得撤销其赠与。其一部已交付者,得就其未交付之部分撤销之。前项规定,于立有字据之赠与,或为履行道德上之义务而为赠与者,不适用之。"修正条文为:"赠与物之权利未移转前,赠与人得撤销其赠与。其一部已移转者,得就其未移转部分撤销之。前项规定,于经公证之赠与,或为履行道德上义务而为赠与者,不适用之。"修正理由为:"① 赠与契约于具备成立要件时,即生效力。惟赠与为无偿行为,应许赠与人于赠与物之权利未移转前有任意撤销赠与之权。原条文规定以赠与物未交付前,赠与人始得行使撤销权,适用范围太过狭隘,爰将第1项'交付'修正为'权利移转',以期周延。② 立有字据之赠与,间有非基于自由意思或因一时情感因素而欠于考虑时,如不许赠与人任意撤销,有失事理之平。为避免争议并求慎重,明定凡经过公证之赠与,始不适用前项撤销之规定,爰修正第2项。"

上开修正案在立法政策上是否妥适,非本文所能论述。依修正草案第408条规定,赠与之不动产若未为办理移转登记前,除该赠与业经公证或系为履行道德上义务而为赠与外,赠与人得撤销其赠与。在赠与土地被征收前,赠与人已撤销其赠与时,受赠人无给付请求权,自不生依第225条第2项向赠与人请求交付征收补偿之问题。有疑问的是,在土地被征收后,赠与人得否依修正草案第409条规定撤销其赠与,而排除第225条第2项规定的适用。易言之,即赠与人撤销权是否因赠与物被征收而消除?衡诸赠与系属无偿行为及修正草案第408条的规范意旨,本文认为赠与人撤销权似不因赠与物被征收而受影响。

(四)因不可归责于赠与人之事由,致给付不能

在本件,赠与之土地是否完成征收程序,尚待认定。若该赠与的土地确已被征收时,应构成嗣后不能。征收为公权力的行为,其给付因不可归责于赠与人,赠与人免给付义务(第225条第1项)。

(五) 对第三人的损害赔偿请求权

第225条第2项的适用,须债务人因不可归责的给付不能,对第三人有损害赔偿请求权。所谓损害赔偿请求权,主要指基于侵权行为或债务不履行而生之损害赔偿请求权及保险金请求权等。甲有A瓶,借乙展览之后,甲出售该瓶于丙,该瓶因乙的过失而灭失时,甲得向乙请求损害赔偿,即属其例。

本件判决的争点在于土地被征收而发生之地价补偿费请求权是否为对第三人损害赔偿请求权。广义解释之,所谓损害赔偿请求权亦可包括地价补偿请求权在内,而有第225条第2项规定的适用。1991年第四次民事庭会议决议认为"买受人只能依第225条第2项之法理"行使代偿请求权,请求出卖人交付其所受领之地价补偿金,系认为第225条第2项规定的损害赔偿请求权,虽不包括地价补偿请求权,但依同一法律理由,应类推适用,自结论言,亦可赞同。

(六) 第225条第2项的适用范围

1. 问题的提出

出卖的土地被征收时,买受人得向出卖人请求交付受领的地价补偿费,已成定论。在赠与的土地被征收的情形,1990年台上字第2204号判决谓:"第409条规定,赠与人不履行前条第2项所定之赠与(立有字据之赠与,或为履行道德上之义务而为赠与)时,受赠人得请求交付赠与物或其价金,但不得请求利息或其他不履行之损害赔偿。原审既认定上开觉书属赠与性质之契约,而附表编号第六、七、八号3笔土地,又已因被征收而致上诉人给付不能。则上诉人领得该3笔土地之补偿费,究相当于第409条上段所指之价金,抑属其但书所称之损害赔偿之范围?原审并未说明其法律上意见。按如为价金似非属第225条第2项所指之赔偿物,如为损害赔偿,依上开规定,被上诉人能否请求给付,亦有斟酌余地。原审未注意及此,徒谓:被上诉人给付该3笔土地之补偿费,符合第225条第2项之规定,而为上诉人不利之判断,亦有可议。上诉论旨,指摘原判决违背法令,求予废弃,非无理由。"此项法律见解,似有推究余地。

2. 第409条的规范目的及解释适用

第409条规定:"赠与人不履行前条第2项所定之赠与时,受赠人得请求交付赠与物或其价金。但不得请求利息或其他不履行之损害赔偿。"就规范目的言,本条系鉴于赠与为无偿行为,特别缩小其责任范围。① 在适用上,须以债务不履行为要件,申言之,即:(1)赠与人因可归责之事由,致给付迟延时,受赠人只得请求交付赠与物,不得请求利息(此为第233条的例外),或其他迟延赔偿(此为第231条第1项的例外)。(2)赠与人因可归责之事由,致给付不能时,受赠人只得请求赠与物之价金,而不得请求其他不履行之损害赔偿。②

如前所述,第409条系规定因可归责赠与人事由致给付迟延或给付不能时的责任范围。第225条系规定不可归责于债务人(赠与人)事由,致给付不能时的法律效果。两者要件不同,在适用上并无关联,不具一般规定与特别规定的关系。"最高法院"谓:"而附表编号第六、七、八号3笔土地,又已因被征收致给付不能,则该上诉人领得该3笔土地之补偿费,究相当于第409条所指之价金,抑属其但书所称之赔偿范围?原审并未说明其法律上意见……"此项问题的提出误会了第409条与第225条的规范内容,在法律适用上,并不发生土地补偿费"究相当于第409条上段所指之价金,抑属其但书所称之损害赔偿"的问题。"最高法院"指摘原审的理由不具说服力,其可议者,不是原审判决,而是"最高法院"本身的法律见解。

3. 买卖与赠与无区别的必要

在本件,"最高法院"认为"……按如为价金似非属第225条第2项所指之赔偿物,如为损害赔偿,依上开规定,被上诉人能否请求给付,亦有斟酌余地",似在否定受赠人得依第225条第2项规定向赠与人请求地价补偿费。关于此项法律见解,应说明的有两点:

(1)受赠人是否有其他请求权基础,"最高法院"未加说明。依吾人

---

① 参见史尚宽:《债编各论》,第120页;郑玉波:《民法债编各论》,第153页。立法理由谓:"谨按依前条第2项之规定,凡立有字据之赠与,或履行道德上义务之赠与,不问其物是否交付,均不许撤销赠与,应即照约履行。若赠与人不履行此项赠与之契约,应许受赠人有请求交付赠与物或其价金之权,但不得于赠与物或其价金以外,更请求利息或其他之损害赔偿,盖以赠与究系无偿行为,自应有所限制也。"可资参照。

② 值得注意的是,1995年12月提出的民法债编部分条文修正草案已将第409条修正为:"赠与人就前条第2项所定之赠与给付迟延时,受赠人得请求交付赠与物;其因可归责于自己之事由致给付不能时,受赠人得请求赔偿赠与物之价额。前项情形,受赠人不得请求迟延利息或其他不履行之损害赔偿。"

所信，除第 225 条第 2 项规定（适用或类推适用）外，受赠人别无其他可向赠与人请求土地补偿费的法律依据。

（2）土地买受人得请求交付地价补偿费，而土地受赠人则不得请求之，其区别是否合理？赠与系无偿行为，法律特设规定，优遇赠与人，严格其生效要件（第 407 条），容许其在交付前撤销赠与（第 408 条第 1 项），缩小其责任范围（第 409 条），减轻其负责事由（第 410 条），但不能因此而认为因不可归责事由，致给付不能，而免于给付义务时，赠与人仍可保有代偿物，其理由有二：① 使赠与人交付代偿物，并不因此增加赠与人的负担或责任，无害于赠与人的利益。② 第 225 条第 2 项规定债权人代偿请求权，在罗马法已被承认，近世立法多明定之，其理由为不使债务人获得不当的利益。① 诚如郑玉波教授所云："所以如此者，乃因不可归责于债务人之事由致给付不能时，法律上仅免除债务人之给付义务而已，并非更许其因之而受利益，故应将代价利益移转于债权人，以期公允。"② 甲赠乙 A 瓶，被丙毁灭，赔以 B 瓶，乙得向甲请求交付 B 瓶，否则甲得因此而受不当之利益。赠与之土地被征收时，赠与人若因此而保有地价补偿费，亦属将因此而受不当的利益。第 225 条第 2 项规定代偿请求权，原则上对一切债之关系均应适用③，买卖如此，赠与亦不例外，故受赠人对赠与人有给付请求权时，亦得向赠与人请求交付赠与之土地被征收时所受领的地价补偿费。

四、结　　论

出卖的土地于办理所有权移转登记前被征收时，买受人得依第 225 条第 2 项规定向出卖人请求交付其所受领的地价补偿费。买受人的所有权移转登记请求权罹于消灭时效时，出卖人的给付义务仍属存在，故买卖标的物被征收时，买受人仍得主张第 225 条第 2 项的代偿请求权，惟应适用原给付请求权的消灭时效。

---

① 参见胡长清：《民法债编总论》，第 290 页；王伯琦：《民法债编总论》，第 161 页；史尚宽：《债编各论》，第 373 页；孙森焱：《民法债编总论》，第 370 页。

② 参见郑玉波：《民法债编总论》，第 19 页。

③ 参见 Larenz, Lehrbuch des Schuldrechts Ⅰ, Band Ⅰ 14. Aufl. 1987. S. 309; Münchkomm/Emmerich, § 281 Rdnr. 3.

赠与的土地于办理所有权移转登记前被征收时,发生争议,有无第225条第2项规定的适用,因赠与系无偿行为,"民法"为保护关于赠与契约的成立、生效及撤销设有特别规定,而发生疑问。若肯定受赠与的土地有办理所有权移转登记请求权时,则亦有第225条第2项规定的适用。1990年台上字第2204号判决,一方面肯定受赠人有给付请求权,一方面则依第409条排除第225条第2项的适用,对第409条规定的规范内容似有误会。

第225条第2项规定对买卖或赠与标的物于移转登记前被征收时的适用,不仅是实务上常见的案例,更是一个具有启示性的法学方法论的问题,可供训练请求权基础的思考方法,对于学习民法应有助益。

捣毁私娼馆、正当防卫与损害赔偿

一、绪　　说

(一) 法律问题与研究意见

近几年,台湾地区工商业发展迅速,财富日增,自夸钱淹脚目,但社会生活转趋糜烂,其中以色情泛滥、莺燕四飞、侵入社区住宅、影响住家安宁、败坏善良风俗,最受关切。公权力有所不逮,私力救济在所难免。最近,实务上发生一则公寓住户捣毁私娼馆的案例,有助于澄清侵权行为、正当防卫与损害赔偿若干基本问题及请求权基础的思考方式,深具意义,特撰本文论述之。

台湾省高等法院1991年度法律座谈会曾提出一则法律问题①:甲、乙同住一栋住宅区之大厦,乙则在该大厦内利用住宅非法经营私娼馆,甲劝乙迁移私娼馆,不得结果,报警取缔,亦无效果。一日,甲乃率同该大厦内其余住户,捣毁乙之私娼馆,逐散妓女,致乙不能继续营业。乙诉请甲赔偿私娼馆被捣毁致不能营业之营业损失,每月新台币(下同)10万元,提出历年账册为证据方法。经查核乙之私娼馆每月确有10万元以上之利润。甲则以乙在住宅内经营私娼馆,有悖公序良俗,非合法之营业,不受法律保障,拒绝赔偿。甲之抗辩有无理由?

座谈会审查意见认为:(1) 私娼馆之营业行为为违背法令及违背公序良俗之行为,不受法律之保障,本件所请求者,为不能营业之损失,自不在保障之列,拟采乙说。乙说之见解为:甲之抗辩为有理由:① 按损害赔

---

① 参见《民事法问题研究汇编》第8辑,1993年6月,第99页。

偿以权利受侵害所生之损失为要件。本件乙在住宅区之大厦内经营私娼馆,严重妨害住户之安宁,败坏社会善良风俗,系违法行为,无权利之可言,乙之请求欠缺法律上之基础。② 违背公序良俗之行为,不受法律之保障(参看"违警罚法"第64条第1项第3款、第2项)。乙在住宅区内开设私娼馆,妨害社会风化,有悖善良风俗,甲经劝导乙迁移,并报警取缔,均无效果,甲捣毁乙之私娼馆,使乙不能继续营业,其行为系不得已,具正当防卫性(防卫自己家人及住宅区社会之公益),旨在排除社会污染源,系权利之行使,且不为过当,乙不能营业之损失,甲不负赔偿责任。

(2) 惟乙说之②中所谓"不得已,具正当防卫性",似可删除。惟括号内文字保留,仅将括号删除。

"司法院"第一厅研究意见谓:研讨结果照审查意见通过,核无不合。惟乙说②所载"参看'违警罚法'第64条第1项第3款、第2项"一语,因该法已废止,宜改为"参看'社会秩序维护法'第80条、第81条。〔1992.2.27.(1992)厅民一字第02696号函〕

(二) 请求权基础

本件法律问题的研究意见乙说、审查意见与第一厅研究意见(以下合称研究意见)颇为简洁,深具启发性,但也显现若干疑义,必须借着请求权基础的思考方式加以阐释、澄清。本件案例亦可用于学习较严谨的民法请求权的推理及思考。①

请求权基础指原告得向被告所主张的法律规范。在本件,原告为经营私娼馆的乙,被告为率众捣毁私娼馆的甲。乙所主张的是,其私娼馆被捣毁致不能营业的营业损失。问题的重点在于有无得支持乙对甲请求赔偿此项营业损失的法律规范。所应检讨的是第184条第1项及第216条之规定。

---

① 关于请求权基础(Anspruchsgrundlage),参见拙著:《民法实例演习·基本理论》。

二、捣毁私娼馆的侵权行为

(一) 第184条第1项的规范功能

第184条第1项规定:"因故意或过失不法侵害他人权利者,应负损害赔偿责任。故意以悖于善良风俗之方法加损害于他人者亦同。"本条第1项前段分别规定两个不同的侵权行为,系两个独立的请求权基础,得发生竞合关系。① 因此在处理案例时,须分别加以检讨。判例学说通常多仅检讨其一,未臻周全。二者构成要件不同,主要是因为立法者采区别性的权益保护,即前段所保护的,是他人的"权利",只需加害人有故意或过失即可成立侵权行为。后段所保护的,不限于权利,兼括其他法益,尤其是所谓的纯粹经济上损失(纯粹财产上损失),其范围较广,故加害行为须出于故意悖于善良风俗的方法。第184条第1项前段与后段的适用,涉及侵权行为法的发展及民事责任体系的调整,系实务上的重要问题,在此不拟详论。② 以下仅就本件问题加以说明。

(二) 第184条第1项前段

在本件,乙所请求的是私娼馆被甲率众捣毁而不能营业的营业损失。首先应该检讨的是,此项营业损失是否因某项权利被侵害而发生? 此涉及第184条第1项前段的适用,就本件问题的案例事实言,主要争点有二:其一,甲是否侵害乙的权利? 何种权利? 其二,若肯定甲侵害乙的权利时,其侵害行为是否因正当防卫而阻却违法?

1. 侵害他人权利

(1) 所有权

甲率众捣毁乙经营的私娼馆,若毁损该私娼馆内乙所有的桌椅、床

---

① 第184条第2项规定:"违反保护他人之法律者,推定其有过失",应解为系一种独立的侵权行为。故第184条共规定三个独立的侵权行为类型。某一案例是否符合此三个侵权行为的要件,应分别检讨认定之。

② 关于第184条规定的立法政策、法律技术及其解释适用,参见拙著《侵权行为法》。第184条基本上是仿自《德国民法》第823条及第826条规定,关于其所采的区别性的权益保护(rechtsgutspezifische Differenzierung),参见 Larenz-Canaris, Schuldrecht Ⅱ/2, 13. Aufl., 1994, S.372, 375. (附有详细资料文献)。

铺、电话及其他之物时，系侵害乙的所有权。① 须强调的是，某物虽用于违法营业，其所有权之应受保护，不因此而受影响。例如，乙经营电动玩具赌博，甲率众捣毁其电动玩具，亦构成对乙之所有权的侵害。

（2）营业权

研究意见谓："按损害赔偿以权利受损害所生之损失为要件。本件乙在住宅区之大厦内经营私娼馆，严重妨害住户之安宁，败坏社会风俗，系违法行为，无权利之可言，乙之请求欠缺法律上之基础。"此之所谓"无权利"，非指所有权而言。然则，可否认为系指"营业权"？

营业权（或称企业权，Recht am eingerichteten und ausgeübten Gewerbebetrieb，简称为 Recht am Gewerbebetrieb）是德国法上的概念。德国民法关于侵权行为设有三个类型，即：① 故意或过失不法侵害他人之生命、身体、健康、自由、所有权或其他权利（《德国民法》第823条第1项）。② 违反保护他人之法律（《德国民法》第823条第2项）。③ 故意以悖于善良风俗方法损害他人（《德国民法》第826条）。德国判例学说认为此种侵权行为法的结构体系，未尽概括，因此对《德国民法》第823条第1项所称的"其他权利"作扩大的解释，包括一般人格权和营业权，以促进德国侵权行为法的发展。

营业权是德国帝国法院所创设，历经90余年的发展，关于其法律性质和保护范围，仍多争议，尚无定论。一般认为营业权系属《德国民法》第823条第1项所称的其他权利，具有绝对权的性质，而受其保护的，须与企业经营具有关联（betriebsbezogen），其主要类型有：主张实际上不存在的专利权或商标权，而要求企业不得制造一定产品或使用商标；物理上妨害企业经营，如堆放物料于商店门口，阻止顾客出入；采取不合法的罢工杯葛等。②

德国民法上的企业权虽有近百年的发展基础，但始终受到质疑、批评或否定。③ 实务上亦加限制。在有名的电缆案件中，甲挖断乙的电缆，致

---

① 本件法律问题及研究意见未提及侵害所有权的问题。私娼馆的房屋设备是否为乙所有，不可确知。本文系以此作为讨论的基础。设该私娼馆系由乙承租而占有时，则发生侵害租赁权及占有的问题。

② Fikentscher, Schuldrecht, 8. Aufl. 1992, S.737.

③ Larenz/Canaris, Schuldrecht Ⅱ/2, 13. Aufl.1994, §81（S.537f.）.其论述甚详，附有参考文献。

丙工厂停工不能生产时,是否构成侵害丙的营业权,德国联邦法院(Bundesgerichtshof,简称BGH)采否定的见解,认为:"营业权被侵害之得请求损害赔偿,须以被侵害者与企业经营具有内在关联不易分离关系为要件。对企业的侵害须具直接性。伤害企业的员工,毁损企业的车辆,尚未足构成对企业的侵害,因员工或车辆与企业并无内在关联。甲挖断乙的电缆,致丙工厂不能营业,亦属如此。因停电而遭受不利益的,不限于企业,亦包括家庭用户等消费者。供电关系非属企业所特有。挖断电缆,导致电力中断,不能认为是对企业权的侵害。企业纵因此受有经济上的损失,亦不能以营业权受侵害为理由,请求赔偿。"①

第184条第1项前段所称权利是否包括营业权,实务上尚乏判决,学说上有采肯定说。郑玉波教授谓:"营业权(有否认其为权利者,亦有承认其为权利者,后者谓其为人格权者有之,谓其为无体财产权者亦有之)之侵害,亦可成立侵权行为,例如不正当竞争及同盟抵制(Boycott)等,皆构成营业权之侵害,故应视其情节,成立侵权行为。"②

本文认为第184条第1项前段所称权利不包括所谓的营业权。某种利益之所以成为受侵权行为法保护的权利,必须具有社会公开及排他的归属范畴,如所有权或人格权。企业经营是由财产、商誉、顾客关系等个别部分而组成,并未凝聚成为一个实质的客体,不具社会公开性及排他的归属范围,难以将其权利化,使侵害之者,即构成不法性,因具过失而应负损害赔偿责任。营业的构成部分受到侵害时,应依其性质而定其适用的法律。例如,甲毁损乙企业的设备时,系侵害乙的所有权;甲伤害乙企业的董事丙时,系侵害丙的人格权,乙纵因此受有损失,亦不得以企业权受侵害而请求损害赔偿。甲诬指乙餐厅使用英国因狂牛病而屠杀之牛肉时,系侵害乙的商誉,而非其营业权。关于郑玉波教授所举不正当竞业及同盟抵制案例,得适用第184条第1项后段。

---

① BGHZ29, 65;BGH NJW1977, 2208;BGH NJW1981, 1779.关于此三者重要判决在比较法上的分析讨论,参见 B. S. Markesinis, A Comparative Introduction to the German Law of Torts, Third Edition, Oxford University Press, 1994, pp.194.英美法的资料,参见 B. S. Markesisnis and S. F. Deakin, Tort Law, Third Edition, 1994, pp.105, 198f.

② 参见郑玉波:《民法债编总论》,第153页。参见史尚宽:《债法总论》,第134页;廖义男:《企业与经济法》,载《台大法学丛书》(6),第31页以下。关于营业权将于拙著《侵权行为法》作较深入的探讨,暂置不论。

依上所述,甲捣毁乙经营私娼馆,乙就其营业上损失不得以"营业权"受侵害,请求损害赔偿,其理由系第184条第1项前段所称权利并不包括营业权在内。申言之,乙之"无权利"而欠缺请求损害赔偿的法律基础,不是因为经营私娼馆系违法行为而无权利,而是因为营业权本非属第184条第1项前段所保护的权利,不得以营业权被侵害作为请求营业上损失的依据。

(3) 纯粹经济上损失

营业损失系属一种经济上(财产上)损失,可分为两类:第一类系附随于权利被侵害而发生,如毁损他人之计程车、工厂设备,致其不能营业而生的财产上不利益。此等损失与权利受侵害具有相当因果关系时,得请求损害赔偿。第二类系所谓的纯粹经济上损失。

所谓纯粹经济上损失(pure economic loss),指其营业上损失非因权利被侵害而发生,例如,捷运工程公司开掘地道,施工疏误,地层下陷,危及四周安全,致邻近商店不能营业而受有损失。在本件问题,若甲未捣毁乙的私娼馆,仅驱散妓女或阻止寻芳客进入,致乙不能营业而受损失时,即为纯粹经济上损失。此等纯粹经济上损失不受第184条第1项前段规定的保护而应适用同项后段规定,其主要理由系纯粹经济上损失不具社会公开性,范围不确定,不能仅因加害人具有故意或过失,即令其负赔偿责任。①

2. 不法及正当防卫

(1) 概说

据上所述,甲"捣毁"乙经营的私娼馆,构成侵害乙的所有权时,应适用第184条第1项前段规定。依传统见解,侵害他人之权利者,即属不法,惟侵害行为之不法,得因特定事由而阻却之。1994年台上字第2144号判决可资参照,该判决谓:"按侵害他人之权利,系违反权利不可侵之义务,亦即违反法律禁止之规定,如无阻却违法之事由,即系不法侵害他人之权利。"所谓违法阻却事由,其主要者如被害人允诺、无因管理、正当防卫、紧急避难等。②

---

① 关于纯粹经济上损失,参见拙著:《挖断电缆的民事责任:经济损失上的赔偿》,载《民法学说与判例研究》(第七册),北京大学出版社2009年版,第57页。
② 关于侵权行为之不法性及违法阻却的基本问题,参见郑玉波:《民法债编总论》,第144页;孙森焱:《民法债编总论》,第156页;邱聪智:《民法债编通则》,第116页。

基上说明,就第 184 条第 1 项前段言,侵害行为之构成不法,系因侵害他人权利而发生。在本件,甲捣毁乙之私娼馆,致其不能继续营业,倘依研究意见认为乙"无权利之可言",则不必再讨论其不法性及正当防卫。须先肯定甲捣毁乙的私娼馆,毁损其设施,系侵害其所有权(或其他权利)时,始发生得否因正当防卫阻却违法的问题。

(2) 正当防卫之要件

第 149 条规定:"对于现时不法之侵害,为防卫自己或他人权利所为之行为,不负损害赔偿之责。但已逾越必要程度者,仍应负相当赔偿之责。"由此可知,正当防卫须具备三个要件①:

第一,须对于现时不法之侵害。所谓侵害指人的行为,侵害者须为人,是否具有故意或过失,在所不问,故对儿童、精神病人亦得为正当防卫。② 攻击者若为动物或其他之物,虽不成立正当防卫,但得为紧急避难(第 150 条)。所谓不法,指侵害他人权利而无违法阻却事由存在,亲权人对未成年人施以惩戒,为适法行为,不得对之为正当防卫。所谓现时,指其侵害业已开始进行尚未完毕。例如,甲抢劫乙的钱包,系现时不法侵害,甲抢夺钱后逃逸时,侵害行为仍未完毕,乙骑车追之,在甲遁入陋巷前,以车阻止,夺回钱包,仍属正当防卫。

第二,须为防卫自己或他人之权利。得为正当防卫之权利,包括人格权(尤其是人身、自由、名誉、隐私)、所有权及占有等。甲擅自停车于乙承租之车位,乙得以占有受现时不法侵害而为防卫行为(如雇人拖走该车)。③ 所谓他人,包括自然人及法人。此种为保护第三人的正当防卫,称为紧急救助(Nothilfe)。如甲强奸乙女,丙得为乙而为防卫行为。配偶之一方通奸时,他方配偶得否为正当防卫,尚有争论,但应采否定说,夫妻虽负互守诚实、确保其共同生活之圆满安全及幸福义务④,但非属得以实

---

① 关于正当防卫的基本理论,参见洪逊欣:《民法总则》(修订本),第 672 页。
② 此为通说。惟学说上亦有认为侵害人须具备所谓自然的能力,(Natürliche Fähigkeit),例如酒醉不醒之人驾车肇祸,对之不构成正当防卫,而应成立紧急避难。参见 Larenz, Allgemeiner Teil des Bürgerlichen Gesetzbuches, 6. Aufl. 1989, S.270.
③ 参见拙著:《民法物权》,北京大学出版社 2009 年版,第 527 页。
④ 参见 1966 年台上字第 2053 号判例。

力防卫之权利。①

第三,须防卫行为不逾越必要程度。防卫行为是否必要应客观认定之,不以防卫者之主观判断为标准。如有多种防卫方法,应择其损害之较轻者。1975年台上字第2442号判例谓:"所谓正当防卫,乃对于现时不法之侵害为防卫自己或他人之权利,于不逾越必要程度范围内所为之反击行为。又此反击行为,必加损害于侵害人,始生正当防卫之问题。至正当防卫是否过当,又应视具体之客观情事,及各当事人之主观事由认定之,不能仅凭侵害人一方受害情状为断。"此见解可资参照。防卫超过必要程度者,称为过当防卫,应负相当赔偿责任。

(3) 排除社会污染源得否构成正当防卫

关于本件法律问题,台湾省高等法院座谈会研讨意见乙说认为:"违背公序良俗之行为,不受法律之保护(参看'违警罚法'第64条第1项第3款、第2项)。乙在住宅区内开设私娼馆,妨害社会风化,有悖善良风俗,甲经劝导乙迁移,并报警取缔,均无效果,甲捣毁乙之私娼馆,使乙不能继续营业,其行为系不得已,具正当防卫性(防卫自己及住宅区社会之公益),旨在排除社会污染源,系权利之行使,且不为过当,乙不能营业之损失,甲不负赔偿责任。"审查意见认为可删除"不得已,具正当防卫性"字样,第一厅研究意见表示赞同。据此观之,座谈会多数意见及第一厅研究意见似均认为甲捣毁乙的私娼馆,系属正当防卫。此项见解,似有商榷余地,分三点言之:

第一,乙经营私娼馆并未侵害甲或其家人的权利。甲乙虽同住一栋大厦,甲的所有权或占有并未因乙经营私娼馆而受侵害,对所有权的妨害,不包括精神侵害在内。② 又甲或其家人的人格权亦不因其大厦内其他住户从事违反善良风俗行业而受侵害。

第二,住宅区社会之公益,非属第149条所称他人之权利。所谓他人,除个人外,尚有"国家"等公法人,但不应包括社会在内。权利的概念虽可扩张解释,但不应包括公益。维护社会不受色情污染系"国家"任

---

① 参见洪逊欣:《民法通则》,第681页(注4)。1947年院解字第3406号谓:本夫或第三人于奸夫奸妇行奸之际杀死奸夫,是否可认当场激于义愤而杀人,应依实际情形定之,但不得认为正当防卫。德国判例学说亦同此见解,Palandt/Heinrichs, Bürgerliches Gesetzbuch, 50. Aufl. 1995, § 227 Anm. 2; Köln NJW75, 2344.

② 参见拙著:《民法物权》,北京大学出版社2009年版,第112页。

务,不能由个人依自力救济为之。"甲劝乙迁移私娼馆,不得结果,报警取缔亦无结果,事非得已",不应作为率众捣毁私娼馆的法律依据。在台湾地区,违反善良风俗之行业甚多,除私娼馆外,尚有色情三温暖、赌博性电动玩具店、赌场、色情表演等,报警取缔,并无结果,颇为常见,以此为理由,认为率众捣毁,旨在排除社会污染源,系权利之行使,具有正当性,则私力横行,法律秩序将告崩溃。

第三,在德国联邦法院 BGHZ64,178 判决一案,被告等人系法律系及神学系学生,见原告在火车站前摆摊出售色情刊物,劝原告搬离,原告拒绝。被告等乃强行取走书刊,并损毁其设施,原告诉请损害赔偿,被告主张正当防卫。德国联邦法院认为正当防卫不能成立,强调个人人格虽为宪法所保障,人民的道德价值亦应受尊重,但此并不表示每一个公民于他人从事悖于善良风俗或违反"刑法"之行为时,皆得采自卫的方法加以排除。被告采取攻击行为,使公益成为私事,使自己成为维护道德及社会秩序的检察官,不受"宪法"的保护。在一个法治国家,维持有秩序社会的社区生活,乃国家的职务,不能借助私力救济。① 此项见解,可资参照。

(三) 第 184 条第 1 项后段

第 184 条第 1 项后段规定:"故意以悖于善良风俗方法加损害于他人者,应负损害赔偿责任。"其保护的客体,不限于权利,亦包括其他利益,尤其是纯粹经济上损失等。实务上常见的案例如债务人与他人通谋虚伪设定抵押权,以避免债权人的强制执行。在本件问题,经营私娼馆之乙得否主张甲率众捣毁私娼馆,或驱散妓女,系故意以悖于善良风俗之方法致加损害? 关于此类问题,最近实务上有一则案例,可供参照。

在 1994 年台上字第 2347 号判决一案,上诉人主张被上诉人未经伊之同意,擅自输入并重制上诉人美商仙履奇缘公司出品之视听著作物录像带,并分别译名为"点根烟吃吃吧"、"不变的玫瑰"及"要命的手枪",另擅自输入并重制上诉人美商西方视听公司出品之视听著作物录像带,并分别译名为"双重湿透"、"亚洲大姊头"、"酒醉的爱"。上开视听著作物之内容,部分属男女交媾之表演,被上诉人擅自伪造伊为出品人暨版权所有人,并供作出租营利使用,即以违反善良风俗不名誉之方法,构成伊商

---

① 关于本件判决的评论,参见 Larenz, AT. S. 272.

号名誉严重损害。被上诉人之刑责已经刑事判决有罪确定在案等情,求为命被上诉人在《联合报》等报第一版登载声明道歉启事10天之判决。被上诉人则以:色情录像带为禁止散布之物,本身即属违反公共秩序之物,而第184条第1项立法意旨在保护正当权利人之利益及维护适于善良风俗之人民生活,故违反公序良俗之色情录像带发行者,自无由依该条项后段之规定,加以主张权利等语,资为抗辩。

原审依审理之结果,以:上诉人对于经查获译名为"点根烟吃吃吧"等录像带系由其分别发行,其内容有性交表演,不能于本省内公开发行等情,并不否认,惟上诉人主张上开视听著作系由被上诉人擅自输入及重制一节,为被上诉人所否认,而上诉人就此有利于己之主张,又未能举证证明,以实其说,自不能以片面之词,即谓为被上诉人所伪造。况上开出品人暨版权所有人之记载,与上诉人自认之其为出品人暨著作人等情,并无不合,自难谓上诉人因符合事实之记载而名誉受有损害。是上诉人请求被上诉人为恢复名誉登报道歉,即属于法不合,爰驳回上诉人之诉。

"最高法院"判决理由认为:行使侵权行为之损害赔偿请求权,其被害人不得主张自己具有不法之情事,而请求加害人赔偿(参照1967年台上字第2232号判例)。① 此乃因请求人之一方既有不法之情事,已有法律所不容于先,如仍许其得请求他方赔偿其损害,无异助长请求人一方不法原因事实之发生及扩大,自为法律所不许。本件系争之"点根烟吃吃吧"、"不变的玫瑰"、"要命的手枪"、"双重湿透"、"亚洲大姊头"及"酒醉的爱"等录像带,均系由上诉人等分别发行,以性交表演为内容,属于猥亵物品,不能于本省内公开发行之视听著作等事实,为上诉人所自认,亦为原审所确定之事实,复经台湾省高等法院1993年上诉字第5496号刑事判决认定为违禁物,维持第一审刑事法院没收之判决在案。查上开上诉人制作之猥亵录像带为违禁物,既有害于善良风俗,为法律所不容许,则其公开发行,虽非由于上诉人之主动使然,亦属有不法之情事。依上开刑事判决,被上诉人虽有出租系争录像带之行为,惟依上开说明,上诉人在本省内殊无由主张其所公开发行之上述猥亵录像带,被上诉人有故意以

---

① 1967年台上字第2232号判例谓:"为行使基于侵权行为之损害赔偿请求权,有主张自己不法之情事时,例如拟用金钱力量,使'考试院'举行之考试发生不正确之结果,而受他人诈欺者,是其为此不法之目的所支出之金钱,则应适用第184条第4款前段之规定,认为不得请求返还。"关于本件判例的评论,参见拙著:《不当得利》,北京大学出版社2009年版,第105页。

悖于善良风俗之方法,加损害于上诉人之行为,而请求登报道歉之余地。上诉人请求此项损害赔偿,自无从准许。原审驳回上诉人之诉,虽非以此为理由,惟其结果并无二致,应以上诉人之上诉为无理由。上诉论旨仍执陈词,指摘原判决不当,求予废弃,非有理由。

上开判决,系认为上诉人制作之猥亵录像带为违禁物,有害于善良风俗,侵害之者,不构成故意以悖于善良风俗之方法致加损害于他人。此项法律见解,原则上可资赞同,在本件法律问题亦有适用余地。乙经营私娼馆既有害于善良风俗,甲率众捣毁,虽系故意侵害他人,但出于维护社会风气,衡诸道德观念,尚难认为其加害行为有悖于善良风俗,故乙不得依第184条第1项后段规定向甲请求赔偿其私娼馆被捣毁不能营业的营业损失。

三、损害赔偿

因故意或过失不法侵害他人之权利者,应负损害赔偿责任,负损害赔偿责任者,除法律另有规定或契约另有订定外,应恢复他方损害发生前之原状(第213条以下)。损害赔偿,原则上应填补债权人所受损害及所失利益。依通常情形,或依已定之计划、设备或其他特别情事,可得预期之利益,视为所失利益(第216条)。兹以捣毁私娼馆为重点,分述如下:

(一) 所受损害

捣毁他人经营的私娼馆,侵害他人之物者,应赔偿其所受损害。此指物本身所受损害,又称为直接损害或积极损害。物灭失时,应依一般损害赔偿的规定,以恢复原状为原则。物毁损时,第196条规定:"不法毁损他人之物者,应向被害人赔偿其物因毁损所减少之价额。"此项特别规定是否排除恢复原状的原则,颇有争论。为保护被害人,1988年5月17日、1988年度第九次民事庭会议决议(一)谓:物被毁损时,被害人除得依第196条请求赔偿外,并不排除第213条至第215条之适用。依第196条请求物被毁损所减少之价额,得以修复费用为估定标准,但以必要者为限(例如修理材料以新品换旧品,应予折旧)。被害人如能证明其物因毁损所减少之价额,超过必要之修复费用时,就其差额,仍得请求赔偿。"此项决议可资赞同。因此物被不法毁损时,被害人有三种救济方法,可供选择:(1) 请求其物因毁损所减少之费用。(2) 请求恢复原状及金钱赔偿(第213条至第215条)。(3) 请求必要修复费用。①

须特别说明的是,物被不法毁损之得请求所受损害的赔偿,不因该物用于违背法令或悖于善良风俗的活动或营业而受影响。故在本件问题,甲不法捣毁乙之私娼馆,乙仍得就其物被灭失或毁损,请求赔偿。又例如,丁捣毁丙经营之赌博电动玩具店,对其所灭失或毁损的电动玩具,仍不免于损害赔偿责任。

(二) 所失利益

第216条第1项所谓所受损害,指现存财产因损害事实之发生而被减少。至于所谓所失利益,则指新财产之取得,因损害事实之发生而受妨害;易言之,即倘无归责原因之事实,势能取得之利益,而因归责原因事实之发生,以致丧失②,此种损害又称为间接损害或消极损害。所失利益的范围较难确定,为避免争议,减轻被害人的举证困难,第216条第2项乃特别规定:"依通常情形,或依已定之计划、设备或其他特别情事,可得预期之利益,视为所失利益。"准此以言,所谓所失利益,如不法侵害他人之人身,被害人一月不能工作致丧失之工资;不法侵害他人工厂的机器,被害人因工厂停工,致丧失的营业利益。就契约债务不履行而言,如承揽的工程违约未予完成,致丧失房屋如已完成可获转售或出租的预期利益。③所失利益原则上均得请求损害赔偿。值得提出讨论的是,所失利益系基于违法或悖于善良风俗之行为或契约而发生的,得否请求赔偿?分述如下:

1. 违背法律规定

所失利益基于违反法律的行为而发生的,通常多属与第三人所定的契约,得否请求损害赔偿,原则上应视法律之规范目的而定。法律系否定

---

① 参见拙著:《物之损害赔偿制度的突破与发展》,载《民法学说与判例研究》(第六册),北京大学出版社2009年版,第16页。

② 关于所受损害及所失利益,参见郑玉波:《民法债编总论》,第251页;孙森焱:《民法债编总论》,第316页。

③ 1959年台上字第1934号判例谓:"第216条第1项所谓所受损害,即现存财产因损害事实之发生而被减少,属于积极的损害。所谓所失利益,即新财产之取得,因损害事实之发生而受妨害,属于消极的损害。本件被上诉人以上诉人承揽之工程违约未予完成,应另行标建,须多付如其声明之酬金,并非谓房屋如已完成可获转售之预期利益,因上诉人违约而受损失,是其请求赔偿者,显属一种积极损害,而非消极损害。"

该契约的效力时(参照第71条),其所失利益不受保护,不在赔偿范围之内。例如,某黑道人士被车撞伤住院,不得以不能从事工程围标,受有损失,而请求赔偿。又甲不法毁损乙的渔船时,对乙因不能从事走私贩卖毒品所丧失的利益,自不负赔偿责任。在法律未否定契约效力的情形,如受雇于无照营业的KTV、房屋租金超过法律规定①、公务员违法兼差②等所失利益仍得请求赔偿。

2. 悖于善良风俗

(1) 经营私娼馆的所失利益

所失利益系因悖于善良风俗方法而发生的,不受法律保护,不具赔偿性(ersatzfähig),经营私娼馆的营业上损失为其著例。在本件问题,研究意见结论亦采此见解,可资赞同。至其理由,上开1994年台上字第2347号判决所谓"行使侵权行为之损害赔偿请求权,其被害人不得主张自己具有不法之情事,而请求加害人赔偿,此乃因请求人之一方既有不法之情事,已为法律所不容于先,如仍许其得请求他方赔偿其损害,无异于助长请求人一方不法原因事实之发展及扩大,自为法律所不许",可资参照。易言之,即法律所否定的,不容迂回地借损害赔偿请求权予以实现。

(2) 娼妓的所失利益

应更进一步检讨的是,妓女(或牛郎)的人身被侵害,例如捣毁私娼馆打伤妓女或妓女遭遇车祸受伤时,就其不能从事"工作"丧失的收入,得否请求损害赔偿。对此问题,本文原则上采否定的见解,分三点加以说明:

① 以身体从事性交易,获取对价,系违反善良风俗,其契约无效(第72条)。私娼如此,公娼亦然。公娼制度旨在便于管理,维护卫生安全,出于行政目的之考量,不因此而使其性交具有道德价值。若肯定其法律效力,则当事人有给付请求权,与善良风俗显有不符。③

---

① 德国实务上采此见解,BGHZ75,366。

② 德国实务上采此见解,参照BGH NJW1974,1374,1377。在德国法上有争论的是非法打工(Schwarzarbeit)的收入得否请求损害赔偿。原则上应视此项劳动契约是否有效而定,通说采否定说,故属违背法令的所失利益,不得请求。此项问题在台湾地区现行民法上如何解决,仍待研究,特予提出,以供参考。参见MünchKomm/Gursky,§352 Anm.4。

③ "财政部直接税处"26.4.21.处第203号训令谓:"娼妓系属不当营业,原在取缔之列,不予课征所得税。"在德国,娼妓则应缴税,但通说认为此乃基于租税公平原则,不得作为娼妓得请求营业所失利益的理由。参见Staudinger/Medicus,BGB §252 Anm,16-18。

② 性交易的法律行为无效,不发生债之关系。一方已为金钱给付时,其物权行为因具伦理上中立性,仍属有效,他方虽仍能取得其所有权,但给付目的自始不存在,其受有利益,无法律上原因,应成立不当得利。惟此为不法原因给付,不得请求返还(第179条、第180条第4款)。① 性交易者虽得因此而保有给付,但不能以此作为其得请求所失利益的依据。

③ 值得注意的是,德国联邦法院 Bundesgerichtshof 在 BGHZ67, 119 一案所采折中的见解。本件原告系阻街女郎,从事色情交易,遭被告驾车撞伤,住院 20 天,主张其每日工作收入约 270 马克,丧失 20 日收入共 5940 马克,请求被告赔偿。在本件判决前,德国实务上此类案例甚多,有采肯定说,有采否定说,见解分歧。② 本件原审高等法院采肯定说。德国联邦法院强调色情性交易契约,违反善良风俗,无效(《德国民法》第 138 条),所失利益不在请求范围。惟为不使被害人生计困难,转由社会救助负担,特认为被害人得就所失利益请求赔偿,惟其数额不得高于健康之人在一般情形经验上可获得维持生存的收入。此项判决引起广泛热烈的讨论,赞成者有之,反对者亦属不少。③ 依本文见解,在台湾地区现行民法上应根本否定娼妓所失利益的请求权。将所失利益分别为保障生存所必要和违反善良风俗超过两部分,而为不同处理,未能贯彻悖于善良风俗所失利益不具赔偿性的基本原则。

四、结　　论

损害赔偿是否包括违背法令或违背善良风俗的所失利益,尤其是营业损失?台湾省高等法院1991年度法律座谈会第一次提出此项问题,深具启示性。研究意见结论认为私娼馆的营业损失,不受法律保障,不得请求,确值赞同。惟其所采"无权利侵害"及"正当防卫"两点理由,似有斟酌的余地。本文认为:

---

① 关于不法原因给付,参见拙著:《不当得利》,北京大学出版社 2009 年版,第 95 页。
② 参见 Stürner, Der entgangener rechtswidrige oder sittenwidrige Gewinn, VersR 1976, 1012; Renate Born, Entgangene Dirnenlohn als erstattungsfähiger Erwerbsschaden? VersR 1977 118. 简要说明参见 MünchKomm/Grunsky, §252 Anm. 5.
③ 参见 Herman Lange, Schadenersatz 2. Aufl. 1990, S. 375; MünchKomm/Grunsky, 2. Aufl. 1986, §252 Anm. 5; Staudinger/Medicus, BGB, 12. Aufl. 1983. §252 Anm. 16-18.

（1）甲"捣毁"乙的私娼馆,系故意侵害乙的所有权,乙得依第184条第1项前段规定,请求损害赔偿。

（2）甲侵害乙的所有权,具有不法性,所谓"报警取缔均无效果,事非得已,旨在防卫自己家人及住宅区社会公益,排除社会污染源",不符合第149条正当防卫的要件,不构成阻却违法。

（3）乙就其所有权被侵害之所受损害(物之灭失或毁损),得依第196条或第213条以下规定,向甲请求恢复原状、修复费用或减少价额。至于私娼馆被捣毁的所失利益,尤其营业上的损失,因系违背善良风俗,不受法律保障,则不得请求损害赔偿。

商品制造者责任与纯粹经济上损失

一、问题的提出

商品具有瑕疵(或缺陷),致他人权益遭受损害,为现代大量消费社会的严重问题。1994年1月11日公布施行的"消费者保护法"第7条规定商品制造者应负无过失侵权行为责任,是一项重大突破。在该法施行前,"最高法院"著有两则重要判决,涉及商品制造者就直接买受人或第三人因物之瑕疵而受的"纯粹经济上损失",应如何依契约或侵权行为法的规定,负损害赔偿责任。此二则判决对于民事责任的发展,甚具意义,对第7条规定的解释适用,亦具启示性,可惜迄未受到应有的重视,特撰本文加以论述。①

纯粹经济上损失,系英文 pure economic loss 的迻译②,德国判例学说称

---

① 本文题目所谓商品制造者责任,又称为产品责任(Products Liabilty),为配合消费者保护法用语,亦可称为商品责任,为行文方便,互用其概念,先行说明。关于产品责任,实务上案例尚不多见,此两则判决分别涉及契约法及侵权行为法,深具意义。台湾地区近年来已经逐渐建立法院(尤其是"最高法院")判决公布制度,对于促进法律发展,甚具贡献。评释判例判决是法律学者的重要任务。徒务理论,不重实务,殆属空谈,难以参与促进法律的形成和发展。判例研究对法学的进步关系至巨,应值重视。

② 纯粹经济上损失是英美法实务与理论上的重要问题,参见 Bruce Feedthusen, Economic Negligence-The Recovery of Pure Economic Loss, Second Edition(Toronto, 1989)。最近英国法上发展的简要说明,参见 John Dwyer, Negligence and Economic Loss, Essays for Partick Atiyah(Oxford, 1991), p.309. 美国法上的讨论,参见 Gary T. Schwartz, Economic Loss in American Tort Law: The Examples of J'Aire and of Products Liability, San Diege Law Review, Vol.23 37, 1986; Rofert L. Rabin, Tort Recovery for Negligently Inflicted Economic Loss: A Reassement, Standford Law, Vol.37, 1912; P. S. Atiyah, Economic Loss in the United States, 5 Oxford Journal of Legal Studies(1985) 465. Francis Trindal 及 Peter Cane 在其合著 The Law of Torts in Australia(Second Edtition, 1993),列有专章讨论 purely economic loss(pp.169-239),可供参考。

为纯粹财产上损害(reines Vermögenschaden)①,或对财产本身(Vermögen als solches)的侵害。② 此项概念在台湾地区尚属陌生,试举挖断电缆之例加以说明。甲雇工挖掘地道,不慎毁坏乙的电缆(瓦斯或电话等管线),电力供应中断,致丙等的餐厅、证券交易所不能营业。在此情形,对乙而言,为所有权被侵害;对丙等而言,则为纯粹经济上损失。③ 权利被侵害时,被害人得请求加害人赔偿其因此而生的经济上不利益,如电缆被损毁时的修缮费、营业损失等;人身被侵害时的医疗费、减少的收入等。④ 纯粹经济上损失(或经济财产上损害)的赔偿,系契约和侵权行为法上的重要争议问题。⑤

关于商品瑕疵所致的损害,可举一例再加说明。甲向乙购买丙制造的汽车,该车机件具有瑕疵,甲因车祸受伤,手表毁损时,系权利遭受侵害。至于纯粹经济上损失,其主要情形有五⑥:

(1) 汽车因具有瑕疵而减少价值。

(2) 为修缮汽车瑕疵而支出费用。

(3) 汽车因瑕疵不能使用,丧失营业利益。

(4) 汽车本身因车祸而毁损灭失。

(5) 甲转售该车于丁,须对丁所受的损害负赔偿责任。此种第三人损害赔偿请求权的负担,学说上有称为责任损害(Haftpflichtschaden)。⑦

"最高法院"两则判决涉及上述第五种经济上损失,以下评释即以此

---

① 参见 v. Bar, Negligence, Eigentumsverletzung und reiner Vermögensschaden, RabelsZ56 (1992)441。本文在于分析检讨英美法的发展,颇具可读性。

② 参见 Esser/Weyers, Schuldrecht Ⅱ, Besonderer Teil, 1991, §55 V2a; Fikentscher, Schuldrecht, 8. Aufl. 1992, S. 729, 757ff.; Kötz, Deliktsrecht, 4. Aufl., 1988, S. 75f.; Medicus, Schuldrecht, Besonderer Teil, 1983, 140 Ⅲ 2.

③ 参见拙著:《挖断电缆的民事责任:经济上损失的赔偿》,载《民法学说与判例研究》(第七册),北京大学出版社2009年版,第57页。

④ 关于电缆案件在比较法上的研究,参见 F. H. Lawson and B. S. Markesinis, Tortious Libility for Unintentional Harm in the Common Law and Civil Law, vol. Ⅰ (Cambridge, 1982), p. 80 以下对 pure economic loss 的基本问题论述甚详,足供参考。

⑤ 本文讨论的重点为商品制造者责任,其他问题将另撰文作较详细的研究。参见邱琦:《过失不实陈述的研究》,台大法律学研究所1991年度硕士论文。另参见 Reynolds, Tort Actions in Contractual Situations, Newzealand Universities Law Review, vol. 11 1985, 215。

⑥ 参见 Hager, Zum Schutzbereich der Produzenterhaftung, AcP 184, 413。

⑦ 参见 Rengier, Die Abgrenzung des positiven Interesses vom negativen Vertragsinteresse und vom Integritätsinteresse, 1977. S. 81。

为重点。

二、1988年台上字第1989号判决：
商品制造者对直接买受人的责任

（一）判决理由

1. 当事人主张

本件上诉人主张伊于 1984 年 4 月 26 日向被上诉人购买塑料布 222 778 码及塑胶浴帘 2 000 码，总价 98 391.73 美元外销肯亚。买卖契约书订有特别条件："……买家之顾客，因所定之货，遇有货质、颜色、度量及重量或其他条件与合约不符而致发生纠纷，需要买家赔偿损失时，卖家须于买家将上项事情通知之 24 小时内将应赔偿之款，立即交予买家……"。上开货品，经伊分两批运送肯亚，受货人即客户 EXPECO 公司，于其顾客以上开货品有瑕疵退货后，特委由亚塔布利斯哈定公证公司检验结果认为有部分强度不足，部分有"小洞"、"沾染不明物质之污点"、"破裂"、"裂缝"种种之瑕疵，遂将货品退回，并拒绝付款，伊因而受有损害，按其中间值计算，损害金额为 30 571.17 美元，依前开契约书特别条件，并民法关于不完全给付之规定，被上诉人应负赔偿责任等情，爰求为命被上诉人附加法定迟延利息如数给付，按清偿时外汇交易中心公告牌价折付新台币之判决。

被上诉人则以伊交付之货品，并无瑕疵，又买卖之货品为半成品，如公证公司公证报告（以下简称公证报告）记载之瑕疵要系上诉人于转运及加工时所造成，自无不完全给付问题。且两造间复无塑胶布应具有何种强度之订定，伊依货样生产，纵有强度不足之情形，亦与契约无违。况上诉人于货品出品前，曾派员至伊工厂验货，果有前述之瑕疵，尚时即可发现，上诉人不立即通知伊，尤应视为已承认受领其物，不得再请求等词，资为抗辩。

2. 原审判决

原审维持第一审所为不利上诉人之判决，驳回其上诉，系以被上诉人之抗辩成立，并以不完全给付，需以可归责于债务人之事由所致者，债务人始应负损害赔偿责任。又本件买卖原无所谓不完全给付之问题，虽公证报告记载上开货品有如前述之种种瑕疵,惟上诉人并未证明系于被上诉人交货时即已存在,尚难因此据认为可归责于被上诉人之事由所致,自不得对之请求损害赔偿,为其裁判之基础。

3. "最高法院"判决理由

查公证报告记载前述各种瑕疵,系由于制造过程中因模具或模型之误差或使用品质较差之原因所造成,倘公证报告系属真正,所载上项内容又非虚伪,则能否谓前述之瑕疵,系上诉人于被上诉人交付货品后因转运或加工之关系而发生,非于被上诉人交付时即已存在,自滋疑义。两造买卖契约书或附加之特别条件,纵令非有塑胶布应具有何种强度之订定,然依第200条第1项之规定,被上诉人即应给以中等品质之物,所谓中等品质,依交易当时情形以客观标准决定之。被上诉人交付之物,原审未斟酌公证报告上项之记载,以及上开法条之规定,遽为上诉人不利之判断,尚有可议。再上诉人曾于原审称:上开货品数量多,被上诉人系包装成卷而为交付,前述瑕疵隐藏于内,被上诉人交付出口前,虽经派员至被上诉人工厂验货,但关于前述瑕疵中其强度不足之情形乃不能由外观上具体可见,即非依通常之检查而可发现,迨客户拆包销售委由公证公司检验发现后,上诉人立即将公证报告通知被上诉人,被上诉人于收受后来函并已承认等语,此项主张,若属可信,即难谓前述瑕疵可由通常检查而发现,以及上诉人未立即通知被上诉人。果尔,当不能视为上诉人已承认其所受领之物,原审乃疏未注意,亦有不当。

次查债务人负有依债务本旨为给付之义务,违背债务之本旨为给付,即属不完全给付,为瑕疵之给付,即其适例。是以债务人如主张其已为完全给付,当由其负证明之责,虽债权人于受领给付后,以债务人给付不完全为由,请求债务人损害赔偿,关于给付不完全之点,应转由债权人负举证责任,惟不完全给付,非有可归责于债务人之事由,为债务人免责要件,故债务人以不完全给付系因非可归责于己之事由所致为抗辩,就此仍应由债务人证明之。原审似不否定被上诉人所为之给付,含有瑕疵,被上诉人辩称非可归责于己,竟未命其举证证明之,而以该项瑕疵是否于被上诉人交付货品时即已存在,尚不明确,即以非可归责于债务人之事由论断,尤有可议。上诉论旨,执以指摘原判决违法,求予废弃,非无理由。

(二) 分析检讨

本件事实可以简化如下：甲(上诉人)向乙(被上诉人)购买其制造生产的塑胶布，转售于丙。丙以货品具有瑕疵而退货，并拒绝付款，甲因而受有损害。关于此种损害的内容，"最高法院"未详为说明，但就买卖契约的内容及判决理由观之，似包括甲(买家)对丙(顾客)的损害赔偿责任。此为典型的纯粹经济上损失，前已论及。应检讨的是，甲对乙主张此种损害赔偿的法律依据(请求权基础)。①

1. 契约责任

(1) 不完全给付

本件判决谓："债务人负有依债务本旨为给付之义务，违背债务之本旨为给付，即属不完全给付，为瑕疵之给付，即其适例。是以债务人如主张其已为完全给付，当由其负证明之责，虽债权人受领给付后，以债务人给付不完全为由，请求债务人损害赔偿，关于给付不完全之点，应转由债权人负举证责任，惟不完全给付，非有可归责于债务人之事由，为债务人免责要件，故债务人以不完全给付系因非可归责于己之事由所致为抗辩，就此仍应由债务人证明之。"此为关于不完全给付的一项重要判决，特分四点加以说明：

第一，法律基础。不完全给付系给付不能、给付迟延以外的一种债务不履行形态，虽属定论，但其法律依据何在，"民法"制定以来，即发生争议。有认为第227条所谓"不为完全之给付"，可包括不完全给付；有认为"民法"对不完全给付未设规定，为法律漏洞，应类推给付不能或给付迟延之规定填补之；有认为不论如何，宜将第227条解为系属不完全给付之规定，使此债务不履行的重要类型有实体法上的依据。② 对此争议问题，"最高法院"在本件判决并未表示意见，但在1988年4月19日第七次民事庭会议作有如下决议："出卖人就其交付之买卖标的物有应负担保责任之瑕疵，而其瑕疵系于契约成立后始发生，且因可归责于出卖人之事由所

---

① 关于请求权基础(Anspruchsgrundlage)的基本概念体系及其重要性，参见拙著：《民法实例研习·基础理论》。

② 参见史尚宽：《债法总论》，第397页；王伯琦：《民法债编总论》，第163页；孙森焱：《民法债编总论》，第380页。对各家学说之整理分析，参见拙著：《不完全给付之基本理论》，载《民法学说与判例研究》(第三册)，北京大学出版社2009年版，第48页。

致者,则出卖人除负物之瑕疵担保责任外,同时构成不完全给付之债务不履行责任。买受人如主张:① 出卖人应负物之瑕疵担保责任,依第360条规定请求不履行之损害赔偿;或依第364条规定请求另行交付无瑕疵之物,则在出卖人为各该给付以前,买受人非不得行使同时履行抗辩权。② 出卖人应负不完全给付之债务不履行责任者,买受人得类推适用第226条第2项规定请求损害赔偿;或类推适用给付迟延之法则,请求补正或损害赔偿,并有第264条规定之适用。又种类之债在特定时,即存有瑕疵者,出卖人除应负物之瑕疵担保责任外,并应负不完全给付之债务不履行责任。并此说明。"① 由此决议,可知"最高法院"系采法律漏洞说,而以给付不能及给付延迟的规定加以填补。60年的悬案,终获解决,妥当与否可暂置不论,重要的是,明确的法律基础将有助于法律的发展。

第二,举证责任。本件判决的重点在于处理不完全给付的举证责任。关于给付的不完全,应由债权人负举证责任,向无疑问。可归责于债务人之事由,应由何人负举证责任,则有争论。"最高法院"认为:"非可归责于债务人之事由,为债务人免责要件,故债务人以不完全给付系因非可归责于己之事由所致为抗辩,就此仍应由债务人证明之。"此项见解可资赞同,分两点言之:① 债务不履行的不可归责事由,应由债务人负举证责任,各立法例多设明文。《德国民法》第282条明定:"给付不能,系因可归责于债务人之事由而生与否有争执时,由债务人负举证责任。"《德国民法》第285条规定:"债务人因不可归责于自己之事由,不为给付者,不负迟延责任。"其举证责任亦在于债务人。② 《瑞士债务法》第97条第1项明定:"债务人不为履行或不为完全履行者,除能证明无可归责于自己任何过失外,应赔偿因此所生之损害。"台湾地区现行"民法"第225条规定:"因不可归责于债务人之事由,致给付不能者,债务人免给付义务。"此规定亦寓有举证责任分配的意义。1932年上字第1956号判例谓:"给付有确定期限者,债务人自期限届满时起,当然负迟延责任,其因不可归责于债务人之事由,致未为给付者,债务人虽不负迟延责任,但不可归责于债务人之事由,应由债务人负举证责任。"此项见解可资参照,其关于举证责任分配

---

① 关于本件决议的评释,参见拙著:《物之瑕疵担保责任、不完全给付与同时履行抗辩》,载《民法学说与判例研究》(第六册),北京大学出版社2009年版,第87页。

② 参见 MünchKomm/Emmerich §282.

原则于给付不能亦应适用之。不完全给付既为债务不履行的一种形态，1988年第七次民事庭会议决议又认为其应类推适用给付迟延及给付不能的规定，自应采同一举证责任原则。诚如"最高法院"所云，不可归责事由系属免责要件，就当事人利益衡量言，实符合公平原则。② 契约责任与侵权责任的竞合，多发生于不完全给付。在侵权行为，加害人的故意或过失原则上应由被害人负举证责任。在不完全给付的契约责任，债务人应就不可归责事由负举证责任，使二者的竞合，具有实益。鉴于侵权行为系一般人之间的关系，契约系特定人间的结合关系，具有一定程度的依赖，举证责任不同，应属合理。①

第三，瑕疵给付与加害给付。"最高法院"判决认为本件"属不完全给付，为瑕疵之给付，即其适例"。按学说上有将不完全给付分为"瑕疵给付"和"加害给付"两种情形。所谓瑕疵给付，指债务人虽为给付，但其给付含有瑕疵，或为数量不足，或为品质有瑕疵等。所谓加害给付，指债务人之给付非仅有瑕疵，且因其瑕疵而致债权人遭受履行以外之其他损害，如给付病鸡，致债权人原有之鸡亦病死；给付机件损坏之车辆，致债权人遭车祸。② "最高法院"所谓"瑕疵之给付"，是否指"瑕疵给付"而言，未可确知。在本件情形，债权人(买受人)因遭顾客(次买受人)索赔，受有第三人损害赔偿请求权之负担，似系履行以外之其他损害，德国判例学说称之为瑕疵结果损害(Mangelfolgenschaden)，属加害给付的类型。③

第四，纯粹经济上损失。不完全给付，尤其是所谓的加害给付，债权人所受的损害多属身体、健康或物之毁损灭失。孙森焱谓："债权人得请求赔偿之损害，因不完全给付发生的损害包括：① 因标的物之交付而发生，例如债务人交付虫蚀苹果或染有病菌之家畜，致债权人之原有苹果遭受侵蚀或原有家畜受菌感染而生损害是。② 因提供劳务而发生者，即因提供劳务不完全所致损害是……如因修缮屋顶不良，致漏雨淋毁古董，修

---

① 德国判例学说基本上亦认为债务人就不完全给付(积极侵害债权)的不可归责事由应负举证责任(《德国民法》第282条的类推适用)，但在违反附随义务(尤其是保护义务)的情形，甚有争议。实务上原认为债权人应就债务人的故意或过失负举证责任，其后在若干案例类型(尤其是雇佣、承揽等)，认为债权人对债务人情况难以了解，基于危险范畴举证责任分配理论，应倒置其举证责任。参见 L. Rappe, Die Beweislast bei positiver Vertragsverletzung, AcP 147 127; Emmerich, Das Recht der Leistungsstörungen, 2. Aufl. S. 220.

② 参见王伯琦：《民法债篇总论》，第13页。

③ Larenz, Schuldrecht Ⅱ, 13. Aufl. 1986, S. 61ff., 70ff.

缮房屋之时吸烟,因乱丢烟蒂以致引起火灾等……"此见解可资参照。①

本件判决初视之,虽在处理举证责任的问题,但其另一个重要意义则在于,肯定债权人因债务人不完全给付,致受有纯粹经济上损失时,得依债务不履行规定,请求损害赔偿。兹就给付不良履行及违反契约上附随义务两种基本类型加以说明:

首先,给付不良履行。出卖人交付之鸡有病,致买受人之鸡群受感染而死亡时,买受人系权利受侵害。在本件判决,出卖人交付的塑胶布具有瑕疵,致买受人应对次买受人负损害赔偿责任,此种所谓"第三人损害赔偿请求权之负担"的损害,系典型的纯粹经济上损失,前已提及,兹再强调之。

其次,违反契约上的附随义务。此项不完全给付类型,在实务上尚属少见,主要原因系"最高法院"仍未能依诚实信用原则创设契约上附随义务。雇主未为受雇人加入劳工保险,致受雇人于事故发生时不能请领劳保给付,是常见的问题。"最高法院"系适用第184条第2项规定,认为劳工保险条例系保护他人之法律,使雇主负侵权行为损害赔偿责任。② 实则,若能肯定雇主对受雇人负有为其加入劳工保险之契约上义务,亦可使雇主负不完全给付之债务不履行责任。又受雇人泄露营业秘密,致雇主受有损害时,亦因违反劳动契约上不作为的附随义务,构成不完全给付。契约上附随义务的建立,对契约法的发展,至为重要,对保护纯粹经济上损失,尤具意义,仍待实务与学说共同协力。③

(2)物之瑕疵担保责任

在本件,买卖标的物具有瑕疵,出卖人应负物之瑕疵担保责任时,买受人得解除契约或请求减少其价金(参阅第354条以下规定)。值得注意的是,第360条规定:"买卖之物,缺少出卖人所保证之品质者,买受人得不解除契约,或请求价金,而请求不履行之损害赔偿。出卖人故意不告知

---

① 参见孙森焱:《民法债编总论》,第383页。
② 参见拙著:《雇主未为受雇人办理加入劳工保险之民事责任》,载《民法学说与判例研究》(第二册),北京大学出版社2009年版,第167页。
③ 参见拙著:《民法债编总论》第1册(基本理论、契约、无因管理),第29页以下。

物之瑕疵者,亦同。"关于本条的适用有三种见解①:

① 因缺少出卖人所保证之品质或故意不告知物之瑕疵,买受人得请求的不履行损害赔偿,指因欠缺保证品质或物之瑕疵所生的损害,除所谓之瑕疵损害(如因物具有瑕疵不能使用的损失)外,尚包括所谓的瑕疵结果损害(如人身受伤、物之毁损或第三人损害赔偿请求权之负担)。

② 买受人得请求不履行损害赔偿,指瑕疵损害而言,瑕疵结果损害属于不完全给付的范畴。

③ 在欠缺所保证品质的情形,其损害赔偿范围依解释保证品质决定之。如保证电毯不漏电时,买受人就漏电而致身体受伤,得请求损害赔偿;其因漏电而不使用电毯,致患重感冒,健康受损,则不包括在内。在故意不告知物之瑕疵的情形,其损害赔偿范围应包括所有因物之瑕疵而生之损害。

对上开三种见解,本文原则上采第三说。本件判决的事实,不涉及出卖人故意不告知物之瑕疵的问题。值得注意的是,买卖契约书订有特别条件:"……买家之顾客,因所定之货,遇有货质、颜色、度量及重量或其他条件与合约不符而致发生纠纷,需要买家赔偿时,卖家须于买家将上项事情通知 24 小时内将应赔偿之款,立即交予买家……"此项特别条件似可解为系保证品质的条款,并约定其赔偿范围包括对第三人损害赔偿请求权之负担。

(3) 请求权竞合

不完全给付与物之瑕疵担保的适用关系,是民法上最为困难的问题,难作圆满的解决。在此须指出的是,不完全给付与第 360 条规定的不履行损害赔偿得发生竞合关系。在本件判决,若认定出卖人具有可归责的事由时,买受人得依不完全给付之规定请求出卖人赔偿其对第三人应负的损害赔偿责任。出卖之物欠缺所保证品质时,其赔偿范围是否包括此种损害,依契约解释决定之,若为肯定,则成立竞合关系。

2. 侵权责任

值得提出讨论的是,本件出卖人应否对买受人负侵权责任?第 184

---

① 第 360 条系仿自《德国民法》第 463 条。关于此项规定解释适用及其与不完全给付的适用关系,参见 Larenz, S. 35; Diederischen, Schadenersatz wegen Nichterfüllung und Mangelfolgeschaden, AcP 165, 150.

条规定:"因故意或过失不法侵害他人之权利者,负损害赔偿责任。故意以悖于善良风俗之方法,加损害于他人者,亦同。违反保护他人之法律者,推定其有过失。"依此规定,原则上应采否定说,分三点言之:

(1) 买受人所遭受的侵害,系应对次买受人负损害赔偿责任,此为纯粹经济上损失,非属权利受侵害,无第184条第1项前段规定的适用。

(2) 出卖人非出于故意以悖于善良风俗之方法加损害于买受人,无第184条第1项后段的适用。

(3) 关于本件情形,查无保护他人之法律,无第184条第2项规定的适用。

"最高法院"在本件判决,对于买受人得否依侵权行为法规定,向出卖人请求赔偿其对第三人应负的损害赔偿,并未表示意见,主要理由当系因为买受人已得主张不完全给付,是否成立侵权行为,尚无深究的必要。

三、1989年台上字第200号判决: 商品制造者对第三人的责任

(一) 判决理由

1. 当事人主张

本件被上诉人主张:伊于1986年11月15日向第一审共同被告袁碧珠(即三富建材行)订约购买由上诉人制造之一丁挂瓷砖一批,贴用于所建桃园市中正路电脑大别墅后,不久即生龟裂,遭客户索赔,计受有损害新台币155.9712万元。查瓷砖龟裂系因上诉人于制造过程中有疏失所致,且上诉人已承诺愿意赔偿,为此除依买卖契约请求袁碧珠赔偿外,依不真正连带债务,上诉人亦应依侵权行为及承诺之法律关系,对伊赔偿上开损害等情,求为命上诉人如数给付并加给法定迟延利息之判决(第一审判命袁碧珠给付139.72万元及其法定利息,而驳回上诉人其余之诉。关于袁碧珠部分,两造均未就其不利部分声明上诉,已告确定)。上诉人则以:伊与被上诉人间无买卖契约存在,伊亦未承诺赔偿被上诉人,被上诉人请求伊负商品制造人之侵权行为责任,自属无据等语,资为抗辩。

2. 原审判决理由

原审依调查证据而为辩论之结果,以:上诉人之经销商三富建材行

(袁碧珠)转卖于被上诉人之一丁挂瓷砖,于1987年1月22日施工后,于同年3月19日即陆续发现有或轻或重之裂釉情形,曾经被上诉人通知三富建材行(袁碧珠)会同上诉人派员勘察现场,迄至同年1月4日,上诉人共交被上诉人瓷砖77.43万只,为两造所不争,并经两造各雇用之职员吕学坤、陈清祥证明无讹,复有该证人提出之明细表可资复按。上开瓷砖裂釉之原因,经台湾省建筑师公会鉴定结果为:"(1)瓷砖坯体与釉面药料之膨胀系数有差距,且无适当釉药配方处理时,因材质或气候因素,产生热胀冷缩的现象,使内部化学变化导致裂釉,通常适当调整药釉配方可防止裂釉现象。(2)瓷砖坯体含水量控制不良,形成坯体本身干燥率不均匀……(3)瓷砖坯体进窑炉后,其烧成温度偏低,釉药尚未结晶或结晶尚未完成,将产生釉面不均匀或裂釉现象。(4)瓷砖出窑炉时,本身温度太高,若因冷却程度处理不当,受到急速冷却而使坯体产生冷裂进而带动釉面产生裂纹",并有该公会1988年3月30日鉴定报告书可稽,足见上诉人制作系争瓷砖时,有"药釉配方不当、水量控制不良、温度处理不当"等可归责之原因。系争瓷砖制作后,系由上诉人直接送往被上诉人之工地,经上诉人之职员陈清祥证实,亦见系争瓷砖自出厂至送交被上诉人,未有中途改装之情形。

3. "最高法院"判决理由

按商品制作人生产具有瑕疵之商品,流入市场,成为交易之客体,显已违反交易安全义务,苟因此致消费者受有损害,自应负侵权行为之损害赔偿责任。本件被上诉人因使用上诉人制造之有瑕疵瓷砖,贴用于所建桃园市中正路电脑大别墅,发生龟裂现象,遭客户索赔,其中经打掉重贴者10户,共花费37.8万元,以现款赔偿者28户,计付101.2万元,有收据及鉴定书等为证,并经证人吕学坤证述甚明。原审以上两项合计139万元为被上诉人实际所受损害,被上诉人本于侵权行为之法律关系,请求上诉人赔偿,为有理由,并说明上诉人是否曾承诺赔偿,不足影响上开判断,因将第一审关于驳回被上诉人对于上诉人部分之诉,在上开金额本息范围内予以废弃,改判命上诉人如数给付,并驳回被上诉人其余上诉,经核于法洵无不合。末查被上诉人对于上诉人系本于侵权行为之法律关系,请求损害赔偿,上诉论旨谓被上诉人非瓷砖买卖契约当事人,其请求上诉人就买卖标的物之瑕疵负赔偿之责,于法无据,自属误会。又不真正连带债务,多数债务人对于债权人仍各负全部给付之责任,被上诉人于原审最后言词辩论期日既仅声明求为判命上诉人给付(见原审卷第76页、第35页),原审未同时谕知"如袁碧珠已为给付,上诉人免为给付义务",即无不合。再被上诉人于1987年5月20日致三富建材行桃园邮局第1支局第445号存证信函(副本送上诉人)内容系谓被上诉人购用之一丁挂瓷砖表面产生裂痕,遭委建户拒收,正力求协商中,故未有被上诉人正式通知以前,请勿再生产,至于已出窑之15万只,因上诉人表示已将品质改善,保证不再发生裂痕等情,乃嘱其运至工地,以利工作进行(见第一审卷第54页),亦不足执为上诉人有利之证明。原审漏未斟酌,于判决结果不生影响。上诉论旨,执上开情词,求予废弃其不利部分之原判决,难认有理由。

(二) 分析检讨

本件事实可以简化如下:甲(被上诉人)向乙(共同被告建材行)购买上诉人(丙)制造之瓷砖,贴用于丁(客户)别墅,因瓷砖具有瑕疵,不久即生龟裂,甲遭丁索赔,受有新台币155万余元的损害。问题在于甲向丙主张损害赔偿的请求权基础。为便于观察,图示如下:

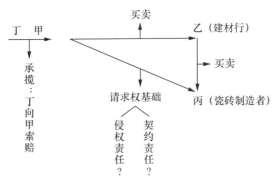

1. 契约责任

(1) 甲对乙的契约上请求权

甲向乙(建材行)购买丙制造的瓷砖,贴于丁的别墅,遭丁索赔,受有损害。就此种纯粹经济上损失,甲得依不完全给付规定向乙请求损害赔偿。此外,乙故意不告知瑕疵,或买卖之物欠缺所保证的品质时,甲得依第360条规定主张乙应负债务不履行之损害赔偿责任。

(2) 乙对丙的契约上请求权

乙对甲应依买卖契约负损害赔偿责任时,乙亦得依不完全给付或物之瑕疵担保责任的规定,向丙请求损害赔偿。

(3)甲对丙的契约上请求权

甲系向乙购买丙制造的瓷砖,甲与丙间并无买卖契约关系,甲对丙无买卖契约上请求权。值得注意的是,为保护被害人,如何使商品制造人负契约上的责任,甚受重视,发展出了许多理论,在此不拟详论。① 值得特别提出的是,在法国法上出卖人就买卖标的物瑕疵所生的一切损害,应负赔偿责任,即被害人对于任何前出卖人直至制造人均有直接请求权(action directe)。② 此项法律见解乃基于实际的考虑,避免买卖连锁地辗转求偿。至其理论构成,有认为系出卖人将其对前出卖人的请求权让与于后买受人;有认为得以第三人利益契约作为依据。通说系认为瑕疵担保权利就如同物之从物,因买卖而移转于任何一个买受人。直接请求权的实益在于使被害人得径向与其无契约关系的商品制造人请求损害赔偿(尤其是纯粹经济上损失),台湾地区判例与学说尚未发展出此种直接请求权,其救济之道,只能求诸侵权行为法。

2. 侵权责任

(1)请求权基础:商品制造者的交易安全义务

本件判决的核心问题系甲得否依侵权行为法的规定向丙请求赔偿"其遭丁索赔的损害"。易言之,即商品制造者侵权责任的范畴是否包括纯粹经济上损失。对此问题,"最高法院"谓:"按商品制造人生产具有瑕疵之商品,流入市场,成为交易之客体,显已违反交易安全义务,苟因此致消费者受有损害,自应负侵权行为之损害赔偿责任。"显然地,其确已认识到商品制造者责任已逐渐成为一种特殊的侵权行为。应说明的有五点:

① "最高法院"未指明甲得向乙请求损害赔偿的规范基础,就案例观之,应以第184条第1项前段"因故意或过失不法侵害他人'权利者',应负赔偿责任"之规定为请求权基础。其所保护的限于权利,其被侵害的若为权利以外的法益,尤其是纯粹经济上损失(如遭丁索赔的损害),被害人不得据此请求损害赔偿,仅能适用第184条第1项后段或第2项规定。

---

① 参见拙著:《商品制造人责任与消费者之保护》,正中书局,第13页、第38页、第97页以下。

② 参见 Viney Les obligations La responsabilite: conditions, 1982 Nr. 750 Fn. 226(引自 Hager, S. 429)。

② 商品制造者责任的发生,须以其生产的商品具有"瑕疵"为要件。瑕疵者,就买卖契约而言,指标的物具有灭失或减少其价值或契约预定效用的缺点(买卖标的物之瑕疵,第354条)。就侵权行为而言,则指其未具通常可合理期待之安全性,又称为缺陷(defect)。汽车烤漆不均匀时,具有减少物之价值的瑕疵,但无缺陷;若汽车刹车设计不当时,则两者兼而有之。在本件,瓷砖表面产生裂痕,买卖标的物具有瑕疵,但似无危害人身或商品以外之物的缺陷。

③ 本件判决最值得注意的是,"最高法院"第一次提出"交易安全义务",并以之作为商品制造者责任的依据。所谓交易安全义务乃德文Verkehrssicherungspflicht 的迻译,为德国侵权行为法的重要概念。依其原义系指交通安全义务,如应防范枯树掉落;清除屋前道路积雪;维护供公共通行的楼梯,以避免他人遭受损害。其落实于《德国民法》的,如该法第836条,台湾现行"民法"第191条第1项仿之而规定:"土地上之建筑物或其他工作物,因设置或保管有欠缺,致损害他人之权利者,由工作物之所有人负赔偿责任,但于防止损害之发生,已尽相当之注意者,不在此限"。立法理由书谓:"谨按土地上工作物之自主占有人,不问其占有工作物之土地与否,以交通上之安全所必要为限,凡设置工作物、保管工作物之方法,一有欠缺,即应修补,务使不生损害,此公法上之义务也。若因欠缺致生损害于他人时,即应负赔偿之责。然工作物所有人对于防止发生损害之方法,已尽相当之注意,即可不负赔偿责任。"在德国法上此项以交通安全上不作为为对象而建立的义务,逐渐扩张及于其他案例,其用语亦改为 Verkehrspflicht,不限于交通安全,成为交易上防范或排除危害的义务,关于其概念、体系、功能、要件及内容等,涉及甚广,暂置不论①,仅就商品制造者侵权责任说明之。

商品制造本身并不具违法性,致被害人人身或其他之物受有侵害,系属所谓的间接侵害(mittelbare Verletzung),其侵害行为所以具有违法性,乃制造者使缺陷的商品流入市场,成为交易客体,违反了防范危险的义务。所谓"流入市场,成为交易之客体",具有两种意义:首先商品制造者应负之侵权责任,以商品依其意思流入市场,成为交易客体为要件;其次

---

① 此为德国民法重要的法律基本概念,论著甚多,主要资料参见 von Bar, Verkehrspflichten, 1980; Larenz-Canaris, Schuldrecht Ⅱ/2, Besonderer Teil, 13. Aufl. 1994. S. 399(§76Ⅲ).

商品是否具有缺陷,应就其流入市场,成为交易客体的时点判断之。

④ 关于交易安全义务,如何纳入侵权行为法的体系,有认为其属构成要件(Tatbestand)上侵害行为概念问题,有认为其属违法性范畴,尚有争论。须强调的是交易安全义务理论的提出,并非在于扩大侵权行为法的保护客体,故不得作为请求纯粹经济上损失的依据。其保护客体仍应依第 184 条规定定之。在本件,商品制造者生产具有瑕疵(或缺陷)之商品,流入市场,虽已违反交易安全义务,但并无侵害他人之"权利",被害人就其所受纯粹经济上损失(遭丁索赔),仍不得依第 184 条第 1 项规定请求损害赔偿。

(2) 受保护的权益:纯粹经济上损失

值得注意的是,"最高法院"时有扩张解释"权利",使之包括"纯粹经济上损失"的倾向。最近一则重要决议,可供参考。1988 年 11 月 1 日、1988 年度第十九次民事庭会议,"院长"提议:"A 银行征信科员甲违背职务故意勾结无资力之乙高估其信用而非法超贷巨款,致 A 银行受损害(经对乙实行强制执行而无效果),A 银行是否得本侵权行为法则诉请甲为损害赔偿?"决议认为:"判例究采法条竞合说或请求权竞合说,尚未尽一致。惟究提案意旨言,甲对 A 银行除负债务不履行责任外,因不法侵害 A 银行之金钱,致放款债权未获清偿而受损害,与第 184 条第 1 项前段所定侵权行为之要件相符。A 银行自亦得于侵权行为之法则请求损害赔偿。"此项决议肯定契约责任与侵权责任的竞合,固值赞同,但其认为甲因不法侵害 A 银行之金钱,致放款债权未获清偿而受损害,与第 184 条第 1 项前段所定侵权行为之要件相符,则有推究余地,分五点言之:① 甲所不法侵害的,究系 A 银行之金钱抑放款债权,未臻明确。就决议的文义和逻辑观之,似指前者而言。② 所谓侵害银行之金钱,系指使银行交付金钱(货币),移转其所有权,此为典型的纯粹经济上损失,非侵害他人权利;其情形犹如甲故意或过失不实告知乙某赝画为真品,致乙购画遭受损失时,不能认为甲系故意侵害乙的金钱所有权。③ "最高法院"或许认为甲系侵害银行的债权。但高估信用在前,贷款在后,行为时债权迄未存在,似无侵害债权之可言。④ 第 184 条第 1 项前段规定于故意或过失的情形,均应适用。银行职员因过失高估客户信用,低估银行出卖土地价格,致银行受有损害;画家误告赝画为真品,致买者吃亏时,依上开决议,均应依第 184 条第 1 项前段规定负赔偿责任,过分扩大行为人的责任。

实则,过失不法侵害他人纯粹财产利益,基本上为契约责任问题,非属侵权行为法的规范范畴。⑤ 银行征信科员甲违背职务故意勾结无资力之乙,高估其信用,而非法超贷巨款,系故意以悖于善良风俗方法加损害于他人,银行得依第184条第1项后段,请求损害赔偿。在此情形,仍可发生契约责任和侵权责任之竞合,自不待言。

1988年台上字第200号判决一案,"最高法院"肯定被害人得向商品制造者请求赔偿遭客户索赔的损害,显然亦属扩张解释"权利",而将纯粹经济上损失纳入商品制造者侵权责任的保护范畴。此为法律适用上的重大原则性问题,理由何在,未见说明。本文再三指出第三人损害赔偿请求权的负担乃纯粹经济上损失,非权利受侵害,无适用第184条第1项前段规定的余地。如果将商品制造者责任扩张及于纯粹经济上损失,则被害人就商品瑕疵(缺陷)所受的不利益,如修缮费用、营业损失或商品本身因瑕疵而毁损灭失等,虽无契约关系,皆得依侵权行为法规定向商品制造者请求损害赔偿,责任范围失其控制,也混淆了契约责任与侵权责任的分际。"最高法院"的见解似有重新检讨余地。

四、"消费者保护法"第7条规定的制造者责任及受保护的权益

(一)"消费者保护法"第7条规定的制造者责任①

1. 请求权基础

为保护消费者权益,促进人民消费生活安全,提升消费生活品质,"消费者保护法"(以下简称"消保法")终于在1994年1月11日公布施行。"消保法"上最受重视、最具争议的核心条文是第7条:"从事设计、生产、制造商品或提供服务之企业经营者,应确保其提供之商品或服务,无安全

---

① 关于产品责任,台湾地区论著不少。参见周宇:《美国法关于设计瑕疵之产品责任》,载《中兴法学》第18期(1982年);林世宗:《商品制造人对消费者之侵权责任》,载《军法专刊》第29卷第2期(1983年);焦仁和:《商品制造者责任之比较研究》,1986年;邵宜宜:《产品责任之危险分散与消费者保护》,载《法学丛刊》第34卷第2期(1989年);黄立:《论产品责任》,载《政大法学评论》第43期(1991年);朱柏松:《商品制造人侵权行为责任之比较研究》,载《台大法学丛书》(57);邱聪智:《商品责任释义——以"消费者保护法"为中心》,载《当代法学名家论文集》,《法学丛刊》,1996年,第195页。

或卫生上之危险。商品或服务具有危害消费者生命、身体、健康、财产之可能者,应于明显处为警告标示及紧急处理危险之方法。企业经营者违反前两项规定,发生损害于消费者或第三人时,应负连带赔偿责任。但企业经营者能证明其无过失者,法院得减轻其赔偿责任。"又"消保法"第9条规定:"输入商品或服务之企业经营者视为该商品之设计、生产、制造者,或服务之提供者,负本法第7条之制造者责任。"

"消保法"第7条规定的制造者责任系属侵权责任,而非契约责任。关于此项特别法上制造者侵权行为责任,除"消保法"另有规定外,应适用"民法"一般规定。"消保法"第7条共规定三个请求权基础:

(1) 从事设计、生产、制造商品或提供服务之企业经营者,就其提供之商品或服务因安全或卫生上之危险,致侵害消费者或第三人之生命、身体、健康、财产者,应负赔偿责任。但企业经营者能证明其无过失者,法院得减轻其赔偿责任(该条第1项)。

(2) 从事设计、生产、制造商品或提供服务者,就商品或服务具有危害消费者生命、身体、健康、财产之可能,而未于明显处为警告标示及紧急处理危险之方法,致侵害消费者或第三人之生命、身体、健康、财产者,应负赔偿责任。但企业经营者能证明其无过失者,法院得减轻其赔偿责任(该条第2项)。

(3) 企业经营者依前两项规定负赔偿责任时,应负连带赔偿责任(该条第3项)。

2. 归责原则与责任主体

"消保法"对产品制造者责任特设规定,主要目的在于调整归责原则。[①] "消保法"第7条规定的侵权责任,其性质为何,尚有争论。[②] 就本条第1项及第3项规定但书合并观之,其内容为:(1) 企业经营者能证明其无过失者,法院得减轻其赔偿责任。(2) 企业经营者不能证明其无过失者,应负全部赔偿责任。此种规定非属过失责任,甚为显然。在典型的过失推定责任,加害人能证明其无过失时,全免责任,与本条规定尚有不

[①] 本文系以商品责任为研究重点,其基本论点对服务责任亦适用之,俟后再撰文详为论述。

[②] 参见杨建华:《消保团体为消费者提起损害赔偿诉讼在诉讼实务上运作之研究》,民诉法研究会第52次研讨记录,载《法学丛刊》第156期(1994年10月),第108页以下,特别是第152页。

同。又在典型的无过失责任,加害人不得证明其无过失而由法院减轻赔偿责任。在所谓的衡平责任,法院因被害人的声请,得斟酌加害人与被害人之经济状况,令加害人为全部或一部之损害赔偿(参酌第187条第2项、第188条第2项)。"消保法"第7条规定为台湾地区所独创,比较法上查无其例,难以纳入传统的责任类型,或可称为具有"台湾特色"的制造者无过失衡平责任。①

"消保法"上的商品责任或服务责任的主体,除制造者及视为制造者("消保法"第9条)外,尚有经销者。"消保法"第8条第1项规定:"从事经销之企业经营者,就商品或服务所生之损害,与设计、生产、制造商品或提供服务之企业经营者,连带负赔偿责任。但其对于损害之防止已尽相当之注意,或纵加以相当之注意而仍不免发生损害者,不在此限。"由此可知经销商品或服务的企业经营者,系负过失推定责任。须注意的是,"消保法"第8条第2项规定:"前项之企业经营者,改装、分装商品或变更服务内容者,视为前条之企业经营者。"所谓视为前条之企业经营者,乃在使其负"消保法"第7条规定的制造者无过失责任。

3. 构成要件及法律效果

(1) 构成要件

"消保法"第7条第1项或第2项所规定的商品制造者侵权责任须具备如下的基本要件:① 须为商品。② 须商品有安全或卫生上之危险。③ 须侵害消费者或第三人之生命、身体、健康、财产,致生损害。④ 须有相当因果关系。

所谓商品,在美国法上称为Product,在德国法上称为Produkt(有时称为Waren),在日本法上称为制造物。商品的范围由工业产品而逐渐扩大,应如何规定,系立法政策问题。"消费者保护法施行细则"第4条规定:"本法第7条所称产品,指交易客体之不动产或动产,包括最终产品、半成品、原料或零组件。"

所谓商品具有安全或卫生上之危险,系"消保法"的用语,在比较法上多称为缺陷(或瑕疵),如美国法上称为Defect,德国法上称为Fehler,日本法上称为欠陷。此为商品责任的核心概念,如何判断,最属重要。我

---

① 所谓"台湾特色",具有多种意义,其中之一为立法仓促,不求甚解,未能作深入、缜密、精确的研究。

国台湾地区"消费者保护法施行细则"第 5 条规定:"商品于其流通进入市场,或服务于其提供时,未具通常可合理期待之安全性者,为本法第 7 条第 1 项所称安全或卫生上之危险。但商品或服务已符合当时科技或专业水准者,不在此限。前项所称未具通常可合理期待之安全性者,应就下列情事认定之:① 商品或服务之标示说明。② 商品或服务可期待之合理使用或接受。③ 商品或服务流通进入市场或提供之时期。商品或服务不得仅因其后有较佳之商品或服务,而被视为有安全或卫生上之危险。"又"消保法施行细则"第 6 条规定:"企业经营者主张其商品于流通进入市场,或服务于其提供时,符合当时科技或专业水准者,就其主张之事实,负举证责任。"

所谓消费者或第三人,系损害赔偿请求权人。二者区别的实益在于仅消费者得请求惩罚性的赔偿金("消保法"第 51 条)。消费者指依消费目的而为交易、使用商品或接受服务之人,第三人则指制造者可预见因商品或服务不具安全性而受侵害之人。例如,甲购车,由其妻乙驾驶,因刹车缺陷而发生车祸,甲及乘坐该车友人丙受伤,并撞到路人丁时,甲、乙、丙为消费者,丁为第三人。

消费者或第三人之"生命、身体、健康、财产"系消保法上制造者侵权责任所保护的权益。其所生的损害可分为财产上损害与非财产上损害。权益被侵害致生损害,须与商品(或服务)之安全或卫生上危险性之间有相当因果关系。

(2) 法律效果

关于制造者侵权行为的法律效果为损害赔偿责任,消保法除惩罚性的赔偿金外,未设明文,关于损害赔偿的范围与方法,尤其是(慰抚金、非财产上损害之金钱赔偿)与有过失及损益相抵等应适用民法规定。

(二) 受保护的权益

1. 问题的提出

本文所要提出讨论的是消保法上产品责任所保护的利益(protected interest)。"消保法"第 7 条第 1 项并未提到受保护的权益,但依同法条第 2 项及第 3 项,可知消费者或第三人因商品具有安全或卫生上之危险,致生命、身体、健康、财产受侵害者,得请求损害赔偿。生命、身体或健康系民法使用的概念,应作相同的解释,无待详论。

问题在于所谓"财产"究指何而言。兹举一例,加以说明。甲向乙购买丙制造的货车,因刹车制造上具有缺陷(有安全上之危险)致发生车祸。甲受伤,放在货车上的洋酒,全部灭失,该车本身严重毁损支出修理费,不能营业遭受损失。兹分三种情形言之:

(1) 甲的身体、健康受侵害,得依"消保法"第7条规定向丙请求损害赔偿。

(2) 货车上的洋酒全部灭失,系侵害"商品以外之物",为所谓的"财产"所包括,甲亦得依"消保法"第7条规定向丙请求损害赔偿。

(3) 问题在于货车(商品)本身的毁损。美国法上称之为"商品伤害自己"(product injuries only itself)(商品自伤)。此种商品自体的损害,除毁损灭失外,尚包括不堪使用、必须修缮或丧失营业利益。消费者就此种商品因本身具有缺陷而生的损失,得否依"消保法"第7条规定向制造者请求损害赔偿?关键的问题在于该条所谓"财产"是否包括此种"商品自体的损害",而此涉及"商品自伤"究为侵害标的物之所有权,抑仅为纯粹经济上损失,此为"商品责任法"上具有争议、趣味、魅力的重要问题,殊值研究。①

2. 比较法上的观察

商品制造者侵权责任的保护范围是否及于"商品自体损害"?台湾地区判例学说迄未论及,兹先就美国法、欧洲经济共同体商品责任纲领、德国法及日本法说明如下,以探讨问题的争点及规范模式:

(1) 美国法

美国侵权行为(第二次)选编"The Restatement (Second) of Torts" §402A 规定:"(1) One who sells any product in a defective condition unreasonably dangerous to the user or to his property is subject to liability for physical harm thereby caused to the ultimate user or consumer, or to his prop-

---

① 此一问题在台湾地区尚未提出讨论。关于美国法,参见 Fischer and Powers, Products Liability, 1988, pp.373-390;英国法,Clark, Products Liability, 1989, p.107; Jane Stapleton, Product Liability, 1995;德国法,Rolland, Kommentar, Produkthaftungsrecht, 1990, §1, 22.

erty。"①其受保护的利益为最后使用者或消费者的人身及其 property。此之所谓 property,系指商品以外其他之物的所有权。

所谓"商品伤害自己"在美国法上通常被认为是纯粹经济上损失(pure economic loss),而非侵害所有权。商品侵权责任是否及于此项纯粹经济上损失,案例丰富,学者论述甚多②,最值参考。综合观之,计有肯定说、否定说及折中说三种见解,分述如下:

① 肯定说。Santor v. A and M. Karagheusian Inc. (1965) 一案③,采肯定说。在本件,Santor 向零售商购买 Karagheusian 公司制造的地毯,因具有缺陷,而减损其价值。零售商业已歇业。Santor 乃以默示担保及无过失侵权责任向制造者请求损害赔偿。新泽西州最高法院判决原告胜诉,其主要理由为制造者使其商品流入交易,应确保其商品适于其用途,并具安全性,否则应对该商品及其他之物所生的损害,负赔偿责任,以保护通常无力保护自己的被害人。

② 否定说(多数见解)。在 Santor 一案判决后不到 4 个月,加州最高法院在 Seely v. White Motor Co. (1965)④一案明确表示不赞同 Santor 一案的见解,强调应采否定说。在本件,原告购买被告制造的卡车,该车具有缺陷,跳动剧烈长达 11 个月,直至刹车失灵,导致卡车翻覆。Seely 诉请 White Motor Co. 赔偿修缮费用、购车支付的价金及丧失的营业利益。加州最高法院认为原告所遭受的是纯粹经济上损失,商品侵权责任系在保护消费者的人身或所有权不受侵害。买受人就商品不符其经济上期待而受的不利益,不得依侵权行为规定向制造者请求损害赔偿。

Seely 一案的基本见解,为绝大多数的法院(vast majority of the other courts)所赞同,认为商品责任无论是过失责任(Negligence)或无过失侵权

---

① 美国法上产品责任的理论依据为过失侵权行为(Negligence)、担保责任(Warranty)及无过失侵权责任(strict liability),诉讼上多一并主张之。关于此等理论的内容及发展,参见 Fischer/Powers, Products Liability: Cases and Materials, 1988, p. lf; Prosser, Wade and Schwartz, Torts, Cases and Materials, Ninth Edition, 1994, pp. 694-719.

② 参见 Speidel, Products Liability, Economic Loss and the UCC, 40 Tenn. L. Rev. 309 (1973); Comment, The Vexing Problem of the Purely Economic Loss in Products Liability: An Injury in Search of a Remedy, 4 Seton Hall L. Rev. 145(1972); Comment, Economic Loss from Defective Products, 4 Willam L. J. 402(1967). 综合简要说明,Madden, Products Liability, Second Edition, 1988, §22.21.

③ 44 N. J. 52, 207 A 2d. 305(1965).

④ 63 Cal. 2d. 9, 45, Cal. Rptr, 17, 403 P. 2d 145(1965).

责任(strict liability in tort),皆不应扩张及于商品自体损害等纯粹经济上损失。例如,在 Morrow v. New Moon Homes, Inc. 一案①,原告 Morrow 向零售商购买被告制造的活动住宅(Mobile Home),其后发现甚多缺陷,门不能关紧,窗户破裂,浴室漏水,电器系统故障等。因零售商停业,Morrow 乃依侵权行为法向制造商请求损害赔偿。阿拉斯加最高法院采 Seely 一案的见解,判决原告败诉,强调此项因商品不符交易品质而生的损害(直接经济上损失,direct economic loss)应依统一商法典(Uniform Commercial Code, UCC)关于买卖的规定处理之,非属侵权责任的保护范畴。

值得特别提出说明的是 East River Streamship Corp. v. Transamerica Delvaval Inc. (1986)。② 在本件,原告 East River Streamship Corp. 向 Seatrain Shipbuilding Corp. 承租由被告 Transamerica Delvaval Inc. 制造的 T. T. Stuyvesan 等 4 艘超级油轮。因涡轮机具有缺陷,致原告支出修缮费用及受有营业损失达美元三百余万,乃依过失侵权行为与无过失侵权责任原则向被告请求损害赔偿。本件属海事案件,故由美国联邦最高法院终局审理。Blackmun 大法官综合整理检讨各州判决,认为应采 Seely 一案的基本见解,强调原告系受有纯粹经济上损失,而非所有权被侵害,不得依侵权行为规定请求损害赔偿,仅得依契约关系寻求救济。本件判决的主要论点有二:首先确保产品的价值及品质,乃契约明示或默示担保责任的规范目的。产品不具预期功能,违背担保责任,消费者可以拒收,并有违约赔偿请求权。买卖法的设计是用来规范买卖双方的经济上利益关系。商品无过失责任制度的设计,并非用来削弱契约法的规范功能,而是用来保护身体及其他之物不受侵害。在立法政策上固可要求商品制造者,就其商品缺陷所造成身体或其他之物的损害负责,但不可认为制造者应对其商品不能满足所有消费者经济的期待负责。契约当事人通常具有商议能力,得妥善分配商品不合用之风险;得约定条件,使双方能在所得利益与所失代价间取得平衡,例如双方可约定减少出卖人之担保责任,但同时减少买受人所支付之价金。契约条件既经双方合意而成立,产品未达契

---

① Supreme Court of Alaska, 1976. 548 P. 2d. 279. 关于本件判决及其评释,参见 Fischer/Powers, Products Liability, p. 373.

② Supreme Court of the United States, 1986. 476 U. S. 585, 106 S. Ct. 2295, 90 L. Ed. 2d. 865. 关于本件判决的评释参见 Epstein, Cases and Materials on Torts, Fifth Edition, 1990, p. 643; Loy. L. Rev, 100 7(1987); 18 Rutgers L. J. 375(1987); 61 Tul L. Rev. 1229(1987)。

约所预定效用而生的损失,对出卖人而言,应属预见可能,故对出卖人而言,其责任并非不确定或无限制,由其负责,实属妥当。其次若要求商品制造者对非契约相对人的消费者所受纯粹经济上利益的损失,负侵权行为赔偿责任,则制造者无法精确计算有多少使用人或买受人的预期使用利益,将造成制造者责任的无限扩张,使制造者长期处于不安定之状态,应非侵权行为法之规范目的。商品制造者对纯粹经济上利益损失的赔偿责任,固可借由商品责任保险而分散风险,但势必使商品成本增加,让本来可经由商议来配置风险,使双方利益达到平衡,却转嫁由所有消费者共同负担,显失公平。

③ 折中说。美国若干州的法院采取折中的处理方式(The intermediate approach),认为应视缺陷的性质、危害的类型及损害发生的态样而决定制造者的责任。① 有的法院认为如果商品本身因缺陷而自损,同时造成其他之物的毁损时,此两种损害皆得依无过失侵权责任请求赔偿。② 有的法院认为商品之一部分具有缺陷而致其他部分遭受损害时,制造者应负赔偿责任。③ 有的法院认为商品之缺陷致消费者或使用者的人身或其他之物有遭受侵害的危险时,其修缮费用,应归由制造者负担。④

(2) 欧洲经济共同体产品责任纲领

欧洲经济共同体为调和各会员国关于商品责任的规定,以维持市场竞争秩序,于 1985 年 7 月 25 日发布了《产品责任纲领》,要求各会员国在纲领公布后 3 年内公布必要法律或行政命令,实施本纲领。此项《产品责任纲领》共 19 条。《产品责任纲领》第 1 条规定商品制造者就商品缺陷所生损害应负赔偿责任。《产品责任纲领》第 9 条规定第 1 条所称损害包括:① 因死亡及身体被侵害而生的损害;② 具有缺陷商品以外之物的毁

---

① 参见 Clark, Product Liability, 1985, p. 131, 133.
② Signal Oil & Gas Co. v. Universal Oil Products, 572 S. W. 2d. 320(Tex1987)。在本件,某反应器的加热装置因自身之瑕疵而爆炸,发生大火,烧毁了炼油厂的其他设备。
③ 参见 American Home Assurance Co. v. Major Tool & Machine Inc. 767 F. 2d 446(8th, Cir. 1985).
④ 参见 Pennsylvania Glass Sand Corp. v. Canterpillar Tractor Co. , 652 F. 2d, 1165(3d. Cir. 1981).

损灭失。由此规定可知商品本身的毁损灭失并不包括在内。①

（3）德国法

第一，德国民法侵权行为法上的产品责任

德国民法对产品责任未设特别规定。1968年联邦法院（Bundesgerichtshof）在有名的鸡瘟案件②，认为商品制造者就其无过失须负举证责任，有突破性的发展，经由判例与学说的协力形成了德国侵权行为法的产品责任（deliktsrechtliche Produkthaftung）。目前最具争议的问题是受保护的权益，尤其是产品本身因缺陷而毁损灭失时，在何种情形得依《德国民法》第823条第1项规定，以所有权受侵害为理由，请求损害赔偿。

《德国民法》的传统见解一向认为，产品有生产或设计上的缺陷，而此项缺陷于产品流通进入市场时即已存在，买受人所取得的是一个自始具有缺陷产品的所有权，就概念言，不能认为构成所有权的侵害，仅发生物之瑕疵担保责任，买受人不得依侵权行为法的规定向出卖人或制造者请求损害赔偿。③

值得注意的是在1976年之后，德国联邦法院在若干判决中创设了以下原则：产品某一部分具有缺陷，导致整个产品本身毁损或灭失，而此项损害与产品的缺陷非属相同素材（Stoffgleichheit），例如开关具有缺陷，致整部机器烧毁；轮胎具有缺陷，致汽车因车祸受损；引擎螺丝未能锁紧，致引擎受到严重损坏时，得认为系所有权受侵害，而依侵权行为法的规定，请求赔偿该标的物之毁损灭失，修理费或不能使用的损失。④

上开德国实务上关于产品自伤的见解，引起重大争论，赞成或反对者

---

① 《欧洲经济共同体责任纲领》英文本第9条规定："For the purpose of Article. Damage means：(a) damage caused by death or by personal injuries；(b) damage to or destruction of any item of property other than the defective product itself……."德文本将(b)译为"Die Beschädigung der Zerstörung einer anderen Sache als die fehlerhaften Produkte"，译为中文：具有缺陷（或瑕疵）商品本身以外其他物的毁损。关于本条解释适用的基本重要问题，参见Taschner/Fruetsch, Kommentar, Produkthaftungsgesetz und der EG-Produkthaftungsrichtlinie, 2. Aufl. 1990, S.384f.

② BGHZ 51, 91.

③ 参见v. Westphalen, Produkthaftungshandbuch, Band Ⅰ: vertragliche und deliktische Haftung, Strafrecht und Produkthaftpflichtversicherung, 1989, § 21.

④ 此种损害，德国判例学说上称为Weiterfressende Schaden（暂译为延伸的损害）。其主要案例为Schwimmerschulter案件（BGH NJW 1977, 379）、Hinterreifen案件（BGH NJW 1978, 2241）、Gaszug案件（BGH NJW 1983, 810）等。德国法上重要判决的英译及比较法上的分析，参见B. S. Markesinis, A Comparative Introduction to the Germann Law of Torts, Third Edition, 1944, p.556（尤其是第558页Kötz教授的见解）。

均有之。① 台湾地区现行"民法"宜采否定的见解。应说明者有三点：一是产品本身的瑕疵或缺陷于交付时既已存在，就概念而言，不能认系出卖人侵害买受人的所有权。二是出卖之物的某一部分具有缺陷，导致整个物之毁损灭失时，在何种情形得构成侵害所有权，难有客观的判断标准。三是产品自伤所涉及的，原属物之瑕疵担保责任，德国实务见解系在规避《德国民法》第477条短期时效期间，台湾地区现行"民法"第365条关于买受人担保请求权期间，亦嫌过短，应有检讨修正余地②，但就现行"民法"的民事责任体系言，不宜舍契约责任而遁入侵权行为。

第二，1989年产品责任法

德国于1989年12月公布的产品责任法（Gesetz über die Haftung für fehlerhafte Produkte, Produkthaftungsgesetz），其内容基本上系采取《欧洲经济共同体产品责任纲领》关于受保护的权益，该法第1条第1项明定，因产品缺陷得请求损害赔偿者，限于侵害身体、健康或具有缺陷产品以外之物。产品本身受有侵害，系属纯粹财产上损害，不包括在内。③

（4）日本法

《日本民法》第709条规定："因故意或过失不法侵害他人权利者，应负赔偿责任。"其保护的客体为权利。日本判例学说一方面扩大权利，使

---

① 学说上的讨论及判例的检讨，参见 Foerste, Zur juristischen Akzeptanz und Abgrenzung der Weiterfresserschaden, Versicherungsrecht, 1989, 455ff.; Lang, Zur Haftung des Warenherstellers bei weiterfressenden Mangel in deutschen und angloamerikanischen Recht, 1981. 赞成判例的见解的，如 Schlechtrim, JA1983, 255, 257; Kullmann, BB 1985, 405;反对者，如 Deutsch JZ 1984, 308, 311; Diederischen, NJW, 1978, 1281, §1286.

② 参照《德国民法》第477条第1项："解除契约或减少价金之请求权，及基于欠缺所保证品质之损害赔偿请求权，除出卖人恶意不告知其瑕疵者外，在动产自交付后6个月间，在土地自交付后1年间不行使而罹于时效。时效之期间得以契约延长之。"关于此项短期时效期间的规避，参见 Walter, Kaufrecht, 1987, S.237f. 现行"民法"第365条规定："买受人因物有瑕疵，而得解除契约或请求减少价金者，其解除权或请求权，于物交付后6个月间，不行使而消灭。前项规定，于出卖人故意不告知瑕疵者，不适用之。"

③ 参见 Tascher und Frietscher, S.118, 123. 关于德国产品责任法，参见詹森林：《1988年西德产品责任法草案》，载《万国法律》第93期（1988年6月），第6页。值得注意的是，奥地利虽非欧洲经济共同体会员国，但仍于1988年7月1日公布施行商品责任法，该法第1条明定其保护的法益系生命、身体、健康及产品以外的物品。至于产品本身因缺陷而减损价值，生产减少及回收商品而生之费用等，皆属纯粹经济上损失（blosser reiner primärer Vermögensschaden），不得依本法或侵权行为规定请求损害赔偿。参见 Fitz/Purtschneller, Produkthaftung (Wien, Manzsche Verlages-und Universitätsbuchhandlung), S.23f.

之包括债权或营业权,一方面则借违法性理论加以限制。① 制造物责任于20世纪70年代自美国引进日本,备受重视。② 1975年10月由学者所组成的制造物责任研究会提出"制造物责任要纲试案"。1990年以后再受重视,各政党及政府机关陆续提出各种提案、试案、要纲、报告或法案。最后于平成6年6月22日制定制造物责任法,规定立法目的(第1条)、定义(第2条)、制造物责任(第3条)、免责事由(第4条)、期间限制(第5条)、民法之适用(第6条),并有附则规定施行期日及原子力损害赔偿。③

应特别提出的是,《日本制造物责任法》第3条规定,制造业者就制造物缺陷侵害他人的生命、身体及财产所生的损害,应负赔偿责任。但此项损害仅发生于该制造物时,不在此限。④ 日本经济企划厅、国民生活局消费者行政第一课及法务部民事局参事官室等发表的"制造物责任法的解说",认为在不发生所谓扩大损害(人的损害及欠陷制造物自体损害以外物之损害)的场合,此项制造物自体的损害,应依瑕疵担保责任及债务不履行责任加以救济。但在发生扩大损害的场合,为保护被害人,依不法行为制度的基本原则,制造物自体损害亦得作为赔偿的对象。

(三)"消费者保护法"第7条所称"财产"的解释适用

"消保法"第7条所谓"财产",应包括财产权(尤其是所有权)在内,例如,电视机爆破致毁损家具、钢笔漏油致污损衣物等,是否兼括纯粹经济上损失,尤其是商品本身因其缺陷或不具安全性,毁损灭失或不堪使用而生财产上的损失(纯粹经济上损失),则值研究。本文认为"消保法"第7条规定的商品制造者的责任的保护客体,应作限制解释,指财产权而言,不及于所谓商品自体伤害等经济上损失,分四点加以说明:

1. 法律文义、体系及目的

以"财产"作为侵权行为的客体,在台湾地区尚属初见。立法者意思如何,难以查知。按学者研究商品责任多参考美国法,尤其是美国侵权行

---

① 参见几代通:《不法行为》,昭和52年,第105页以下。
② 参见竹内昭夫编:《制造物责任法》,1990年(附有详细资料)。
③ 关于日本制造物责任法关联资料,参见NBL No.548以下。法务省民事局参事升田纯氏就制造物责任法作有一系列的论述,可供参考(NBL No.549以下)。
④ 参见刘春堂译:《日本制造物责任法》,载《消费者保护研究》第1辑,1995年,第175页。

为汇编 Restatement(Second) of Torts §402A,而将所谓 property(所有权)译为"财产",第7条规定使用"财产"或受其影响,亦未可知。又查第7条系规定于第二章第一节,旨在保障消费者的健康和安全,将"财产"一语作限制解释,不包括"商品自体伤害"等纯粹经济上损失在内,与法律文义体系及目的,尚无违背。

2. 侵权行为法上的利益衡量

第184条第1项规定:"故意或过失,不法侵害他人权利者,负损害赔偿责任。故意以悖于善良风俗加害于他人者,亦同。"本条规定系区别被侵害的客体权利或其他利益而设,其被侵害的为权利(如所有权)时,加害人具有故意或过失时,即应负损害赔偿责任。反之,被侵害的若为权利以外的利益(尤其是所谓纯粹经济上损失),须以加害行为出于故意以悖于善良风俗方法为要件。商品具有缺陷致其本身价值减少或因而毁损灭失,其缺陷于移转所有权时既已存在,不能认为出卖人或制造者侵害买受人的所有权,被害人不得依第184条第1项前段规定,请求损害赔偿。"消保法"第7条规定制造者应负无过失责任,重于第184条规定的过失责任,其保护利益的范围若更超越民法而包括纯粹财产上损失在内,利益衡量上是否平衡,似有疑问。

再者,"消保法"第51条规定:"依本法所提之诉讼,因企业经营者之故意所致之损害,消费者得请求损害额3倍以下之惩罚性赔偿金;但因过失所致之损害,得请求损害额1倍以下之惩罚性赔偿金。"[1]此项惩罚性赔偿金若适用于"商品自体伤害"的情形,制造者责任将进一步扩大,比较法或法制史上查无其例。

3. 契约与侵权行为的规范功能

商品因其本身所具缺陷而减少价值、毁损或灭失,应如何救济,涉及契约与侵权行为法的规范功能。契约在规范特定人间的信赖与期待,原则上应由当事人自行决定权利义务的分配和风险的承担,法律的功能在于补其不备。侵权行为法在于规范一般人间的关系,旨在保护权益(尤其是人身权或物权)不受他人侵害。因商品伤害自体而生的经济上损失,其范围不易确定,原则上应由契约法加以规范,主要理由有二:

---

[1] 关于"消保法"第51条规定的解释适用,参见杨靖仪:《惩罚性赔偿金之研究》,台大法研所1995年度硕士论文。该文内容充实,资料丰富,甚具参考价值。

(1) 买卖契约对瑕疵所生的损害,就其要件、法律效果及消灭时效,设有详细规定(参见第 354 条以下规定)。若认买受人得依"消保法"第 7 条规定向买受人或出卖人请求损害赔偿,则民法关于买卖所设的规定,将失其意义,成为具文。

(2) "消费者保护法施行细则"第 8 条规定:"本法第 7 条第 3 项所定企业经营者对消费者或第三人之损害赔偿,不得预先约定限制或排除。"与制造者有契约关系的消费者或第三人就商品伤害自体所生的损害,得依"消保法"第 7 条规定请求损害赔偿,将使制造者不能以特约合理分配其契约上的危险。商品自身伤害的损害赔偿,宜让由契约当事人自行决定,较为合理,较有效率。①

4. 比较法上的基本原则

关于产品侵权行为责任的保护范畴是否扩张及于"商品伤害自己"的情形,前已作比较法的观察。美国绝大多数的法院系采否定说。欧洲经济共同体产品责任纲领及欧洲经济共同体各会员国的商品责任法多不包括"商品自身损害"在内。日本制造物责任法亦将制造物仅自体受伤害之情形,排除在外。由此可知,产品责任的保护对象不包括商品自体伤害,系商品责任的基本原则。对第 7 条所称"财产"作限制解释,不包括商品自体损害,不使制造者就此种损害负无过失侵权责任,符合比较法上商品责任的发展趋势。

最后尚须说明的是,第 7 条规定兼采商品责任与服务责任。何谓服务,消保法及其施行细则未设规定,基本上系指以提供劳务为内容,如旅游、运输、医疗或提供法律或财务专业意见等。依民法侵权行为规定的一般原则,服务业者就侵害他人纯粹经济上利益,并不负侵权行为责任,例如旅游途中发生事故,耽误行程,旅客不得以"民法"第 184 条第 1 项前段规定,以不能于约定时间返回、受有财产上损失,而向旅游业者请求损害赔偿,其救济途径应求诸于旅行契约。若将"消保法"第 7 条所谓"财产"解为包括须纯粹财产上利益,则服务业者一方面要负无过失责任,一方面又承担广泛难以预估的责任,在比较法上查无其例,故亦应作限制解释。在服务责任,被害人与提供服务的经营者之间多有契约关系,通常足以合

---

① 参见陈彦希:《"契约法"之经济分析》,台大法研所 1994 年度博士论文。该文颇具学术价值,可供参阅。英文资料,参见 Kronmand/Posner, The Economics of Contract Law, 1979.

理规范其因债务不履行而受之经济上损失。

五、结　　论

（1）商品因其缺陷（或具有安全上的危险性），侵害消费者或第三人的人身或所有权时，商品制造者应依第184条第1项前段规定负损害赔偿责任。商品本身因其缺陷而不堪使用、毁损或灭失，致买受人受有损害，如价值减少、支出修缮费、不能营业或须对第三人负损害赔偿责任时，不构成对商品所有权的侵害，系属所谓纯粹经济上损失。如何救济，涉及契约与侵权行为法的规范功能，系民法上的基本问题。

（2）"最高法院"著有两则重要判决，涉及在买受人因商品具有瑕疵而须对第三人负损害赔偿。此种第三人损害赔偿请求权的负担系属纯粹经济上损失。在1988年台上字第198号判决一案，"最高法院"认为买受人得向与其具有买卖契约关系的商品制造者，依不完全给付请求损害赔偿，实值赞同。在1988年台上字第200号判决一案，"最高法院"认为被害人得向与其不具买卖契约关系的商品制造者，依侵权行为规定请求损害赔偿，则有商榷余地。第184条第1项前段规定所保护的法益，限于权利，不及于因买卖标的物具有瑕疵而生的纯粹经济上损失，此属买卖契约法固有的规范领域，侵权行为法不应介入，以免破坏现行民事责任体系。

（3）"消费者保护法"第7条规定商品制造者应负无过失侵权责任，其受保护的利益为生命、身体、健康、财产。所谓财产，应作限制解释，不包括具有瑕疵（安全上危险）商品本身的损害及其他纯粹经济上损失。

（4）商品伤害自己所生的纯粹经济上损失，原则上应依契约法加以救济。过度扩大侵权行为法的规范领域，将如美国学者G. Gilmore在其名著The Death of Contract（《契约之死亡》）一书所云，使契约法淹没于侵权行为的汪洋大海（Contract law would drown in a sea of tort）。①

---

① Gilmore, The Death of Contract, 1974, pp. 87-94. 本书系备受重视的法学著作。又日本东京大学内田贵教授所著《契约的再生》，亦值参考。两书的中译，参见梁慧星主编：《民商法论丛》第3卷（1995年第1号），第198页以下、第294页以下。

银行征信科员评估信用不实致银行因超额贷款受有损害的民事责任

——从纯粹经济上损失的保护,论契约与侵权行为法的规范功能及民事责任的发展

一、1988年度第十九次民事庭会议决议(二)

企业经营及交易活动必须融通资金。资金多由银行供给。贷款须提供信用,设定担保。因此信用的评估对于银行愿否贷款,或贷款数额,影响甚巨。在台湾地区,银行职员勾结顾客高估信用,超额贷款,致银行遭受损害,时有报道。在此情形,银行职员应负何种民事责任,系实务上的重要问题。

1988年11月1日,1988年度第十九次民事庭会议,"院长"提议:A银行征信科员甲违背职务,故意勾结无资力之乙高估其信用而非法超贷巨款,致A银行受损害(经对乙实行强制执行而无效果),A银行是否得本侵权行为法则,诉请甲为损害赔偿?有甲、乙两说:

甲说:(肯定说—请求权竞合说)债务人之违约不履行契约上之义务,同时构成侵权行为时,除有特别约定足认有排除侵权责任之意思外,债权人非不可择一请求,A银行自得本侵权行为法则请求甲赔偿其损害。

乙说:(否定说—法条竞合说)侵权责任与契约责任系居于普通法与特别法之关系,依特别法优于普通法之原则,应适用契约责任,债务不履行责任与侵权责任同时具备时,侵权责任即被排除而无适用余地,盖契约

当事人就有责任约定或无约定而法律有特别规定(如第535条前段、第590条前段、第672条前段规定债务人仅就具体过失负责;第410条、第434条、第544条第2项规定债务人仅就重大过失负责),而侵权责任均系就抽象过失负责,如债务人仍负侵权责任,则当事人之约定或法律特别规定之本意即遭破坏,岂非使法律成具文,约定无效果,故A银行与甲间并无约定得主张侵权行为时,即不得向甲为侵权行为损害赔偿之请求。

以上两说,应以何说为当,提请公决。

决议:判例究采法条竞合说或请求权竞合说,未尽一致。惟就提案意旨言,甲对A银行除负债务不履行责任外,因不法侵害A银行之金钱,致放款债权未获清偿而受损害,与第184条第1项前段所定侵权行为之要件相符。A银行自亦得本于侵权行为之法则请求损害赔偿,甲说核无不当。

本件决议涉及契约责任和侵权责任,二者的竞合关系及民事责任体系的发展,深具启示性,殊值研究。

二、契约责任

(一) 不完全给付之债务不履行责任

在本件决议,"最高法院"肯定银行征信科员应负契约债务不履行责任,自值赞同,但未作说明,略为补充之。

征信科员受雇于银行,成立雇佣契约,负有服劳务的给付义务及请求报酬的权利(参照第482条)。评估信用系属服劳务的内容,受雇人(银行征信科员)因可归责事由,评估信用不实,致雇主(银行)受有损害时,应负债务不履行责任。此非属给付不能或给付迟延,而为所谓的不完全给付。

不完全给付系给付不能、给付迟延以外的一种债务不履行形态,虽属定论,但其法律依据何在,民法制定以来,即生争议。有认为第227条所谓"不为完全之给付"可包括不完全给付;有认为民法对不完全给付未设规定,为法律漏洞,应类推给付不能或给付迟延之规定加以填补;有认为不论如何,宜将第227条解为系属不完全给付之规定,使此债务不履行的重要类型有实体法上的依据。① 对此争议,"最高法院"在本件决议(1988年11月1日)并未表示意见,但在1988年4月19日第七次民事庭会议作有如下决议:"出卖人就其交付之买卖标的物有应负担保责任之瑕疵,而其瑕疵系于契约成立后始发生,且因可归责于出卖人之事由所致者,则出卖人除负物之瑕疵担保责任外,同时构成不完全给付之债务不履行责任。买受人如主张:① 出卖人应负物之瑕疵担保责任,依第360条规定请求不履行之损害赔偿,或依第364条规定请求另行交付无瑕疵之物,则在出卖人为各该给付以前,买受人非不得行使同时履行抗辩权。② 出卖人应负不完全给付之债务不履行责任者,买受人得类推适用第226条第2项规定请求损害赔偿,或类推适用给付迟延之法则,请求补正或赔偿损害,并有第264条规定之适用。又种类之债在特定时,即存有瑕疵者,出卖人除应负物之瑕疵担保责任外,并应负不完全给付之债务不履行责任。并此说明。"

由此决议可知,"最高法院"系采法律漏洞说,以给付不能及给付迟延的规定加以填补。60年的悬案终获解决,妥当与否,可置不论②,重要的是,明确的法律规范将有助于民法的发展。

(二) 本件决议

1. 归责事由

不完全给付债务不履行责任的成立,须有可归责于债务人之事由。关于受雇人的注意义务,民法未设明文,应适用第220条的一般规定:"债务人就其故意过失之行为,应负责任。过失之责任,依事件之特性而有轻重,如其事件非予债务人以利益者,应从轻酌定。"由此可知,银行征信科员违背职务,故意勾结无资力之乙高估其信用,非法超贷巨款,具有可归责之事由。其因过失评估信用不实,致银行受有损害时,亦应负不完全给

---

① 参见钱国成:《不完全给付与物之瑕疵担保责任》,载《法令月刊》第29卷第6期;《论不为给付或不为完全之给付》,载《法令月刊》第30卷第2期;拙著:《不完全给付之基本理论》,载《民法学说与判例研究》(第三册),北京大学出版社2009年版,第48页。
② 参见拙著:《物之瑕疵担保责任、不完全给付与同时履行抗辩》,载《民法学说与判例研究》(第六册),北京大学出版社2009年版,第87页;詹森林:《给付迟延不履行损失赔偿与第227条规范意义之新认识》(上)(下),载《万国法律》第50期、第51期。

付的债务不履行责任。①

2. 给付不良履行

不完全给付就其违反的义务而言,可分为给付义务的不良履行和契约上附随义务的违反。在本件决议,银行征信科员评估信用不实,违反其给付义务,系属给付不良履行。若银行职员泄露银行营业秘密,致银行受有损害时,则系违反其契约上守密的附随不作为义务②,亦得成立不完全给付。

3. 纯粹经济上损失

不完全给付,尤其是所谓的加害给付,债权人受侵害的多属身体、健康或物的毁损灭失。孙森焱谓:"因不完全给付发生的损害包括:① 因标的物之交付而发生,例如债务人交付虫蚀苹果或染有病菌之家畜,致债权人之原有苹果遭受侵蚀或原有家畜受病菌感染而生损害是。② 因提供劳务而发生者,即因提供之劳务不完全所致损害是……如因修缮屋顶不良,致漏雨淋毁古董,修缮房屋之时吸烟,因乱丢烟蒂以致引起火灾等……"此见解可资参照。③

在本件决议,银行征信科员评估信用不实,致银行所受的损害,系属所谓纯粹经济上损失,也就是一般财产上的不利益。契约责任(包括不完全给付)的保护客体包括纯粹经济上损失,应请注意。

三、侵权责任

本件决议的重点在于认定银行征信科员的侵权责任。"最高法院"谓:"甲因不法侵害 A 银行之金钱,致放款债权未获清偿而受损害,与第 184 条第 1 项前段所定侵权行为的要件相符。A 银行自亦得本于侵权行为之法则请求损害赔偿。"兹分三点加以说明。

---

① 关于归责事由的举证责任,1993 年台上字第 267 号判决谓:"债务不履行,债务人所以应负损害赔偿责任,系以有可归责之事由存在为要件,故债权人苟证明债之关系存在,债权人因债务人不履行债务(给付不能、给付迟延或不完全给付)而受损害,即得请求债务人负债务不履行责任,虽债务人抗辩损害之发生为不可归责于债务人事由所致,如未能举证,自不得免责(参照 1940 年上字第 39 号判例意旨)。"此见解可供参照。

② 参见拙著:《契约上的不作为义务》,载于本书。

③ 参见孙森焱:《民法债编总论》,第 383 页。

(一) 请求权基础

关于本件决议,最值得强调的是,"最高法院"明确指出,应适用第184条第1项前段。易言之,即以第184条第1项前段为银行向其征信科员请求损害赔偿的规范基础(请求权基础)。民法系以请求权为核心,贯穿于五编体例,提供了一个严谨、有系统的思考方法。研究、解释适用民法,在某种意义上,可以说就是在于探寻谁(原告)得向谁(被告)有所主张(如损害赔偿)的请求权基础。[①]

民事,依法律、习惯或法理(第1条)。法院的判决(尤其是"最高法院"的判决及决议),应明确表示请求权基础。就债务不履行而言,不完全给付的重要性不亚于给付不能或给付迟延,实务上案例不少,学说上讨论数十年,但直至1988年"最高法院"始对其请求权基础表示法律上见解,影响不完全给付理论的发展。关于侵权责任,"最高法院"的判决(判例、决议)常以所谓的"侵权行为法则"作为依据。[②] 何谓侵权行为法则?一般当事人固难知其意义,法律学者亦常须作各种不同假设,猜测"最高法院"的真意,耗费时间、精神,社会成本甚巨,尤其是模糊了第184条规定的规范目的。

第184条第1项规定:"因故意或过失不法侵害他人权利者,负损害赔偿责任。故意以悖于善良风俗之方法,加损害于他人者,亦同。"第2项规定:"违反保护他人之法律者,推定其有过失。"此为一项具有重大"法律政策"的规定,以应受保护的利益为出发点,依加害人的主观情事,而构成一般侵权行为的要件。就第1项前段言,被侵害的,若系权利,加害人具有故意或过失时,即应负损害赔偿责任;被侵害的若非权利,加害人虽具故意或过失,被害人仍不得请求损害赔偿。就第1项后段言,加害行为系出于故意以悖于善良风俗之方法时,不论其被侵害的,究为权利或其他利益,皆应负损害赔偿责任。至于第184条第2项究仅为举证责任规定,

---

[①] 参见拙著:《民法实例研习·基础理论》。

[②] 参见1978年1月23日,1978年度第五次民事庭庭推总会决议:"债务人欲免其财产被强制执行,与第三人通谋而为虚伪意思表示,将其所有不动产为第三人设定抵押权,债权人可依侵权行为之法则,请求第三人涂销登记,亦可行使代位权,请求涂销登记,两者任其选择行使之。"所谓依"侵权行为之法则",究指第184条第1项前段或后段,不甚明白,并请参见拙著:《侵害他人债权之侵权责任》,载《民法学说与判例研究》(第五册),北京大学出版社2009年版,第134页。

抑为独立的侵权行为类型,尚有争论,通说倾向采取后说,可资赞同。①若肯定第 184 条第 2 项为独立侵权行为的规定时,则第 184 条共设三个独立的侵权行为,构成要件不同,各有其立法上的利益衡量和价值判断。某一行为同时具备三个要件时,成立三个侵权行为,发生请求权竞合,被害人得择一行使之。

(二) 受侵害的究系权利或纯粹经济上损失

1. 问题的提出

"最高法院"决议认为 A 银行征信科员甲某应依第 184 条第 1 项前段负损害赔偿责任,显然地系肯定甲征信科员侵害 A 银行的权利。所谓"甲不法侵害 A 银行之金钱,致放款债权未获清偿而受损害",涉及两个问题:一是甲所不法侵害的,究系银行之金钱,抑或放款债权? 二是所谓"侵害银行之金钱",其意义如何? 其被侵害的是否为权利抑仅为纯粹经济上损失?

2. 侵害的客体

所谓"甲不法侵害 A 银行之金钱,致放款债权未获清偿而受损害",关于其侵害客体,可能有三种解释: ① 其被侵害的,系 A 银行之金钱。② 其被侵害的,系放款债权。③ 其被侵害的,系 A 银行之金钱及放款债权。就决议的文义、逻辑及案例事实而言,似应采第一种解释,即高估信用所侵害的,系银行对顾客给予贷款,而非银行因贷款对顾客取得的债权。

3. 何谓不法侵害银行之金钱

(1) 金钱所有权

在本件决议,甲征信科员违背职务,故意勾结无资力之乙高估其信用而非法超贷巨款,其不法侵害的,系 A 银行之金钱,已如上述。"最高法院"适用第 184 条第 1 项前段,肯定系权利受侵害。问题在于此项权利,究指何而言? 或有认为所谓"不法侵害银行之金钱",系指不法侵害银行之"金钱所有权"。所谓金钱所有权,指货币所有权而言。② 货币系为物,

---

① 参见梅仲协:《民法要义》,第 141 页;郑玉波:《民法债编总论》,第 154 页;孙森焱:《民法债编总论》,第 182 页。

② 参见郑玉波:《从法律观点看货币的所有权》,载《民法物权》(附录一),第 416 页。关于货币在法律上的基本问题,参见 Mann, The Legal Aspect of Money, 4 edition, 1982,此为有关货币法律理论的重要著作,台大法学院图书馆藏有此书。

并为动产,关于其所有权的侵害,其主要情形为:① 使货币灭失,如烧毁他人货币。② 抢夺、窃盗他人货币。③ 无权处分他人货币,致被善意取得。第801条及第948条,对于动产所有权的取得,设有善意受让制度,依第951条规定金钱或无记名证券,纵属盗赃或遗失物,仍不得向善意占有人请求恢复,故善意受让制度对金钱有绝对的适用。①

在本件决议,银行因其职员高估顾客信用而贷与巨款,系银行依自己的意思,移转货币所有权于顾客,不能认为系货币所有权被侵害,其情形犹如银行因职员低估银行所有的某笔土地价值而出售,致受损害时,不能认为该职员系不法侵害银行的土地(所有权)。

(2) 纯粹经济上损失②

银行因征信科员评估信用不实,超额贷款,其被侵害的,不是货币(或金钱)所有权,而是所谓纯粹经济上损失。纯粹经济上损失系 purely(或 pure)economic loss 的迻译,在德国法上称为纯粹财产上损害(reiner Vermögensschaden),兹举挖断电缆之例加以说明。甲开掘地道,挖断乙的电缆,致丙等餐厅、证券公司、KTV、商店等不能营业。甲系侵害乙的电缆所有权,丙等因不能营业所遭受的,则系纯粹经济上的损失。

此种纯粹经济上损失,颇为常见,除银行因职员评估顾客信用不实致超额贷款的情形外,其主要事例有:① 银行因职员评估土地价值失实,致银行低价出卖土地或高价买入土地。② 某公司因职员判断错误而大量抛售外汇,致受损失。③ 甲鉴定家误告乙,丙所出售的赝画为真品,致乙高价买入,受有金钱上的损失;或甲误告乙,其所有的真画为赝品,致乙贱

---

① 参见郑玉波:前揭书,第419页。
② 纯粹经济上损失是比较法实务与理论上的重要问题,参见 Bruce Feedthusen, Economic Negligence: The Recovery of Pure Economic Loss, 2nd edition(Toronto, 1989)。最近英国法上发展的简要说明,参见 John Dwyer, Negligence and Economic Loss, Essays for Patrick Atiyah(Oxford, 1991), p.309. 美国法上的讨论,参见 Gary T, Schwartz, Economic Loss in American Tort Law: The Examples of J'Aire and of Products Liability, Sna Diege Law Review vol.23, 37; Rabin, Recovery for Negligently Inflicted Economic Loss: A Reassement, Standford Law. Vol. 37, 1912; P.S. Atiyah, E-conomic Loss in the United States, 5 Oxford Journal of Legal Studies(1985) 485. Francis Trindal 及 Peter Cane 在其合著 The Law of Torts in Australia(Second Edition, 1993)列有专章讨论 pruely economic loss(pp.169-239), 可供参考。德国法上的资料,参见 Kötz, Deliktsrecht, 4. Aufl. 1988, S. 75f., 172; Jacques Herbots, Economic Loss in the Legal Systems of the Continent, in: The Law of Tort: Policies and Trends in Liability for Proerty and Economic Loss(edited by Michael Furmston, 1986), p.137-154.

售该画,受有财产上的不利益。④ 甲告诉乙某丙信用卓著,乙参加丙的互助会,支付数期会款后被丙倒会,受有金钱上的损失。⑤ 1953 年台上字第 490 号判例谓:"被上诉人向某某储蓄有限公司办事处交存款项之日期,既在该公司停止付款,亦即不能清偿债务之后,则任该办事处主任职务之上诉人,自应负告知停止存款之义务,乃竟蒙蔽不为告知而仍吸收其存款,对于被上诉人因此不能受偿之损害,究难辞其赔偿之责任。"此所涉及的,亦为纯粹经济上损失。"最高法院"并未指出被害人的请求权基础,其依据何在,未臻明确。

(三) 第 184 条第 1 项前段的适用

在本件决议,A 银行征信科员甲违背职务故意勾结无资力之乙,高估其信用,致 A 银行超额贷与巨款,其侵害的不是 A 银行的货币(金钱)所有权或其他权利,与第 184 条第 1 项前段所定侵权行为之要件不符。其侵害的是使 A 银行受有财产上损失(纯粹经济上损失)。其侵害行为出于故意以悖于善良风俗之方法,与第 184 条第 1 项后段所定侵权行为之要件相符,A 银行得依此规定请求损害赔偿。

在本件决议,"最高法院"认为应适用第 184 条第 1 项前段,依此见解,银行征信科员评估信用出于"过失"时,仍应负侵权责任。依本文见解,在此情形应不适用第 184 条第 1 项前段规定。惟银行征信科员应负契约债务不履行责任,前已论及,敬请参照。

四、契约责任与侵权责任的竞合

(一) "最高法院"的见解

"最高法院"所以在 1988 年度第十九次民事庭会议提议,其一方面在于讨论 A 银行之征信科员是否应负侵权责任,他方面则在检讨契约责任与侵权责任的竞合关系。此为民事责任的基本问题,尚有争论,"最高法院"特组成小组,提出研究报告。最近几年,"最高法院"为处理重大争议问题,常先作成研究报告,甚具价值,为便于参考,摘录其内容如下:

查契约责任(债务不履行)与侵权行为责任,为争议已久之问题。考其发生争议之原因,不外在于:① 近代私法在财产法上设有所有、占有、侵权行为、不当得利、契约、债务不履行、契约解除等诸制度,而以此诸制度来保护财产之归属及其移转,并设各种请求权之规范以为其保护手段。惟在设立各该保护制度时,对诸制度及各种请求权之规范间之关系,并未作缜密之考虑,于是所制定者,成为各自独立不相关联之规则,而发生社会生活所生之一个事实,可适用复数请求权规范之情形。② 近代私法学者间,已确立苟有合于抽象的法律要件之具体生活事实存在时,在理论上必然地发生法律效果(主要者为权利、义务之变更)之共识见解。以上两点相互结合,于是发生请求权竞合之问题。

契约不履行与侵权行为同为损害赔偿责任发生之原因,惟各有其不同之理论基础,似不相关联,但二者均以赔偿因违法行为所生他人之损害为其目的,有其共同之性质。惟因其分属两种不同之规范,也就发生两种不同之责任。契约责任(债务不履行)以具有特别之契约关系为前提,发生于有契约关系之当事人间。侵权行为则无须此种特别关系,无论对何人均可能发生。其成立要件及效果,本来就有差异。例如,对过失之举证责任,损害及赔偿之范围,过失相抵、时效能否抵销,是否连带负责,均可能有所不同。一个社会事实,具备二者之构成要件时,应如何处理,有请求权非竞合说和请求权竞合说两种不同之见解。

请求权非竞合说(法条竞合说)认为,所发生之一个损害,仅应成立一个责任,并无成立两个责任竞合之余地。一个事实纵然具备发生两个责任之要件,但此应视为法律条文在外观上之竞合,非请求权之实质的竞合,仅应适用有特别关系之契约责任(债务不履行责任)之规定。此时债务不履行责任之规定成为侵权行为责任之特别法,否认请求权之竞合。其理论基础为:如认为可以适用侵权行为之规定,则有关契约责任之特别规范将成为具文,实际上可能发生不当之结果。法国学说、判例多采此说。日本主此说者有松本蒸治、川岛武宜、加藤一郎、石田文次郎、中川善之助、小町谷操三。原为少数说,但逐渐成为有力之反对说。台湾地区学者王伯琦亦采此说。

请求权竞合说认为,一个损害之发生,具备侵权行为及债务不履行之两要件者,发生两个请求权(该两个请求权竞合发生),被害人即债权人得选择其一行使。其理论根据为:① 两者为不同之请求权,并无否定竞合或互相排斥之理由。② 债权人得择一行使,对债权人较有利。此说为德国(采新诉讼标的理论)及日本之多数说。鸠山秀夫、我妻荣、戒能通孝、加藤正治、中岛玉吉、横田秀雄、胜本正晃均采此说。台湾地区学者郑玉波、史尚宽、王泽鉴、梅仲协等亦采此说。日本判例自大审院连合部明治45年(1911年)3月23日判决(判例)以来均采此说。

但近来为避免请求权竞合说之短处,将单纯之请求权竞合说加以修正,认为该两请求权虽各自独立并存,但相互影响,如法条规定债务人仅就重大过失负责任时,亦唯有重大过失时始负债权行为责任。如债务不履行规定有较短之时效时,对侵权行为亦有其适用。学者称之为请求权相互影响说,日本及西德均有此修正之倾向,现仍采彻底之请求权竞合说者几乎无之。

民国时期及台湾地区判例并不一致,采法条竞合说者如1933年上字第1311号、1954年台上字第752号判例、1976年台上字第2136号判例、1982年台上字第2412号判决。采请求权竞合说者如1959年台上字第1178号、1963年台上字第188号、1967年台上字第3064号判例、1980年台上字第1402号判决。采请求权竞合说并加以修正者,如1984年台上字第209号判决称:"查侵权行为与债务不履行之请求权竞合时,债权人固非不得择一行使,惟关于债务人应负之损害赔偿责任,若于债务不履行有特别规定,则债权人于依侵权行为之规定请求赔偿时,除别有约定外,仍应受该特别规定之限制。"1984年台上字第4361号判决称:"按租赁物因承租人失火而毁损灭失者,以承租人有重大过失为限,始对出租人负损害赔偿责任,第434条已有特别规定。是则承租人如仅为轻过失时,出租人自不得以侵权行为为理由,依第184条第1项之规定请求损害赔偿。"

(二) 分析讨论

"最高法院"研究报告内容充实、立论精辟,实值赞同。拟予补充说明的有四点:

1. 王伯琦先生主张法条竞合说,主要系采法国法上的通说,而法国判例学说所以采法条竞合说,以契约责任排除侵权责任,其主要理由系法国民法对侵权行为设概括规定,因故意或过失侵害他人者,皆应负损害赔偿责任(参照《法国民法》第1382条以下规定),违反契约(债务不履行)本身亦可成立侵权行为,若采竞合说将使契约上的规定成为具文,不合立法意旨及当事人利益。① 台湾地区现行"民法"上的侵权行为不同于《法国民法》,第 184 条第 1 项规定因故意或过失不法侵害他人权利者,应负赔偿责任,此所谓权利不包括债权,不致发生法国法上的问题,应无采法条竞合说的必要。

2. 侵权行为与契约的责任竞合的实益,主要在于医疗事故或慰抚金。例如医生治疗疏误致病人死亡,若采法条竞合说,死者的配偶、父母、子女,将不能依侵权行为规定主张第 192 条或第 194 条的请求权;医生仅应负债务不履行责任。病人既死,人格已灭,无从主张契约责任,死者的父母非契约当事人,当无请求权,似无人可向医生追究民事责任矣! 其非妥适,甚为显然。②

3. "最高法院"在本件决议采请求权竞合说,并加以修正。1984 年台上字第 209 号判决谓:"查侵权行为与债务不履行之请求权竞合时,债权人固非不得择一请求,惟关于债务不履行若有特别规定,则债权人于依侵权行为之规定请求赔偿时,除别有约定外,仍应受特别规定之限制。"所谓特别规定之限制,主要指法律所规定的责任减轻,如仅就重大过失负责(第 410 条、第 434 条),或仅就未尽与自己事务同一注意之过失负责(第 535 条)。在此等情形,为贯彻优惠债务人的立法目的,责任之减轻亦应及于竞合的侵权行为请求权。准此以言,1984 年台上字第 4361 号判决认为承租人如仅为轻过失时,出租人不得以侵权行为为理由,依第 184 条第 1 项之规定请求损害赔偿,自有所据。惟本于请求权竞合理论,亦可认为出租人仍得依第 184 条第 1 项前段规定,主张侵权行为损害赔偿请求权,但须以承租人具有故意或重大过失为要件。

关于债务不履行的特别约定,有为责任的加重。"司法院"(1985)厅释民一字第 387 号谓:"第 434 条通说认为系第 432 条承租人应以善良管理人之注意义务保管租赁物之特别规定,其立法原意系在贯彻保护承租人之本旨,减轻其赔偿责任。惟此规定虽为特别规定,但非强制规定,倘当事人间合意约定承租人如未尽善良管理人之注意,致房屋因失火而毁损灭失者,应负损害赔偿责任者,乃在加重承租人对火灾之注意义务,其

---

① 详细的说明及资料,参见 Weir, Complex Liabilities: International Encyclopedia of Comparative Law, XI Torts(1983) ch. 12, p. 52.

② 参见拙著:《契约责任与侵权责任之竞合》,载《民法学说与判例研究》(第一册),北京大学出版社 2009 年版,第 204 页。

约定,并未违背强制或禁止规定,应无不可。"此见解可资参照。此种加重契约责任的特约,是否及于侵权行为请求权,系解释问题。若为肯定,则承租人对失火未尽善良管理人之注意时,亦应依第184条第1项前段规定负损害赔偿责任。

关于责任减轻的特别约定,是否及于竞合的侵权行为请求权,亦属解释问题,通常应为肯定,否则此项约定殊少意义。① 德国判例认为此项责任减轻,系依一般交易条款(定型化契约条款)为之时,其及于侵权行为请求权,应予明示。② 此项见解,可供参考。

4. 诚如"最高法院"研究报告所指出的,台湾地区现行"民法"上的契约责任和侵权责任对过失之举证责任、损害及赔偿之范围、过失相抵、时效、能否抵销、是否连带负责,均可能有所不同。于此应特别强调的是,保护利益的不同。侵权行为法主要在保护权利,如人格权、身份权、物权或智慧财产权等。纯粹经济上损失的保护要件较严(请比较第184条第1项前段及后段)。契约法则偏重于保护纯粹经济上损失。台湾地区民事责任体系,近年来发生了若干变迁,在契约方面,不完全给付理论扩大了契约责任的保护范围。在侵权行为法方面,则致力于探寻加强对纯粹经济上损失的保护的可能性或途径。我们或许可以从这个观点去了解1988年度第十九次民事庭会议决议(二)的意义。

五、纯粹经济上损失的保护与民事责任的发展

(一) 当事人间有契约关系

银行征信科员评估信用不实,致银行超额贷款,其所侵害的不是金钱所有权,而是纯粹经济上损失,已如上述。"最高法院"适用第184条第1项前段,究认为其被侵害的客体本是权利,抑基于法律政策上的考虑,为强化对纯粹经济上损失的保护,特别将之加以"权利化",难以确知。在本件决议,当事人间具有契约关系,得适用债务不履行(尤其是不完全给

---

① Medicus, Schuldrecht Ⅰ, Allgemeiner Teil, 3. Aufl. 1986, S. 161.
② BGH BB 1979, 698, 699.

付)规定,基本上尚无将此种纯粹经济上损失加以权利化的必要。兹再就两则案例,试作进一步的说明。

1. 违反给付义务的不完全给付

不完全给付用于保护纯粹经济上损失,以给付义务不良履行为主要类型,1988 年台上字第 1989 号判决最值参考。

在本件判决,上诉人主张伊于 1984 年 4 月 26 日向被上诉人购买塑胶布 222 778 码及塑胶浴帘 2 000 码,总价美金 98 391.73 美元外销肯亚。买卖契约书订有特别条件:"……买家之顾客,因所定之货,遇有货质、颜色、度量及重量或其他条件与合约不符而致发生纠纷,需要买家赔偿损失时,卖家须于买家将上项事情通知之 24 小时内将应赔偿之款,立即交于买家……"上开货品经伊分两批运送肯亚,受货人即客户 EXPECO 公司,于其顾客以上开货品有瑕疵退货后,特委由亚塔布利斯哈定公证公司检验结果认为有部分强度不足,部分有"小洞"、"沾染不明物质之污点"、"破裂"、"裂缝"种种之瑕疵,遂将货品退回,并拒绝付款,伊因而受有损失,按其中间值计算,损害金额为美金 30 571.17 美元,依前开契约书特别条件,并民法关于不完全给付之规定,被上诉人应负赔偿责任等情事,爰求为命被上诉人附加法定迟延利息如数给付,按清偿时外汇交易中心公告牌价折付新台币之判决。

被上诉人则以伊交付之货品,并无瑕疵,又买卖之货品为半成品,如公证公司公证报告(以下简称公证报告)记载之瑕疵系上诉人于转运及加工时所造成,自无不完全给付问题。且两造间复无塑胶布应具有何种强度之订定,伊依货样生产,纵有强度不足之情形,亦与契约无违。况上诉人于货品出口前,曾派员至伊工厂验货,果有前述之瑕疵,当时即可发现,上诉人不立即通知伊,尤应视为已承认受领其物,不得再请求赔偿等词,资为抗辩。

"最高法院"判决认为:"债务人负有依债务本旨为给付之义务,违背债务之本旨为给付,即属不完全给付,为瑕疵之给付,即其适例。是以债务人如主张其已为完全给付,当由其负证明之责,虽债权人于受领给付后,以债务人给付不完全为由,请求债务人损害赔偿,关于给付不完全之点,应转由债权人负举证责任,惟不完全给付非有可归责于债务人之事由,为债务人免责要件,故债务人以不完全给付系因非可归责于己之事由所致为抗辩,就此仍应由债务人证明之。原审似不否定被上诉人所为之给付,含有瑕疵,被上诉人辩称非可归责于己,竟未命举证证明之,而以该项瑕疵是否于被上诉人交付货品时即已存在,尚不明确,即以非可归责于债务人之事由论断,尤有可议。上诉论旨,执以指摘原判决违法,求予废弃,非无理由。"

在本件,上诉人所受的损害,系对第三人负损害赔偿责任,此为纯粹经济上损失。请求权基础为给付义务不良履行的不完全给付。①

2. 违反附随义务的不完全给付

关于违反契约上附随义务,值得提出的是1953年台上字第490号判例谓:"被上诉人向某某储蓄有限公司办事处交存款项之日期,既在该公司停止付款,亦即不能清偿债务之后,则任该办事处主任职务之上诉人,自应负告知停止存款之义务,乃竟蒙蔽不为告知而仍吸收其存款,对于被上诉人因此不能受偿之损害,究难辞其赔偿之责任。"如前所述,本件被上诉人所遭受的,亦属纯粹经济上损失。"最高法院"将此判例列在第184条,当系以之为请求权基础,惟未指明究系适用第1项前段或后段规定。实则,类此案例得依契约关系处理之。诚如"最高法院"所云,任该办事处主任职务之上诉人,应告知停止存款之义务,乃竟蒙蔽不为告知而吸收其存款,应已违反契约(或先契约)的告知义务。此项告知义务系基于诚实信用原则而生的附随义务,违反者视其情形,应可成立缔约上过失(Culpa in controhendo),或不完全给付,依债务不履行规定,负损害赔偿责任。②

(二) 当事人间无契约关系

关于纯粹经济上损失,真正的问题在于被害人间无契约关系时,应如何加以保护,例如:① 甲挖断乙的电缆致丙等证券商、餐厅或商店停电,不能营业,遭受损失。② 甲驾车撞伤受雇于丙之乙工程师,乙受伤不能上班,工程因而中断,致丙受有损失。③ 甲律师为乙书立遗嘱,因过失致遗嘱无效,受遗赠之丙因而受有损失。④ 甲制造商品,经乙销售,丙向乙购买,商品本身因具有缺陷而毁损灭失。诸此情形,丙得否向甲请求损害赔偿,涉及侵权行为与"契约法"的规范功能,俟后再撰文详论,以下简要说明之。

---

① 对本件判决的评释,参见拙著:《商品制造者责任与纯粹经济上损失》,载于本书。
② 参见拙著:《缔约上之过失》,载《民法学说与判例研究》(第一册),北京大学出版社2009年版,第70页;比较法的资料,参见Pre contractual Liability(edited by E. H. Hondius), Reports to the XIIIth Congress International Academy of Comparative Law, Montreal, Canada, 18-24 August 1990.

1. 侵权责任

如何以侵权行为法规范纯粹经济上损失的赔偿,系各国(地区)法律面临的共同问题。在台湾地区现行"民法",须加害人系出于以故意悖于善良风俗方法,加损害于他人时,始负损害赔偿责任。在过失的情形,除将纯粹经济上损失加以权利化(如营业权)外①,原则上不得请求损害赔偿,以适当限制加害人的赔偿责任。兹就挖断电缆之例,介绍英国法上一则有名的判决,以供参考。

在 Spertan Steel and Alloys Ltd. v. Martin and Co. (Contractors) Ltd. 一案②,原告 Spertan Steel and Alloys Ltd. 在伯明翰经营工厂。被告 Martin and Co. Ltd. 在原告工厂附近挖掘道路,虽事先取得埋设电缆地图,工人仍疏于注意,损坏电缆,电力公司于修复期间切断供电长达 14 个小时。原告工厂系 24 小时作业,因停电受有如下损害,请求被告赔偿:① 锅炉中的铁块受损,减少价值 368 镑。② 丧失之利益 400 镑。③ 工厂因停电不能营业,损失收入 1 767 镑。

英国著名的法官 Lord Denning 在其判决理由中开宗明义明白表示,被害人得否请求经济上损失的损害赔偿,根本言之,是政策的问题;无论是以注意义务的有无或损害是否具有因果关系来决定被告的责任,均属基于政策的考量,旨在适当限制被告的责任。经济上损失应否赔偿,在政策上应考虑的有五点:① 电力、瓦斯、自来水的企业是法定的供应者(Statutory untertaker),因过失致不能供应电力、瓦斯、自来水时,英国立法上一向皆认为无须对消费者所受的经济上的损失负赔偿之责。此项立法政策在普通法(Common Law)上亦应援用,营造承揽者就其过失行为肇致电力供应中断,对因此所生的经济上损失,原则上亦无须负责。② 电力中断,事所常有,或由于线路意外故障,或由于电击,或由于树木压倒电线,甚或由于人为过失。此等事故发生时,受影响之人不少,人身或物品通常并未遭受损害,有时造成不便,有时产生经济上损失。电力供应短期

---

① 关于企业权,参见史尚宽:《债法总论》,第 134 页;郑玉波:《民法债编总论》,第 153 页。廖义男:《企业与经济法》,第 79 页以下论述较详,可供参考。德国法上资料丰富,简要说明参见 Kötz, Deliktsrecht, 4. Aufl, 1988, 77ff., 662f.

② (1973) Q. B. 27. 此为关于纯粹经济上损失有名的案件,在比较法常被提出讨论。参见 B. S. Markesinis/S. F. Deakin, Tort Law, third edition, 1994, pp. 21, 57, 75, 107, 545; R. Dworkin, Taking Rights Seriously(本书为法理学的名著,足供参考), 1977, p. 83.

即告恢复,纵有经济上损失,亦属轻微。一般人多认为此属必须忍受之事。有人自备供电设备,以防意外。有人投保,避免损失。不是遇到断电,就跑去找律师,看谁有过失,要其负责。今日遭受损失,明日加班努力,即可弥补。此为健康的态度,法律应予鼓励。③ 被害人对于此等意外事故,若皆得请求赔偿经济上损失,则其请求权将漫无边际。真实者固属有之,但难免伪造、灌水、膨胀,不易查证。与其让主张损害赔偿者受此引诱,被告遭此劳累,不如认为非因人身或所有权受侵害而发生的经济上损失,不得请求赔偿,较为妥适。④ 电力中断等意外事故所生的经济上损失,其危险性应由大家共同承担。此种损失通常不大,众人负担,轻而易举,加诸肇事者个人身上,不堪负荷。⑤ 经济上损失的赔偿宜限于人身或所有权遭受侵害的情形。此等情形不多,较易查证,应予准许。

Lord Denning 基于上开五点政策上的考量,认为原告得请求损害赔偿的系锅炉中铁块受损减少的价值 367 镑和丧失的利益 400 镑。至于工厂停工不能营业所失的利益,系独立发生,非因铁块所有权之受损害,不得请求赔偿。此项判决理由显然受到水闸(Floodgate)理论的影响,深恐不加限制、责任泛滥、增加法院负担。此类案例在适用现行"民法"第 184 条规定时,其结论亦属相同。被侵害的,非属权利,无第 184 条第 1 项前段的适用。加害行为非出于故意以悖于善良风俗方法加损害于他人,无第 184 条第 1 项后段的适用。又对此种侵害行为所生的损害,查无保护他人之法律。①

关于以侵权行为法处理纯粹经济上损失,最值得提出讨论的是商品制造者对第三人的责任。1989 年台上字第 200 号判决一案,被上诉人主张:伊于 1986 年 11 月 15 日向第一审共同被告袁碧珠(即三富建材行)订约购买由上诉人制造之一丁挂瓷砖一批,贴用于所建桃园市中正路电脑大别墅后,不久即生龟裂,遭客户索赔,计受有损害新台币 155.9712 万元。查瓷砖龟裂系因上诉人于制造过程中有疏失所致,且上诉人已承诺愿意赔偿,为此除依买卖契约请求袁碧珠赔偿外,依不真正连带债务,上诉人亦应依侵权行为及承诺之关系,对伊赔偿上开损害等情,求为命上诉

---

① 参见拙著:《挖断电缆的民事责任:经济上损失的赔偿》,载《民法学说与判例研究》(第七册),北京大学出版社 2009 年版,第 57 页。电缆案件在比较法的研究,参见 Hilgenfeldt, Der Ersatz von Vermögensschaden bei der Unterbrechung von Versorgungsleistungen: Eine rechtsvergleichende Untersuchung zum deutschen, englischen und angloamerikanischen Recht, 1981.

人如数给付并加给法定迟延利息之判决(第一审判命袁碧珠给付139.72万元及其法定利息,而驳回上诉人其余之诉。关于袁碧珠部分,两造均未就其不利部分声明上诉,已告确定)。上诉人则以:伊与被上诉人请求伊负商品制造人之侵权行为责任,自属无据等语,资为抗辩。

"最高法院"判决认为:"按商品制作人生产具有瑕疵之商品,流入市场,成为交易之客体,显已违反交易安全义务,苟因此致消费者受有损害,自应负侵权行为之损害赔偿责任。本件被上诉人因使用上诉人制造之有瑕疵瓷砖,贴用于所建桃园市中正路电脑大别墅,发生龟裂现象,遭客户索赔,其中经打掉重贴者10户,共花费37.8万元,以现款赔偿者28户,计付101.2万元,有收据及鉴定书等为证,并经证人吕学坤证述甚明。以上两项合计139万元为被上诉人实际所受损害,被上诉人本于侵权行为之法律关系,请求上诉人赔偿,为有理由,并说明上诉人是否曾承认赔偿,不足影响上开判断,因将第一审关于驳回被上诉人对于上诉人部分之诉,在上开金额本身范围内予以废弃,改判命上诉人如数给付,并驳回被上诉人其余上诉,经核于法洵无不合。未查被上诉人对于上诉人系本于侵权行为之法律关系,请求损害赔偿,上诉论旨谓被上诉人非瓷砖买卖契约当事人,其请求上诉人就买卖标的物之瑕疵负赔偿之责,于法无据,自属误会。"

本件被上诉人向共同被告建材行购买上诉人制造具有瑕疵的瓷砖,贴于客户的别墅,遭客户索赔,系纯粹经济上损失。"最高法院"肯定被害人(被上诉人)得依侵权行为规定(第184条第1项前段?)向商品制造者请求损害赔偿,究系认为其被侵害的本系权利,抑基于政策上考虑,将纯粹经济上损失加以权利化,不得确知。本文认为就台湾地区现行"民法"而言,无论采何见解,均难赞同。如果将商品制造者责任扩张及于纯粹经济上损失,则被害人就商品瑕疵(缺陷)所受的不利益,如修缮费用、营业损失或商品本身因瑕疵而毁损灭失等,皆得依侵权行为法规定请求损害赔偿,责任范围失其控制,也混淆了契约责任与侵权责任的分际,是否妥适,容有研究余地。①

2. 契约责任

契约责任之适于保护纯粹经济上损失,系因当事人具有特别关系,可以减少责任范围的不确定性,得依契约条款合理分配契约上的危险。因此

---

① 参见拙著:《商品制造者责任与纯粹经济上损失》,载于本书。

特定当事人间虽无契约存在,但具有一定信赖关系时,亦得依契约法原则,始有过失的一方对他方所受的纯粹经济上损失,负赔偿责任。兹提出的有两个制度:一为缔约上过失,一为附保护第三人作用的契约,以供参考。

(1) 缔约上过失。当事人因缔结契约而接触,一方当事人未尽必要注意,致侵害他方当事人权益时,应依契约法的原则,负损害赔偿责任。台湾地区现行"民法"未设缔约上过失的一般规定,仅就自始客观不能设有明文(第247条),表意人撤销意思后之赔偿责任(第91条)及无权代理人责任(第110条),亦属此种缔约过失责任类型。如能经由判例学说或立法更进一步扩大缔约上过失责任或建立缔约上过失的一般原则,将有助于加强对纯粹经济上损失的保护。①

(2) 附保护第三人作用之契约。此为德国判例学说所创设的一项重要制度②,认为债务人对与债权人具有法律上利害关系的第三人,亦负有照顾、通知、说明、保护等义务,违反之者,应依债务不履行规定,负赔偿责任。此项制度曾被用之于遗赠案例。甲委任乙律师书立遗嘱,对丙有所遗赠。因乙律师过失致遗嘱无效或给付迟延,丙因而不能取得遗赠,受有纯粹财产上损失。德国最高法院认为乙律师受甲委任书立遗嘱,对丙为遗赠,丙虽非契约当事人,但对遗嘱之有效成立,具有法律上利害关系,乙律师负有使丙不因遗嘱无效而受损害的义务。③

六、结　　论

本文系以1988年11月1日第十九次民事庭会议决议(二)为出发

---

① 参见拙著:《缔约上之过失》,载《民法学说与判例研究》(第一册),北京大学出版社2009年版,第70页;《民法债编总论》第1册,第169页。德国法上的资料,参见 Ballerstedt, Zur Haftung für culpa in contrahendo bei Geschäftsabschluß durch Vertreter, AcP, 151(1950/51)501ff.; Larenz, Bermenkung zur Haftung für culpa in contrahendo, FS Ballerstedt(1975), 397ff.; Stoll, Tatbestand und Funktion der culpa in contrahendo FS von Caemmerer(1978)435ff.; Ewoud H. Hondius (ed), Precontractual Liability: Reports to the XIIIth Congress, International Academy of Comparative Law, Montreal, Canada, 18-24 August 1990.

② 参见拙著:《契约关系对第三人之保护效力》,载《民法学说与判例研究》(第二册),北京大学出版社2009年版,第23页。关于德国法上的资料,参见 Gernhuber, Drittwirkung im Schuldverhältnis kraft Leistungsnähe, FS Nikisch(1958), 249ff.; Schwerdter, Verträge mit Schutzwirkung für Dritte, Jura 1980, 493ff; Sonnenschein, Die Verträge mit Schutzwirkung für Dritte, JA 1979, 225ff.

③ 参见 BGH NJW 1977, 2073; VersR 1977, 638; BGH JZ 1966, 141.

点,探讨纯粹经济上损失(纯粹财产上损害)保护的若干问题,归纳如下:

(1)银行征信科员评估信用不实致银行超贷,其侵害的不是金钱(或货币)所有权,而是纯粹经济上损失。银行征信科员有可归责的事由时,应负不完全给付之债务不履行责任。就侵权责任言,其所侵害的,并非权利,无第184条第1项前段规定的适用,但其加害行为系出于故意以悖于善良风俗方法时,则应依第184条第1项后段负赔偿责任。第184条第1项前段与后段系两个独立的侵权行为,有不同的构成要件,表现立法上的价值判断和利益衡量,应有明辨的必要。

(2)契约责任与侵权责任的结构不同,衡诸当事人利益,应肯定其竞合性,"最高法院"的决议,实值赞同。法律规定的责任减轻(如第434条),应及于竞合的侵权行为请求权,以贯彻优惠债务人的立法目的。约定的责任加重或减轻是否及于侵权行为请求权,系解释问题。

(3)如何保护纯粹经济上损失,涉及契约法及侵权行为法的规范功能及民事责任体系的变迁。"最高法院"若干决定或决议倾向于采侵权行为法的解决途径,将纯粹经济上损失予以权利化,本件决议即属其例。值得注意的是,1988年度第七次民事庭会议决议,肯定不完全给付为债务不履行的独立类型,认为其属法律漏洞,应类推适用给付不能与给付迟延的规定加以填补。若能在此基础上进一步肯定违反契约上附随义务亦可成立不完全给付,发展缔约上过失责任或引进德国法上附保护第三人作用契约,将使台湾地区契约责任制度,更加完善。为规范纯粹经济上损失,采取侵权行为法的解决途径,固属简便,然依契约法的原则,则较合理。契约制度的发展需要调整既有的概念体系和理论构成,有赖于判例与学说的共同努力。[①]

[①] 此为民事责任体系发展基本问题,将另撰文作较深入的讨论。关于德国法,参见 von Bar, Verkehrspflichten, 1980; Canaris, Schutzgesetze, Verkehrspflichten, Schutzpflichten, FS Larenz zum 80. Geburtstag(1983)27/85ff. 英美法上的资料,参见 Bruce Feldthusen, Economic Negligence: The Recovery of Pure Economic Loss(Toronto, Seconed Edition 1989); F. H. Lawson and B. S. Markesinis, Tortious Liability for Unintentional Harm in the Common Law and the Civil Law Vol. I, 1982. 英国法系以侵权行为法处理纯粹经济上损失,其深入的分析检讨,参见 Markesinis and Deakin, The Random Element of their Lordship's Infallible Judgement: An Economic and Comparative Analysis of the Tort of Negligence from Anns to Murphy, The Modern Review Vol. 55. No. 6(1982), p. 619.

"动产担保交易法"30年

一、概　　说

债权在市场经济居于重要地位,财产的交换,劳务的提供,信用的取得,各种交易活动多以债之关系为枢纽,如何保障债权的实现,是市场经济法制的基本任务。

债务人虽以全部财产对债务负其责任,但尚不足确保债权的实现。责任财产变化不定,景气无常,财产的散逸非债权人所能预见或控制。债权不论发生先后,均居于平等地位,债权重叠为通常现象,责任财产纵能维持不减,众人参与分配,亦难全获清偿。又为财政税收之目的,创设了各种税捐优先权。① 为债权的担保而奋斗,是必然的现象。

确保债权主要方法之一,就是设定担保物权,使债权人得就提供担保债权的标的物优先受偿。为适应市场经济活动融通资金的需要,担保物权制度甚为发达,其重要性超过用益物权。任何财产皆得为担保物权的标的物。不动产价值较大,不易移动、毁损或灭失,并得以登记为公示方法,最具担保机能。试举一例加以说明。甲公司有土地一笔,向乙、丙等银行贷款,得设定多数抵押权,其次序依登记的先后。甲于设定抵押权后,得就同一土地再设定地上权于丁,先设定的抵押权不因此而受影响。丁得将该地上权出租或设定抵押权于戊。其后甲公司将该地出售于庚时,乙、丙的抵押权、丁的地上权及戊的权利(租赁权或权利抵押权)仍继续存在,物的交换价值和利用价值发挥得淋漓尽致。② 不动产抵押权制

---

① 参见"税捐稽征法"第6条、"营业税法"第57条、"关税法"第55条;拙著:《民法债编总论》第1册(基本理论、债之发生),第48页以下。
② 参见拙著:《民法物权》,北京大学出版社2009年版,第49页。

度的发展,多赖法院的解释适用,其中以创设最高限额抵押最具贡献。①

值得特别提出的是,动产的担保机能亦历经变迁:一为动产种类的增加和价值的提高;一为经济发展融通资金的迫切需要。现行"民法"对动产担保仅设动产质权及留置权,皆以由债权人占有标的物为要件,不能兼顾到动产的使用价值。自1958年开始研拟制定"动产担保交易法",创设了动产抵押、附条件买卖及信托占有三种不占有标的物的担保制度,于1963年9月5日公布,1965年6月10日施行。

1949年之后,最需要解决的就是融通资金和担保的问题。农民所能提供的,除不动产外,主要为农具、农产品或家禽;中小企业所能提供的主要是机器设备、成品或原料;人民的购物消费开始采用分期付款的方式,其最方便的担保,就是标的物本身。"动产担保交易法"的制定,就是为了适应工商业及农业融通资金及动产的需要,并保障动产担保交易的安全。其所创设的三种制度,动产抵押是为了工商业及农业向银行贷款;附条件买卖主要是为了分期付款;买卖信托占有则是针对国际贸易。

"动产担保交易法"制定于台湾地区经济起飞的20世纪60年代,突破传统民法体系,继受美国法,在比较法上尚属罕见,具有特色,有助于了解如何创设一种新的担保制度,以促进社会经济发展的过程,作为法律与经济发展的个案研究。时值"动产担保交易法"施行30年,特撰本文,试作回顾与展望,以庆贺《法学丛刊》发行40周年,"动产担保交易法"及《法学丛刊》具体而微地显现了台湾地区近三四十年来法学的进步、法律和社会经济的发展。

二、不占有标的物动产担保制度的创设

(一) 民法上的动产担保制度

关于动产担保物权,民法设有动产质权与留置权。留置权系债权人占有债务人的动产,于一定条件下,依法律规定,当然发生的担保物权,性质上属于法定物权(第928条以下),在实务上案例尚属少见,不具重

---

① 参见谢在全:《民法物权论》(下册),第150页、第640页。

要性。①

动产质权指因担保债权,占有由债务人或第三人移交的动产,得就其卖得价金受清偿的权利(第884条)。质权的设定,因移转占有而生效力,质权人不得使出质人代自己占有质物(第885条)。对此规定,立法理由书作有如下的说明:"易于移转,乃动产之特色,凡以动产担保债权之标的物者,须使债权人占有其动产,始能保全其债权之效力,否则债权人实行其担保权,既涉困难,第三人亦易蒙不测之损害,使债权人占有其动产,则无此弊,各立法皆用此主义,本条亦从之。"

由质权人占有动产,其优点系有助于保障债权,具有某种程度的公示方法,由债权人留置标的物,对债务人具有促其清偿债务的压力。至其缺点,对债权人而言,占有标的物须负保管责任,增加费用;对债务人而言,移转占有,丧失了对标的物的使用收益。在农村社会,以珠宝字画设定动产质权,尚称方便,在工商业社会,为设定动产质权必须移转机器设备等生产工具,对双方当事人均属不利。

(二) 实务上突破的努力

1. 以工厂的机器生财作为抵押的从物

台湾地区现行"民法"物权编于1930年施行之际,实务上即已发现移转标的物的占有以设定质权,不能满足实际需要。1930年上字第1045号乃认为第66条规定称不动产者,谓土地及其定着物。工厂中之机器,虽有附着于土地者,然其性质,究可离土地而独立,申言之,即不必定着于土地,自应认为动产。故在物权编施行后,就机器设定质权,固非移转占有不生效力,然在物权编施行以前,当无法定明文限制,倘该地方一般交易观念,以工厂之机器不移转占有,而设定担保物权已成习惯,在审判上即亦不妨认其担保物权之效力。

其后,"司法院"院字第1514号解释更肯定工厂机器为工厂的从物,得并同工厂设定担保抵押权,认为:"工厂中的机器生财,如与工厂同属一人,自为工厂之从物,若以工厂设定抵押权,除有特别约定外,其效力及于机器生财。申请登记时,虽未一并注明,于抵押权之效力,不生影响。"此项解释具有创意,但不能全面解决不移转占有而设定动产担保的根本问

---

① 关于留置权的基本问题,参见谢在全:《民法物权论》(下册),第385页。

题。再者,以今日观之,机器生财价值高昂,为工厂的主要构成部分,可否认为是工厂的从物,亦有疑问。

2. 工矿抵押法

为解决企业融通资金的需要,1964 年制定了工矿抵押法和工矿财团登记办法,此乃参考日本立法例而设的财团抵押①,系以企业之物的设备(土地、建筑物、机器或其他设备)及其所有的各种权利(地上权、工业所有权等)所组成的一种集合财产为标的物而设定的抵押权。此种财团抵押颇为盛行,但在台湾地区因登记制度未臻周全,未能发挥活泼企业金融的效能,终因"动产担保交易法"的施行而废止。

(三) 德国法上保留所有权及让与担保

德国民法对动产担保设有动产质权,亦须以移转占有为要件。为满足担保债权的需要,实务上发展出两种重要不移转占有的动产担保制度:一为保留所有权(Eigentumsvorbehalt),一为让与担保(Sicherungsübereinigung)。所谓保留所有权,指动产买卖契约的当事人约定在买受人全部价金清偿前,买卖标的物虽已交付,出卖人仍保留其所有权。所谓让与担保,指以担保债权为目的,而依信托约款,将标的物的所有权让与债权人,而于债务履行时,返还于债务人,如不履行时,则就该标的物受偿。此两者为德国目前采用的主要动产担保制度,为实务所创设,不以订立书面为必要,无须登记,不具公示方法,发展过程长达百年,成为庞大复杂的制度。②

台湾地区学者虽曾介绍、讨论或建议引进上开德国法上两种动产担保制度,但实务上未被采用,其主要理由有二:① 当时的金融机构皆属公营,作风保守有如当铺,不易创设法无明文的担保制度。② 经由实务创设不占有标的物的动产担保,不能全面解决公示的问题。

(四) 美国法的继受

台湾地区现行"民法"属于大陆法系,"动产担保交易法"则是参考美

---

① 参见我妻荣:《新订担保物权法》,载《民法讲义》Ⅲ,1979 年,岩波书店,第 424 页、第 555 页以下。

② Baur/Stürner, Sachenrecht, 16. Aufl. 1992, S.586f. , 666f.

国统一动产抵押法、统一附条件买卖法和统一信托收据法而制定。① 这是第一次全面继受美国法,其主要原因有二:① 德国及日本立法上皆未设不占有标的物的动产担保制度,而美国动产担保制度甚为发达。② 台湾地区与美国在政治经济上具有密切的关系,"动产担保交易法"的制定曾受到当时美援会的支持和协助。值得注意的是,最近制定的"信托法"亦深受英美法的影响。如何将英美法纳入既有的大陆法系的概念体系而在台湾地区植根、成长发展,是一个日益重要的研究课题。

三、体系结构及基本内容

(一) 编制体系

"动产担保交易法"系于 1963 年公布,1965 年施行,共 43 条,先后于 1970 年和 1976 年两度修正。本法共分 6 章,即总则、动产抵押、附条件买卖、信托占有、罚则和附则。"动产担保交易法施行细则"系于 1965 年施行,曾经四度修正。在法律体系上,动产担保交易法是民法的特别法。动产担保交易,依本法的规定,本法无规定者,适用民法及其他法律之规定〔"动产担保交易法"(以下简称本法)第 2 条〕。值得注意的是,关于不占有标的物的动产担保,其他特别法亦设有规定,如民用航空器法规定的航空器抵押,海商法规定的船舶抵押。②

(二) 三种担保制度

"动产担保交易法"参照美国法创设了动产抵押、附条件买卖和信托占有三种制度,并设有定义性规定。称动产抵押者,谓抵押权人对债务人或第三人,不移转占有而就供担保债权设定动产抵押权,于债务人不履行契约时,抵押权人得占有抵押物,并得出卖,就其价金优先于其他债权而受清偿之交易(本法第 15 条)。称附条件买卖者,谓买受人先占有动产

---

① 参见胡瀞:《"动产担保交易法"与美国统一商法担保交易章的比较》,载《铭传学报》第 8 期。
② 关于船舶抵押权,参见"海商法"第 31 条以下规定。关于民用航空器抵押,参见"民用航空法"第 17 条以下规定,其第 18 条规定:航空器得为抵押权之标的。航空器之抵押准用"动产担保交易法"有关动产抵押之规定。

之标的物,约定至支付一部或全部价金,或完成特定条件时,始取得标的物所有权之交易(本法第 26 条)。称信托占有者,谓信托人供给受托人资金或信用,并以原供信托之动产标的物所有权为债权之担保,而受托人依信托收据占有处分标的物之交易(本法第 32 条)。此三则定义规定深受美国法用语的影响,与台湾地区现行"民法"的概念,未尽符合。

值得特别提出讨论的是,"动产担保交易法"制定之际,美国法律协会(American Law Institute)已提出《美国统一商法典》(Uniform Commercial Code),于第九章规定担保交易(Secured Transaction),以担保利益(Security Interest)取代所有权的概念,建立了统一的动产担保制度。① 我们当时所以未采此具有革命性的担保制度,其主要原因有二:①《美国统一商法典》于 1952 年提出之际,颇有争论,未被各州普遍接受。② 台湾地区现行"物权法"系以所有权为核心,派生各种定限物权,自成体系,难以扬弃而改采美国制度。

(三) 标的物

"动产担保交易法"系以动产为标的物,但并非所有动产皆可为标的物。本法第 4 条第 1 项规定:"机器、设备、工具、原料、半制品、成品、车辆、农林渔牧牲畜以及小船,均得为动产担保交易之标的物",同条第 2 项规定:"前项各类标的物之品名,由'行政院'视事实需要及交易性质,以命令定之。"依"行政院"1972 年发布增列之动产担保交易标的物品类表,共分 10 类,类下分项:第一类为农林畜牧渔,第二类为矿产品,第三类为食物饮料及烟酒,第四类为纺织品及其原料、皮革木材制品及其有关品,第五类为非金属矿产物制品,第六类为化学品,第七类为基本金属及铸制品,第八类为机器设备器材及工具,第九类为农业机械设备类,第十类为其他制品。其种类甚为普遍,重要的动产,无论是代替物或非代替物、消费物或非消费物,皆已包括在内。②

法律所以授权"行政院"以命令决定动产担保交易标的物,系基于政策上的考虑。关于此点,"动产担保交易法"的立法理由书,曾就附条件

---

① 参见 Henry J. Bailey/Richard B. Hagedorn, Secured Transactions, West Publishing Company, 1988.

② 参见施文森:《论动产担保交易的标的物》,载《政大法律评论》第 1 期。

买卖作如下的说明:"……目前产业不甚发达,过分提高生活,足以减少储蓄,影响开发基金之储蓄。因此,除参酌各法例,规定附条件买卖,使卖售人在价款未取得清偿前,得保留卖售物之所有权,及卖售人对买售人因价款不能如期交付而对卖售物之各项优先权利,以期兼顾外,对动产担保交易上之标的物及分别实施区域,授权行政机构,视事实需要及交易性质,分别订定公布并予增减,俾人民生活不致因本法成立而过分提高,而工商业间则可因而较易进行其信用之交易,对产业之发展,自将有所裨益……"

(四) 书面成立、登记对抗

"动产担保交易法"旨在创设"不占有标的物"的动产担保制度。物权具有绝对、排他的效力,其得丧变更须有外部得以认识的表征作为公示,以维护交易安全,避免第三人遭受不测损害。不动产物权系以登记为公示方法,动产质权则以物之交付为公示方法。公示方法是创设不占有标的物的动产担保制度最关键的问题。解决方式不外五种:① 意思成立主义。② 书面成立主义。③ 登记成立主义。④ 意思成立、登记对抗主义。⑤ 书面成立、登记对抗主义。

"动产担保交易法"权衡当事人的利害关系,采取书面成立、登记对抗主义,于本法第5条规定:"动产担保交易,应以书面订立契约,非经登记,不得对抗善意第三人。"所以明定非经订立书面不能成立,其目的在使法律关系趋于明确;所以采取登记对抗主义的理由,一方面在于维持交易便捷,一方面亦使当事人斟酌情事,决定是否申请登记,以保障自己权益。一般言之,标的物价值重大的,当事人无不办理登记,第三人可借登记明了标的物的权属状态;反之,动产担保交易若不为登记,则不得对抗善意第三人,以保护交易安全。

动产担保交易的登记具有对抗第三人的效力,故登记为"动产担保交易法"的关键制度。"动产担保交易法"能否发挥规范功能,达到立法目的,与登记制度是否健全具有密切关系,兹分数点加以说明:

1. 登记机关

动产担保交易,由"行政院"视动产性质,分别以命令定之,系采分别登记主义,而不采统一登记制度。"动产担保交易法施行细则"第3条规定:"动产担保交易之登记机关如下:① 机器设备、工具、原料、半制品、成品、农林渔牧产品及牲畜,以省(市)政府建设厅(局)为登记机关。② 渔船以外之船舶、甲种车辆,以省(市)政府交通处(局)为登记机关。③ 渔船以省政府农林厅渔业局或直辖市政府建设局为登记机关。④ 乙种车辆以省(市)政府财政厅(局)工商管理处为登记机关。⑤ 加工出口区内之机关、设备、工具、原料、半制品、成品及车辆等以加工区管理处为登记机关。⑥ 科学工业园区内之机器、设备、工具、原料、半制品、成品及车辆,以科学工业园区管理局为登记机关。"

2. 登记手续及公告

动产担保交易之登记,应由契约当事人将契约或其副本向登记机关为之。登记机关应于收到之契约或其副本上,记明收到之日期,存卷备查,并备登记簿,登记契约当事人之姓名或名称、住居所或营业所、订立契约日期、标的物说明、价格、担保债权额、终止日期等事项。前项登记簿,应编具索引。契约当事人或第三人得随时向登记机关查阅或抄录契约登记事项(本法第7条)。登记机关应将登记簿之登记事项公告并刊登"政府公报"(本法第8条)。

3. 登记有效区域

动产担保交易之有效区域由"行政院"视动产性质,分别以命令定之(本法第6条)。"动产担保交易法施行细则"第4条规定:"动产担保交易之有效区域,以其管辖区域为限。""动产担保交易之标的物如跨越两个以上区域者,契约当事人或其代表人应以契约副本向所跨越之各地区登记机关办理登记"(本法施行细则第5条)。

4. 登记有效期间

动产担保交易之登记,其有效期间从契约之约定,契约无约定者,自登记之日起有效期间为1年,期满前30日,债权人得申请延长时间,其有效期间不得超过1年(本法第9条)。

(五) 各种动产担保的并存位序关系

"民法"设有动产质权和留置权,"动产担保交易法"又创设了动产抵押、附条件买卖、信托占有三种担保制度,如何决定其并存位序关系,最属困难。① 对此问题,"动产担保交易法"设有若干规定:

---

① 参见郑玉波:《各种动产担保相互关系之分析》,载《民商法研究》(1),《台大法学丛书》(3),第391页。

1. 抵押权人依本法规定实行占有抵押物时,不得对抗依法留置标的物之善意第三人(本法第 25 条)。

2. 经依本法设定抵押之动产,不得为附条件买卖之标的物,违反者,其附条件买卖无效(本法第 31 条)。

3. 经依本法设定抵押之动产,不得为信托占有之标的物,违反者,其信托收据无效(本法第 36 条)。

显然的,此等规定未臻周全,例如经依本法成立信托占有或附条件买卖的标的物,得否为动产担保之标的物?同一标的物得否设定数个动产抵押?如何定其顺位?均待研究。

值得注意的是,本法第 4 条之 1 规定动产担保交易之标的物,有加工、附合或混合之情形者,其担保债权之效力,及于加工物、附合物或混合物,但以原有价值为限。

(六) 动产担保权的实现

关于动产担保权的实现,"动产担保交易法"分别就动产抵押、附条件和信托占有设其规定,其中以对动产抵押规定最为详细,准用于附条件买卖和信托占有(本法第 30 条、第 37 条)。简要言之,即债务人不履行契约或抵押物被迁移、出卖、出质、移转或为其他处分,致有害于抵押权之行使者,抵押权人得占有抵押物,声请法院假扣押或强制执行之。债务人得于一定期间请求回赎。债务人未为回赎时,抵押权人得拍卖受偿(详阅本法第 17 条至第 23 条)。

(七) 罚则

动产担保交易是民事行为,动产担保交易法是典型的民事特别法,但却设有三个刑法条文,对故意侵害债权之人加以制裁,因动产担保交易的债权人不占有标的物,信赖债务人,有特别保障的必要,否则难以推动此项新创的法律。值得提出的是,本法第 38 条规定的动产担保交易之债务人,是否包括公司的负责人,实务上采否定说[1],从而公司负责人擅将设定动产抵押的标的物出售他人时,可以不负刑责,将使本条规定失其意

---

[1] 1973 年非上字第 166 号判决,载《非常上诉理由判决选辑》中册,第 548 页。

义,应有检讨余地。① 又依"司法院"大法官释字第 227 号解释谓:"'动产担保交易法'第 38 条之罪,系以动产担保交易之债务人为犯罪主体,并不包括其保证人在内。"此规定可资参照。

四、解释适用

任何法律皆在实践中经由具体案例而逐渐成长发展,动产担保交易法自不例外,30 年来学者论著甚多②,"司法院"作有解释③,"最高法院"作有重要判决,第一厅提出研究意见,"财政部"亦作有若干函释。④ 学说与判例的协力,对于阐释立法目的,澄清疑义,促进规范功能,卓有贡献。兹将其基本问题,归纳为七项,简述如下:

(一) 将英美法纳入现行法律体系

"动产担保交易法"系美国法的继受,前已论及,其概念用语与现行法律多有不同,例如所谓动产担保"交易"、附条件买卖或信托占有等。本法条文的疑义,固可比较参考美国相关法律,阐明其真义,弥补其缺漏,惟不可拘泥于英美法上的概念用语,不宜以美国法有某项规定、某种学说或某类判决,而必辗转解释,强其必同。反之,应经由解释的途径将英美法的概念用语,纳入既有的法律体系。盖法律为一有机体,部分应与整体调和,始能实现其规范功能。兹仅就附条件买卖加以说明。⑤

附条件买卖之用语系直译 Conditional Sale 而来,当事人约定出卖人于价金清偿前,仍保留标的物所有权时,在英美法上称为 Conditional Sale。在现行法上,附条件买卖此一概念,容易引起误解,顾名思义,难免

---

① 关于实务上罚则的问题,参见王廷懋:《动产担保交易法实务问题研究》,载《金融研训丛书》之 46,金融人员研究训练中心发行,1991 年,第 298 页以下。
② 关于"动产担保交易法"的主要著作,参见林永荣:《动产担保交易法新诠》,1982;刘春堂:《动产担保交易法》,1990;王廷懋:《动产担保交易法实务问题研究》,1991。
③ 该院释字第 227 号解释:"动产担保交易法第 38 条之罪系以动产担保交易之债务人为犯罪主体,并不包括其保证人在内。"
④ 参见《动产担保交易法裁判解释法令规章选编》,载财团法人金融人员研究训练中心刊行《金融研训丛书》之 39,1989 年初版。
⑤ 参见拙著:《附条件买卖买受人之期待权》,载《民法学说与判例研究》(第七册),北京大学出版社 2009 年版,第 177 页。

认为系买卖契约附条件。实则,所谓附条件买卖,买卖契约本身完全成立,并未附有条件;附条件的,系移转所有权的物权行为。因此,附条件买卖似宜改称为保留所有权买卖,既可避免误会,且可与习用的法律概念相符合。

民法区别债权行为与物权行为。① 债权行为系以发生债务为内容的法律行为,物权行为则系以物权的设定与移转为其内容的法律行为。当事人约定一方移转财产权于他方,他方支付价金的,是为买卖,是为债权行为。出卖人交付标的物,移转其所有权于买受人,则为物权行为。依此债权行为与物权行为的区别,可知在"动产担保交易法"所规定的附条件买卖制度,买卖契约系完全有效成立,而以保留所有权为其约款,买卖契约本身并不附任何条件,附条件的,系物权行为。按以移转标的物所有权为目的之物权行为,系由合意及交付两个要件构成。标的物虽先交付,由买受人占有,但当事人约定于价金一部或全部清偿前,出卖人仍保留所有权,物权行为的效力系于将来不确定的事实的成就与否(停止条件)。②在英美法上,债权契约与物权契约两个概念并未严格分辨,于买卖契约成立时,即发生动产所有权移转的法律效果,在当事人约定价金清偿前,买受人不能取得所有权时,系对买卖契约附以条件,并即发生保留所有权的效力,故称之为 Conditional Sale。在现行"民法"则仅物权行为附条件,两者甚有不同,应请注意。

附条件买卖在法律性质上既属保留所有权,则在条件成就前当事人间法律地位,亦不宜采英美法上法定所有权和衡平所有权的概念加以解释,而应认为出卖人仍为完全所有权人,买受人所取得的,系所有权之期待权(Eigentumsanwartschaftsrecht)③,而于条件成就时取得标的物所有权。

(二) 动产担保交易的主体

"动产担保交易法"对当事人资格未加限制,自然人或法人原则上皆

---

① 关于债权行为与物权行为,参见拙著:《民法总则》,北京大学出版社 2009 年版,第 21 页。
② 参见拙著:《民法总则》,北京大学出版社 2009 年版,第 334 页。
③ 参见拙著:《附条件买卖买受人之期待权》,载《民法学说与判例研究》(第七册),北京大学出版社 2009 年版,第 177 页。关于期待权的著作,在德国可谓汗牛充栋,系民法上最热门的讨论问题之一,其简要说明,参见 Baur/Stürner, Sachenrecht, 15. Aufl., 1992, S.652.

得为动产担保交易的主体。关于自然人得否为动产担保交易的当事人，实务上曾发生一则有趣的问题，即公务员得否为办理动产担保交易，登记为抵押权人。"财政部"台财融第84212854号函释谓："现行'动产担保交易法'及其施行细则对办理动产担保交易登记当事人之身份并无限制之规定，惟公务员为该等行为之抵押权人是否违反'公务员服务法'，应请'行政院人事行政局'解释。"公务员得为不动产抵押权人，向无疑问。其得为动产抵押权人，应予肯定。又公务员为抵押权人，原则上并不违反"公务员服务法"。甲为公务员，贷款于乙，当得就乙提供之物设定抵押。其所以发生疑问，或系由于对动产担保"交易"发生误会。

法人于法令限制内享有非专属于自然人的权利义务（第26条），得为动产担保交易的当事人。法人包括社团及财团。公司为社团法人，原则上得为动产担保交易，纵债务人与债权人之董事同为一人，其主体仍各别独立，亦得办理动产抵押登记。① 其受法令限制的情形有二：① 人寿保险公司不得办理动产抵押放款业务（"保险法"第139条）。② "公司法"第14条规定非以保证为业务之公司所为之保证，对于公司为无效，应由公司负责人自负保证责任。公司提供财产（如动产）为他人设定担保（如动产抵押），与为他人之保证之情形无殊，仍应受上开公司法规定之限制。财团法人得否为动产抵押之债务人，亦曾发生疑问。"财政部"台财融第810220597号函释认为："除'动产担保交易法施行细则'第11条对于债务人曾受破产宣告尚未复权等情形订有不得申请为动产担保交易登记之禁止规定外，'动产担保交易法'及其施行细则并无明文规定禁止财团法人不得为动产抵押契约之当事人，惟本案财团法人中华电脑中心设定动产抵押权于交通银行，有无违反该财团法人之捐助章程，应请径洽'内政部'认定。"

（三）动产担保交易的标的物

"动产担保交易法施行细则"第5条对动产担保交易的标的物设有规定，若干动产应否列入，引起争议，有一则案例可供参考。台湾省政府卫生处曾建议删除以医疗仪器及器材作为办理担保交易（设定抵押）标的物，因其对人民健康、生命之医疗效益有很大影响。"经济部"认为该

---

① 1977年2月28日1977台财钱第11939号函。

项建议不宜考虑,其理由为医疗仪器及器材既与人民健康及生命安全有关,倘须融通资金,如不列为动产担保交易适用的项目,对医院诊所经营及资金的运用影响必巨。再者医院诊所因资金不足,将医疗器材抵押或附条件购入医院器材仍占有使用,既可融通资金,并保有使用权,对医疗机构有益,并无不利。此项见解,应值赞同。

关于何种动产得为动产担保交易的客体,实务上见解可归为三类①:① 得作为动产担保交易之标的物:如机器设备(不论是否安装妥当)、厂房设备(但不包括厨具中之锅、碗、盘、杯、筷及其他类似之消耗品,以免登记作业困难)、钢琴、收录音机及迷你音响、汽车底盘。② 得作为动产担保交易的标的物,但不准办理登记:如未办妥工厂登记的违章工厂的机器设备、尚未领取牌照的车辆。③ 不得作为动产担保交易的标的物:如尚未与不动产分离的出产(如芒果树)、重要成分(如大楼使用的电梯设备)、无体财产权、单据或证券。

(四) 登记制度

登记系动产担保交易法的核心登记制度。实务上主要问题有三,分述如下:

1. 善意第三人的意义及范围

"动产担保交易法"第 5 条规定:"动产担保交易,应以书面订立契约,非经登记,不得对抗善意第三人。"其所谓善意第三人,在附条件买卖,1982 年台上字第 4685 号判决认为:"须以因买受人之占有标的物,致被误认该物之所有人,不知出卖人尚保有其所有权,因而与占有人为交易行为者,始足当之。若仅信赖买受人占有其标的物,而非不知出卖人尚保有其所有权,且并未因而与之为交易行为者,即非该条所谓之善意第三人。"买受人系属善意第三人时,得依第 948 条规定,即时取得该标的物所有权,出卖人不得行使追踪占有买卖标的物之权利(本法第 30 条准用本法第 17 条第 3 项)。买受人非属善意第三人时,出卖人则得追踪标的物行使其权利。

善意第三人的范围,在动产抵押权甚有争议。台湾地区桃园地方法院 1977 年 9 月份司法座谈会曾提出如下法律问题:"甲向乙借款,以动产

---

① 参见王廷懋:《动产担保交易法实务问题研究》,第 86 页以下。

提供抵押,未向主管机关登记,但经法院公正载明届期不清偿,得径予强制执行。嗣后,乙以此公证书为执行名义声请对该动产强制执行,执行程序进行中有他债权人参与分配,乙主张有优先受偿之权利,应否准许?"

研究结论采乙说,略谓:"抵押权人为拍卖抵押物之声请,应经法院为许可强制执行之裁定。'强制执行法'第 4 条第 1 项第 5 款定有明文。本件债权人系以公证书为执行名义,请求清偿借款,并非以拍卖抵押物之裁定为执行名义,行使抵押权,且依'动产担保交易法'第 5 条规定,动产担保交易,非经登记不得对抗善意第三人,参与分配之他债权人即为善意第三人,乙不得主张优先受偿。"查其内容,系认为所谓善意"第三人"包括一般债权人。此项见解是否妥适,尚值研究,学说上有认为"第三人",限于对标的物享有物权之人,可供参考。①

2. 登记有效期间的法律性质

"动产担保交易法"第 9 条规定动产担保交易登记有效期间,实务上早期曾认为此项登记期间为消灭时效期间或除斥期间,逾期未延长者,动产担保权罹于时效而消灭。此项见解显非妥适。1971 年台上字第 3206 号判例认为此项期间,既非消灭时效期间,亦非除斥期间,而是对抗善意第三人的效力,动产担保权本身并不消灭。此项见解甚属正确,可资赞同。②

3. 延长登记期限的次数

有争论的是"动产担保交易法"第 9 条第 2 项所规定延长期限登记的次数,是否仅以一次为限。1978 年 4 月 25 日民刑庭总会决议采否定说,认为:"动产担保交易之登记,既无明文限制其延长登记之次数,自难解为应以一次为限,一般学者对此问题均采同一之意见,即对延长登记之次数,应不受限制,仅每次延长时,其有效期间不得超过 1 年而已。设定有动产抵押权之借款如至清偿期届满而未能清偿时,适为动产担保登记有效期间届满之时,依据本院 1971 年台上字第 3206 号判例所示,此项期间并非时效期间,不因起诉而中断。在登记有效期间届满后,此种动产抵押

---

① 较深入的说明,参见拙著:《"动产担保交易法"上登记之对抗力、公信力与善意取得》,载《民法学说与判例研究》(第一册),北京大学出版社 2009 年版,第 98 页;刘春堂:《附条件买卖未经登记之对抗力》,载《辅仁法学》第 3 期,第 405 页;谢在全:《民法物权论》(下册),第 141 页。

② 参见拙著:《"动产担保交易法"上登记期间与动产抵押权之存续》,载《民法学说与判例研究》(第二册),北京大学出版社 2009 年版,第 218 页。

权即无对抗善意第三人之效力,故事实上亦有将登记有效期间延长超过清偿期限之必要。"此项见解,亦值赞同。

(五) 动产担保权的善意取得

无处分权人就其占有的动产,让与其所有权或设定质权时,民法设有善意取得动产所有权或质权制度(第801条、第886条、第489条以下)。① 在附条件买卖,例如甲擅以乙寄托电视机作为己有以保留所有权方式出卖于丙,并为交付,丙为善意时,应受保护,取得之所有权期待权,于条件成就时取得其所有权。② 实务上发生争论的是动产抵押权的善意取得。例如,甲将其所有的超级电脑借乙使用,乙擅之以设定抵押权于丙。在此情形,丙得否主张善意取得动产抵押权?台湾省高等法院法律座谈会曾提出如下的法律问题:融资性租赁之承租人,将租赁标的物之机器,伪称系自己所有,向第三人贷款,设定动产抵押,并出具切结书,声请登记完毕。嗣因届期未能清偿,经第三人实行抵押权,声请拍卖抵押物,在强制执行程序中,出租人即真正所有权人,提起第三人异议之诉,是否有理?讨论意见:按本题之关键,在于动产抵押权是否适用善意取得,有下列两说:

甲说:在台湾地区现行"民法"动产物权之变动,系以占有为表征,故占有标的物者,即为所有人,信赖此项表征,从事法律行为者,纵表征与实质权利不符,亦应加以保护。本题"动产担保交易法"虽未设明文规定,依该法第3条规定,本法未规定者,适用民法规定,自应类推适用动产质权之善意取得;且动产抵押,法律既明定不以受让占有为要件,其基本结构与民法质权既未尽相同,则在适用民法规定时,即不能纯作形式上之观察,而应探讨法律规定之基本精神及利益衡量之标准。在动产抵押,善意第三人所信赖者系无权处分人占有标的物之事实,此为善意取得之基础。故依法理言之,动产抵押权之发生即无须交付标的物,无受让占有之事实,即不应以受让占有为要件,始能保护善意抵押权人之利益,维护交易之安全。从而第三人因善意取得动产抵押权,其声请拍卖自属合法,真正

---

① Baur/Stürner, Sachenrecht, S. 655; Wieling, Sachenrecht, Band I, Sachen, Besitz und Recht an beweglichen Sachen, 1990, S. 789.

② 参见苏永钦:《动产善意取得若干问题》,载《法学丛刊》第112期,第53页以下。

所有权人提起第三人异议之诉应无理由。

乙说：① 民法善意取得之规定，均以受让占有动产而受关于占有规定之保护为要件，此观第 801 条、第 948 条、第 886 条规定自明，而动产抵押则系不以移转占有为特征，依"动产担保交易法"第 5 条规定，动产担保交易应以书面订立契约，非经登记不得对抗善意第三人，正因为不移转占有，故法律创设以登记为对抗效力，足见动产抵押与民法质权之要件并不相同，自不能类推适用，此参照"海商法"创设船舶抵押、学者即谓不得再适用"民法"之规定设定动产质权亦可证明。② 又查"动产担保交易法施行细则"第 6 条规定，登记时，应具备之证件包括标的物之所有权之证明文件或使用执照者，其文件或执照并应由债务人出具切结书担保标的物具有完整之所有权，足见设定动产抵押并非仅以占有动产为表征，如第三人仅凭债务人之切结书而设定动产抵押，自应依切结书所载向债务人请求损害赔偿，从而真正之所有权人提起第三人异议之诉应有理由。

结论：采乙说。第一厅研究意见：研讨结果采乙说，核无不合（1985 年 2 月 25 日 1985 厅民一字第 118 号函）。

此项问题涉及所有权保护与交易安全两项基本利益的衡量，"动产担保交易法"未设明文，难免发生争论。① 关于乙说见解，应说明的有三点：① "动产担保交易法"设有非经登记不得对抗善意第三人之规定，与此所讨论的第三人善意取得，系属两事，不能以其作为否定第三人善意取得的依据。② 海商法创设船舶抵押后不得再适用民法规定设定动产质权，乃同一标的物设定多数担保权的问题，与动产抵押权善意取得无关。③ 以"动产担保交易法施行细则"第 6 条关于出具切结书的规定，作为反对动产抵押权善意取得的理由，似不充分。善意取得须以无权处分占有标的物为要件，其未占有标的物者（例如甲擅自诓称乙家中的电脑为其所有），欠缺权利表征，无信赖基础，原不发生善意取得问题。

（六）同一标的物上多数动产物权的并存

同一动产上多数权利的并存是一个重要而困难的问题，在此难以详述，实务上有三则案例类型，可供参考：

---

① 《动产担保交易法裁判解释法令规章选编》，第 75 页。

1. 先租赁,后设定抵押

出租的动产,得否设动产抵押权？台财税第 20594 号函释采肯定说,略谓:"动产先行出租后再依动产担保交易法办理动产抵押登记时,则其出租之法律关系成立于设定动产抵押权之前,与本法第 17 条第 1 项规定无涉,不发生抵触与否问题,且亦非属本法施行细则第 11 条第 4 项所规定之情形。依'动产担保交易法'第 3 条'本法无规定者,适用民法之规定'意旨,租赁权与动产抵押权可并存而不悖,承租人并仍受第 426 条之保障,抵押权人得依间接占有或申请法院扣押后拍卖之方式行使权利。"此项见解,兼顾到动产的用益价值与动产抵押权的担保机能,实值赞同。

动产设定抵押后,抵押人将该标的物出租时,其租赁契约有效,固不待言,若有害于抵押权之行使者,抵押权人得占有抵押物(参阅本法第 17 条);动产抵押未经登记时,不得对抗善意之第三人。

2. 先设定质权,后设定抵押

有争论的是,设定质权的动产,可否再为动产担保的标的物(如设定抵押)。前"司法行政部"1977 年 15 台(1977)函参 00037 号函采否定说,其理由为:"'动产担保交易法'第 24 条明定动产抵押权不得为质权之标的物,同法第 36 条第 1 项复明定设定抵押之动产不得为信托占有之标的物。民法对于动产质权固未有类似禁止之规定,惟查动产质权,以移转占有为生效要件(第 885 条第 1 项),盖债权人如不占有动产,自无从保有其质权之效力,而'动产担保交易法'内所定之动产担保交易有就动产设定抵押者,有为附条件之买卖者,有依信托收据占有标的物者。动产担保之抵押权,于债务人不履行契约时,得占有抵押物(本法第 15 条),附条件买卖之买受人有妨碍出卖人权益之情形,出卖人得取回占有标的物(本法第 32 条),信托人亦得取回占有标的物(本法第 34 条)。同一动产标的物,不容同时有两个占有权利存在,故设定质权之动产,似不得再为动产担保交易之标的物,以免动产担保交易之权利人无法行使其占有之权利。"

此项见解,尚有研究余地:① 设定质权之动产,再为动产担保交易(如设定抵押权),前者以占有标的物为必要,后者不以占有标的物为要件,应无所谓同一动产标的物两个占有权利存在之情事。② 就设定质权的动产,愿否再设定动产抵押,应由债权人斟酌质权所担保债权金额、担保期间、标的物价值等因素自行判断,似无否定的必要。

3. 同一标的物上设定数个动产抵押

同一不动产标的物上得设定数抵押权,其次序依登记之先后定之(第865条)。同一动产设定抵押后,得否再设定抵押,"动产担保交易法"未设规定。施行之初,实务上曾采否定说,其后改采肯定说。1968年4月15日经台(1968)商字第14881号令谓:"查动产能否设定次顺位抵押权一节,本部前于1965年12月22日曾以发文经台(1965)商字第26367号令台湾省政府建设厅指明不得设定次顺位抵押权有案。嗣据美商波音公司申请准以航空机之器材设备等件设定第二顺位动产抵押权前来,经本部函征'司法行政部'意见略以'按担保物权的目的仅在担保债权之能确获清偿,其标的之价值仅需债权人之主观认定即为已足,至抵押权之标的之价额是否足以抵偿债权额,登记机关似无权过问。本件动产(动产担保交易标的物品表所列之动产)依'动产担保交易法'设定之动产抵押,该法无规定者,依同法第3条自得适用民法之规定,而第865条既准同一抵押标的设定两个以上之抵押权,故设定动产抵押时,第865条之规定当然有其适用,惟为免争议,似应从速在该法施行细则详予订定'等语,复经本部呈奉'行政院'台1968经2676号令指复本案应依'司法行政部'所议办理等因。"此项肯定见解有助于发挥动产担保功能,应值赞同,自不待言。

同一动产标的物上得设定数抵押权,已如上述。其顺位次序如何决定,尚有疑问。首先应说明的是,其次序不能概依登记之先后定之。就理论而言,动产抵押权并非以登记为成立要件,不同于不动产抵押。再就实务而言,数动产抵押权皆未登记时,将难定其次序。解决之道,原则上应适用"动产担保交易法"第5条规定,动产抵押未经登记者不得对抗善意第三人(动产抵押权人),故未经登记之数动产抵押居于同一位序,但先登记者,具有优先效力,惟登记者如为恶意,即明知已有其他未经登记之动产抵押存在时,不在此限。① 但学说有认为依此原则定其次序,理论上尚未尽妥适,产生矛盾与紊乱,从而主张数动产抵押权的优先顺位应以其成立先后为准,与有无登记无关,彼此间不适用"动产担保交易法"第5条后段规定。② 此项见解,颇值注意。以成立先后为准,固称简便,惟后

---

① 参见拙著:《"动产担保交易法"上登记之对抗力、公信力与善意取得》,载《民法学说与判例研究》(第一册),北京大学出版社2009年版,第98页;刘春堂:《论动产担保交易法上之登记制度》,载《法学丛刊》第135期,第74页。

② 参见王廷懋:《动产担保交易法实务问题研究》,第42页、第45页。

登记者得以成立在前而主张其顺位应优先于先登记者,是否合理,不无疑问,如何处理较属周全,仍待研究。

(七) 动产担保权的行使或实现

1. "动产担保交易法"第17条的解释适用①

本法第17条第1项规定:"债务人不履行契约或抵押物被迁移、出卖、出质、移转或受其他处分,致有害于抵押权之行使者,抵押权人得占有抵押物。"其第2项规定:"前项之债务人或第三人拒绝交付抵押物时,抵押权人得声请法院假扣押。如经登记之契约载明应径受强制执行者,得依该契约声请法院强制之。"本条第2项所谓假扣押与"民事诉讼法"第522条第1项规定之假扣押不尽相同,系指将抵押物取交于抵押权人而言。所谓强制执行,亦仅将抵押物交与抵押权人,与强制拍卖无关,如果抵押权人不自行拍卖,而欲声请执行法院拍卖时,仍须先声请法院为准许拍卖抵押物之裁定,始有执行名义。1972年8月22日民、刑庭总会决议谓:"动产抵押权人不自行拍卖,而声请法院拍卖抵押物时,法院应为许可与否之裁定。"此决议可资参照。声请法院裁定准许拍卖抵押物时,毋庸抵押权人先占有抵押物,惟执行法院欲拍卖抵押物时,则须先追踪占有标的物。

2. 出卖人对附条件买卖标的物的强制执行

台湾省高等法院1983年度法律座谈会曾提出一则法律问题,即买受人以附条件买卖方式购买电视机后,因所支付之本票未兑现,出卖人声请法院本票票款执行裁定后,声请对该电视机强制执行,应否准许。第一厅研究意见认为:① 金钱债权之执行标的物,须执行开始时,属于债务人之财产。而附条件买卖,依"动产担保交易法"第26条之规定,买受人须依约定支付一部或全部价金或完成特定条件时,始取得标的物所有权。于此之前,标的物之所有权,仍属出卖人所有,买受人对该标的物,仅享有将来取得所有权之期待权而已。本题甲乙附条件买卖电视机,依约须支付全部价金,买受人始取得电视机之所有权。兹乙尚未支付全部价金,电视机之所有权,依法仍属出卖人甲所有。如甲以该电视机之所有权为执

---

① 关于本法第17条解释适用的担阅判决及其他资料,参见《动产担保交易法裁判解释法令规章选编》,第52页以下。

标的物,申请查封拍卖,则无异债权人声请拍卖自己所有之财产,以清偿自己之债权,与强制执行之性质不合。② 物权之抛弃之意思表示,甲声请执行其出卖之电视机,尚难遽认甲有抛弃该电视机之意思表示。甲说认该电视机已属债务人所有自有未洽。讨论意见应以乙说为当(1983年4月13日1983厅民二字第0252号函)。

本件问题触及附条件买卖的核心问题,值得深入研究。附条件买卖出卖人得抛弃其所有权,此项抛弃对于价金债权不生影响。附条件买卖出卖人声请法院强制拍卖买卖标的物时,得否认为抛弃其所保留的所有权,应就具体个案认定之。第一厅研究意见认为尚难遽认有抛弃所有权的意思,可资赞同。① 关于附条件买卖出卖人得否查封拍卖买卖标的物,上开研究意见采否定说,惟德国学说上有认为应采肯定说。② 若采否定说,则应认为出卖人得拍卖买受人的期待权,此项"所有权期待权"具有财产价值,得为强制执行的客体。③

3. 第389条规定对附条件买卖的适用

第389条规定:"分期付价之买卖,如约定买受人有迟延时,出卖人得即请求全部价金者,除买受人有连续两期给付之迟付,而其迟付之价额,已达全部价金1/5外,出卖人仍不得请求支付全部价金。"此项规定于附条件买卖有无适用,引起争论。台湾省高等法院1984年法律座谈会提出以下的法律问题:甲向乙公司购买汽车一部,价款为新台币(下同)30万元,约定以每月为一期,分15期给付,每期2万元,如一期不履行时,则丧失期限之利益,视为全部到期,应立即全部偿还,并订立附条件买卖契约,经登记在案。嗣某甲仅缴纳第一期款后,自第二期起即拒不缴纳,问乙公司诉请某甲给付其余所欠价金,是否仍须受第389条规定须买受人有连续两期给付之迟延及迟付之金额已达1/5之限制?

讨论意见之甲说:按"动产担保交易法"第三章附条件买卖中,虽未如第389条规定期限利益丧失约款之限制,惟其性质亦属买卖之一种,从而若附条件买卖契约中附有分期付价之约款时,依"动产担保交易法"第3条之规定,自应适用民法之规定。因此,乙公司诉请某甲给付其余价金

---

① 德国法基本上同此见解,参见 Baur/Stürner, Sachenrecht, S.647.
② Baur/Stürner, Sachenrecht, S.657.
③ 参见拙著:《附条件买卖买受人之期待权》,载《民法学说与判例研究》(第七册),北京大学出版社2009年版,第177页;Baur Stürner, Sachenrecht, S.656.

时,仍应受第 389 条规定之限制。

讨论意见之乙说:按"动产担保交易法"为"民法"之特别法,该法第 27 条第 6 款规定:"附条件买卖契约应载明买受人不履行契约时,出卖人行使物权及债权之方法"。甲、乙间之附条件买卖契约中既已载明如一期不履行时,即丧失期限利益,应即全部付款,即已依该条款之规定载明出卖人行使债权之方法。因此,本题乙公司诉请某甲给付其余全部价款,自得依"动产担保交易法"第 27 条第 6 款之特别规定而优先适用,不受第 389 条规定之限制。

结论采乙说。第一厅研究意见:研讨结论采乙说,核无不合(1985 年 2 月 25 日 1985 厅民一字第 118 号函)。

第一厅研究意见采研讨结论(乙说),于附条件买卖无第 389 条规定之适用,颇有商榷余地。第 389 条规定旨在保护分期买卖买受人,具有社会功能,系属强行规定,不得依当事人约定排除之。"动产担保交易法"第 27 条第 6 款规定的内容,并未含有排除第 389 条的意义。在附条件买卖,出卖人借着保留所有权,担保价金债权,已获充分保障,进一步认其不受期限丧失约款的限制,衡诸当事人利益,显失平衡,难称妥当。

五、回顾与前瞻

(一) 动产担保制度的经济功能及规范目的之实践

"动产担保交易法"制定于 20 世纪 50 年代,正值台湾地区经济发展关键时刻。不占有标的物的担保制度是经济发展的产物,具有促进经济发展的功能。在比较法上我们看到,市场经济越发展,其动产担保制度亦越发达,例如英国的浮动担保①,《美国统一商法典》第九章的动产担保交易,德国的让与担保和保留所有权,日本的各种财团、企业担保制度、农业用动产、自动车和建筑机械抵押等。

"动产担保交易法"第 1 条开宗明义规定:"为适应工商业及农业资金融通及动产用益之需要,并保障动产交易之安全,特制定本法。"本法制

---

① 参见黄宗乐:《浮动担保之研究》,载《台大法学论丛》第 6 卷第 3 期,第 283 页;Edzard teu Meulen, Die Floting Charge-ein Sicherungsrecht am Vermögen einer englischen Company, Arbeiten zur Rechtsvergleichung, Band 43, 1969.

定施行 30 年,是否达成此项立法目的?

　　法律的效用甚难估算,欠缺相关统计资料,"政府机关"亦少积极配合研究的意愿。"动产担保交易法"制定于台湾地区经济起飞、工商企业和农村亟需资金周转之际,对社会经济发展应有相当程度的贡献,殆可断言。实务上案例不少,可见已发挥相当的规范机能。担保标的物已由农具家禽,移向保龄球道、汽车、钢琴、收录影机及电脑设备等。"动产担保交易法施行细则"修正时特增设高科学园区管理局为登记机关,旨在方便从事科技研究发展的厂商融通资金,提供担保。目前汽车买卖多采分期付款方式,并办理附条件买卖登记。出售家具冰箱等电器产品收据上多载有:"价金全部清偿前,本店保留标的物所有权",足见"动产担保交易法"已逐渐落实于人民的日常生活和经济活动。

(二) 立法政策及技术

　　动产担保制度的建立和发展,深受社会、经济、法律和资本市场的影响。美国是普通法(判例法)的国家,但以立法规定动产担保交易。德国是大陆法系(成文法)的国家,动产担保却由企业和法院共同创设,历经百年的发展,过程缓慢、迂回、零碎,欠缺事先规划,难以克服公示问题。台湾地区现行"民法"未设最高限额抵押,应事实需要而产生,经过数十年,仍有许多争论。由此可知,创设担保物权,宜采立法方式,"动产担保交易法"虽然有不少的缺点,但总体言之,仍应予以肯定。

　　在立法政策方面,最重要的基本问题是究采个别的担保物权,抑创设统一的担保制度。《美国统一商法典》第九章统一了多种既存的个别担保物权,创设以 Security Interest(担保利益)为核心的担保制度,具有革命性,备受重视。德国学者曾深入研究,认为在德国法上难以继受。[1] 现行"动产担保交易法"虽继受美国法,但仍设个别担保权,基本上应值赞同,因其较符合传统的思考方式和所有权的概念。基于所有权的概念而创设的不占有标的物的动产担保,有三种基本形态:① 动产抵押,多用于银行贷款。② 保留所有权(附条件买卖),多用于分期付价买卖。③ 让与担

---

[1] Drobnig, Typen besiziloser Sicherungsrechten an Mobilien, ZfRV, 1972, S. 13f. ; Karin Milgan, Mobiliarsicherheiten im deutschen und amerikanischen Recht-eine rechtsvergleichende Untersuchung, 1982.

保(信托占有),亦多用于贷款融通资金。此三种动产担保制度具有不同的法律结构,满足不同的社会经济需要,各有其存在价值。

在大陆法系国家(地区),传统民法多仅规定占有标的物的动产质权,不占有标的物动产担保制度系在民法外发展。"动产担保交易法"即其著例。最近公布民法物权编修正草案,并未考虑将"动产担保交易法"纳入民法。此项决定,应值赞同。民法本身自成体系,勉强纳入,徒增困扰,"动产担保交易法"经常修改,单独立法较能适应社会变迁及事实上的需要。

(三) 实务的发展与学说的协力

30年来实务上的案例、判决、研究意见等丰富了"动产担保交易法"的规范生命。动产抵押的案例最多,附条件买卖次之,信托占有较为少见,在某种程度反映了三种担保制度的社会经济作用。"动产担保交易法"系继受自不同法系的特殊制度,解释适用诚非易事,是一个尝试错误、需要经常反省检讨的过程。

早期若干值得商榷的见解,如将登记期间解释为除斥期间;同一标的物上不准办理再抵押等,皆已获改正。多数动产抵押,有助于物之担保功能,最值重视。"司法院"研究意见认为,"动产担保交易法"第27条第6款系排除"民法"第389条的特别规定,不利于分期付款的买受人,应有检讨余地。

必须强调的是,实务上的见解多属妥当,确能实践"动产担保交易法"的规范目的,其主要者,如肯定自然人(如公务员)或法人(如财团)皆得为动产担保交易的当事人;尽量使动产成为动产担保交易的客体;延长登记期间的次数不受限制;债权人不自行拍卖时,得声请法院为强制拍卖等。

实务上尚有三个重要问题,须作进一步的研究:① "动产担保交易法"第5条所称善意"第三人",究指何而言,有认为包括一般债权人,有认为仅指在标的物上享有物权之人,有认为更应限制于取得标的物所有权之人,见解分歧,尚无定论。② 数个动产担保权的位序并存关系。就数个动产抵押权而言,如何定其次序?究应适用非经登记不得对抗善意第三人的原则,亦概以成立先后为准,不问其有无登记或登记的顺位,仍有争议。③ 附条件出卖人就其未获清偿的价金或其他债权,得否就买卖标的物拍卖求偿?其声请法院拍卖,得否认为系抛弃保留所有权的意思表示？买受人于条件成就前于买卖标的物上所取得之所有权的期待权得否为强制执行的客体？此等问题的解决，有待学说与实务的协力，作较深入全面的研究。对实务而言，学说具有两种服务的功能：一为对尚未发生的问题，事先预为准备；一为对已发生的问题，事后加以检讨，不限于个案，而应全体观照，建立理论体系，指导民事法律发展的方向。

六、结　　论

法律是市场经济一只可见的手,规范、引导、保障交易活动和竞争秩序。在动产担保制度上我们可以清楚看到这一只手的功用。为适应经济发展的需要,我们历经艰难地在找寻一个不占有标的物之动产担保制度,最后继受美国法,制定了"动产担保交易法"。这是一个跨越法系而创设的制度,施行以来,产生许多疑问,实务上经常反复变更见解,但累积经验,转趋成熟,逐渐发挥其预期的规范功能,实现立法目的。为适用这部法律,要有健全的行政机构办理登记;要有合理的强制执行程序以实现债权;要有市场经济诚实信用的基本伦理以维护当事人的信赖;还要有学说与实务的协力,澄清解释适用上的疑义,促进法律的进步。在"动产担保交易法"施行30年的过程中,我们看到了经济、法律和法学相互依存、相互合作,为社会经济发展、法律进步而共同努力。《法学丛刊》提供了发表意见的场所,具有重大的贡献。[①]

[①] 本稿系为庆祝《法学丛刊》40周年而作。在《法学丛刊》发表有关"动产担保交易法"的论文,如刘鸿坤：《动产担保交易法与日常生活》(第15卷第60期,第11页);林武治：《论动产担保交易法有关附条件买卖的规定》(第16卷第61期,第103页);刘春堂：《动产所有权之移转与保留所有权约款》(第24卷第96期,第90页);苏永钦：《动产善意取得的若干问题》(第28卷第12期,第53页);刘春堂：《论动产担保交易法上之登记制度》(第34卷第135期,第59页)。